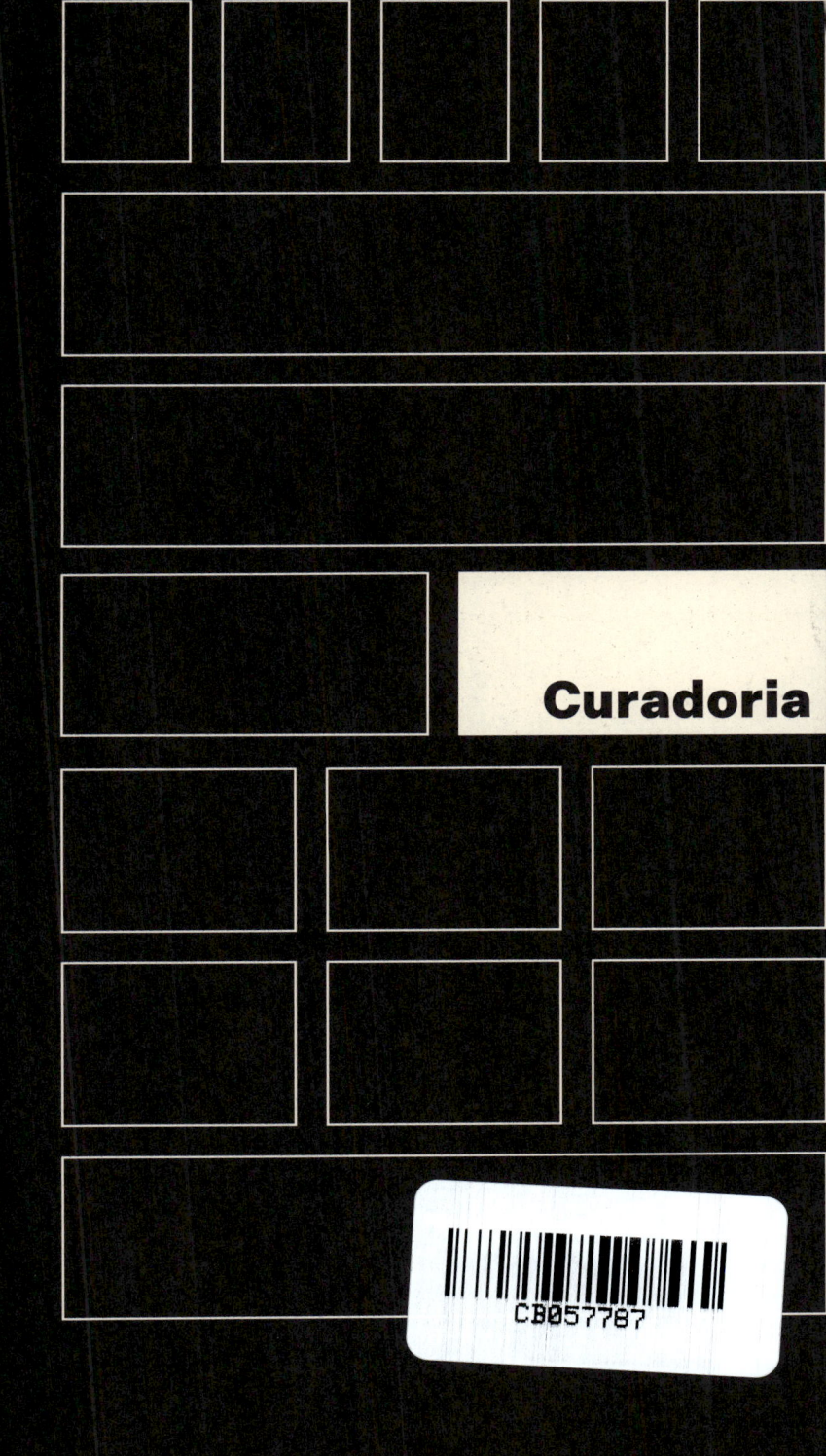

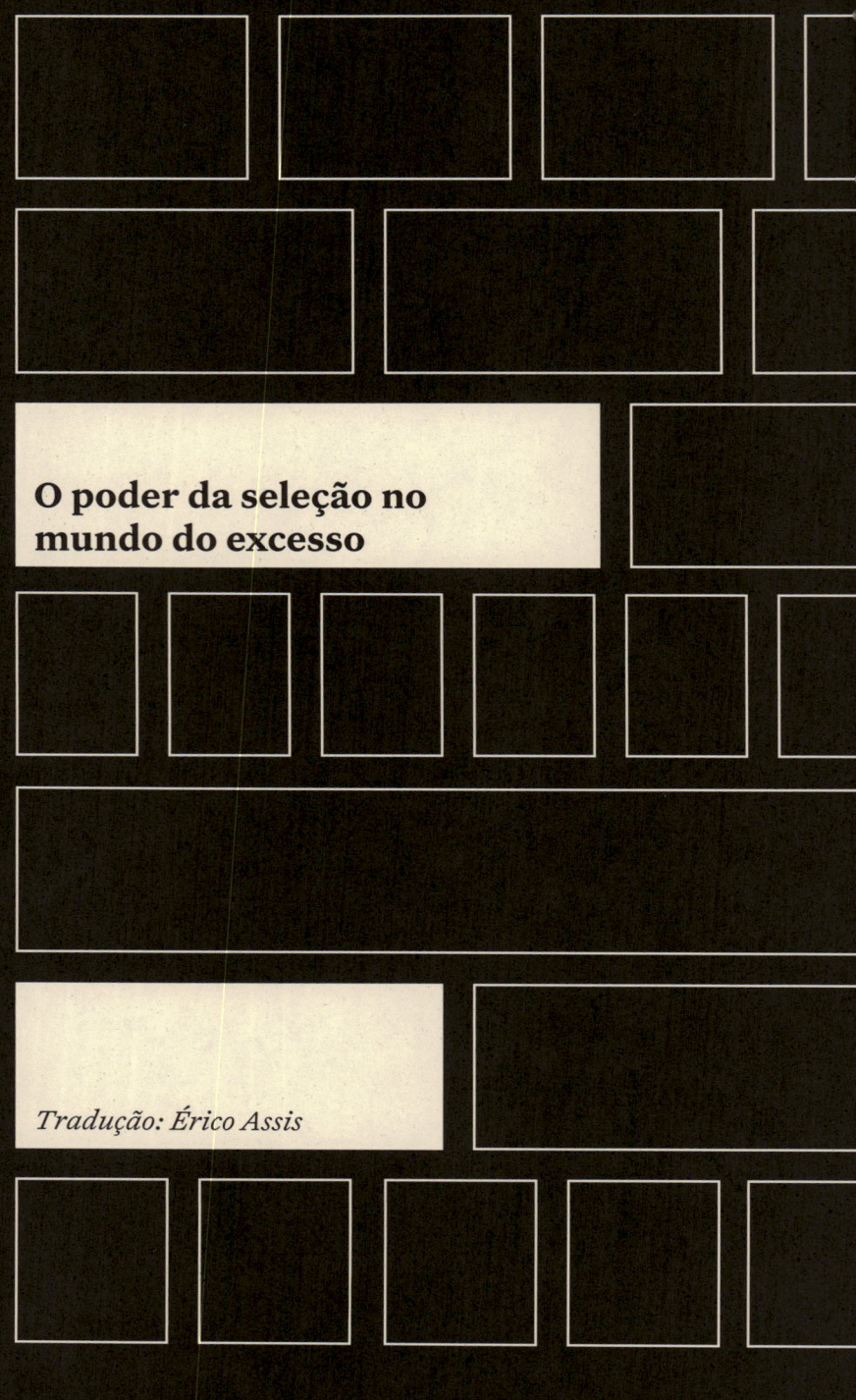

O poder da seleção no mundo do excesso

Tradução: Érico Assis

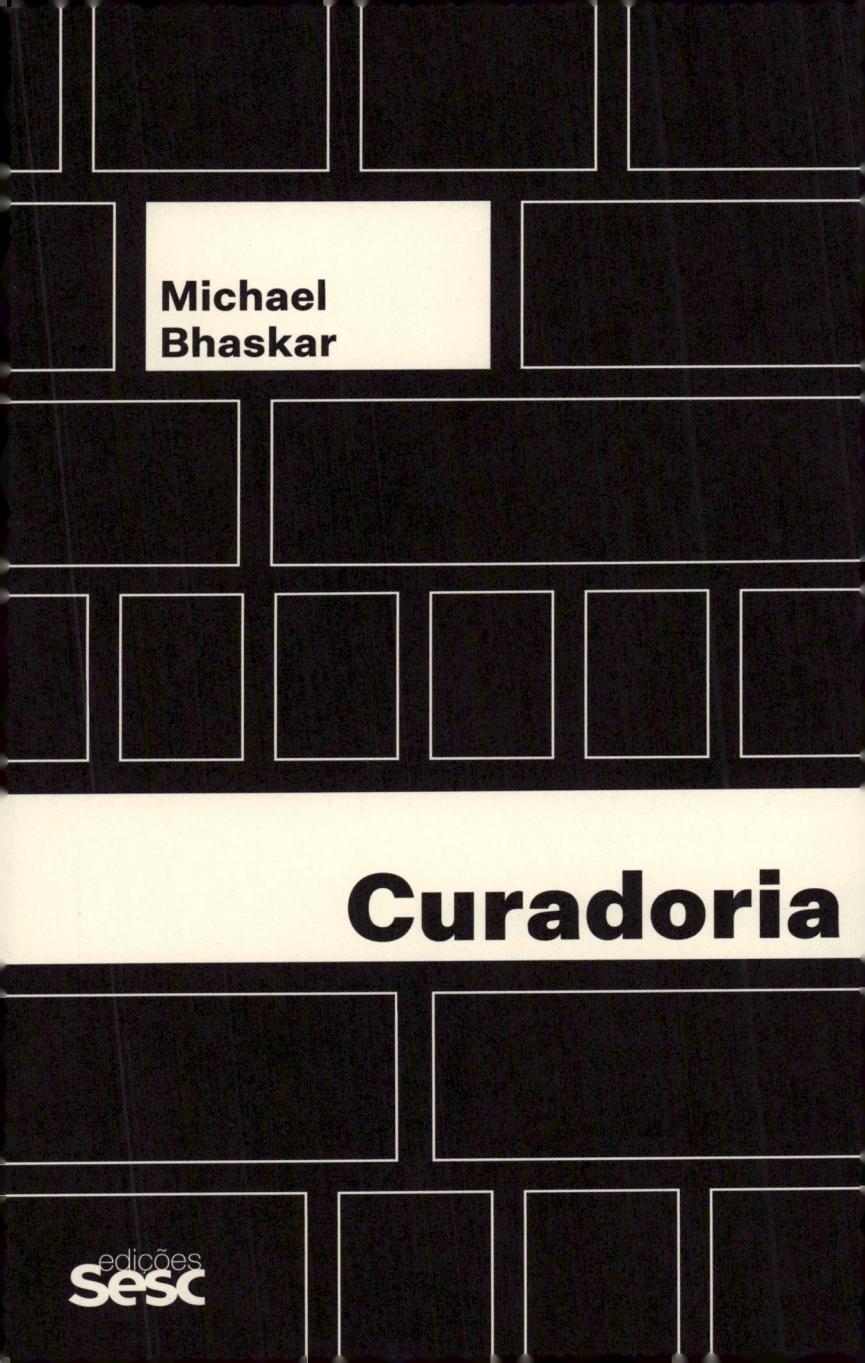

**Michael Bhaskar**

**Curadoria**

edições sesc

**SERVIÇO SOCIAL DO COMÉRCIO**
Administração Regional no Estado de São Paulo

**Presidente do Conselho Regional**
Abram Szajman
**Diretor Regional**
Danilo Santos de Miranda

**Conselho Editorial**
Áurea Leszczynski Vieira Gonçalves
Rosana Paulo da Cunha
Marta Raquel Colabone
Jackson Andrade de Matos

**Edições Sesc São Paulo**
*Gerente* Iã Paulo Ribeiro
*Gerente Adjunto* Francis Manzoni
*Editorial* Jefferson Alves de Lima
Assistente: Thiago Lins
*Produção Gráfica* Fabio Pinotti
Assistente: Ricardo Kawazu

Título original: *Curation: The Power of Selection in a World of Excess*
© Michael Bhaskar, 2016
© Edições Sesc São Paulo, 2019
Todos os direitos reservados

1ª reimpressão, 2023

*Preparação* Silvana Cobucci
*Revisão* Ísis De Vitta, José Ignacio Mendes
*Projeto gráfico, capa e diagramação* Flávia Castanheira

**Dados Internacionais de Catalogação na Publicação (CIP)**

B4695c    Bhaskar, Michael

Curadoria: o poder da seleção no mundo do excesso / Michael Bhaskar; tradução de Érico Assis. – São Paulo: Edições Sesc São Paulo, 2020. –
320 p.
Bibliografia
ISBN 978-85-9493-217-4

1. Curadoria. 2. Poder. 3. Seleção. 4. Arranjo. 5. Exposição. I. Título. II. Assis, Érico.

CDD 069

Ficha catalográfica elaborada por Maria Delcina Feitosa CRB/8-6187

**Edições Sesc São Paulo**
Rua Serra da Bocaina, 570 – 11º andar
03174-000 – São Paulo SP Brasil
Tel. 55 11 2607-9400
edicoes@sescsp.org.br
sescsp.org.br/edicoes
🅕 🅨 🅞 🅓 /edicoessescsp

# Nota à edição brasileira

O processo de seleção e publicação deste livro faz parte de reflexões presentes na própria obra: trata-se da curadoria de conteúdos os mais variados, como trabalhos artísticos, vídeos da internet, séries em *streaming*, vestuário, matérias jornalísticas e peças de decoração. É difícil, senão impossível, inventariar o que não pode ser curado conforme critérios e objetivos previamente definidos.

O autor Michael Bhaskhar é também editor e conhece os processos eletivos que devem ser feitos durante as etapas de produção de obras impressas: entre centenas de originais, somente algumas propostas farão parte do circuito de divulgação, distribuição e venda de livros e, para que se realizem, são escolhidos revisores, designers, gráficos, agências de publicidade, entre outros agentes, até que as livrarias possam escolher os livros que desejam colocar em seus sites e prateleiras e, por fim, o leitor dá a palavra final sobre o conteúdo que lhe é oferecido.

Bhaskhar parte da evidência da saturação em todos os contextos da vida contemporânea ao problematizar curadoria como questão de enfoque, habilidade e estratégia. A seleção permanente e a interação com curadores são campo em que já nos movemos, ainda que não tenhamos plena consciência da constituição desses circuitos.

Nós, das Edições Sesc, tencionamos colocar à disposição do público brasileiro ideias que se destaquem das demais por sua relevância, portanto já estamos mergulhados no espectro das curadorias. Como não poderia deixar de ser, esperamos estender aos leitores algumas das ideias que interessaram aos editores na escolha desse conteúdo entre inúmeras possibilidades.

*Todo excesso se opõe à natureza.*
HIPÓCRATES

*Dentro de poucos séculos, quando a história de nossos tempos for escrita com distanciamento, talvez os historiadores não considerem como fatos mais importantes a tecnologia, a internet ou o comércio eletrônico, mas sim a inesperada transformação na condição humana. Pela primeira vez, literalmente, um número substancial e crescente de pessoas passou a ter opções. Pela primeira vez, elas terão que administrar sua vida. E nossa sociedade está totalmente despreparada para essa mudança.*
PETER DRUCKER

*Weniger, aber besser*[1].
DIETER RAMS

---

1   Menos, mas melhor.

## PARTE I – O PROBLEMA

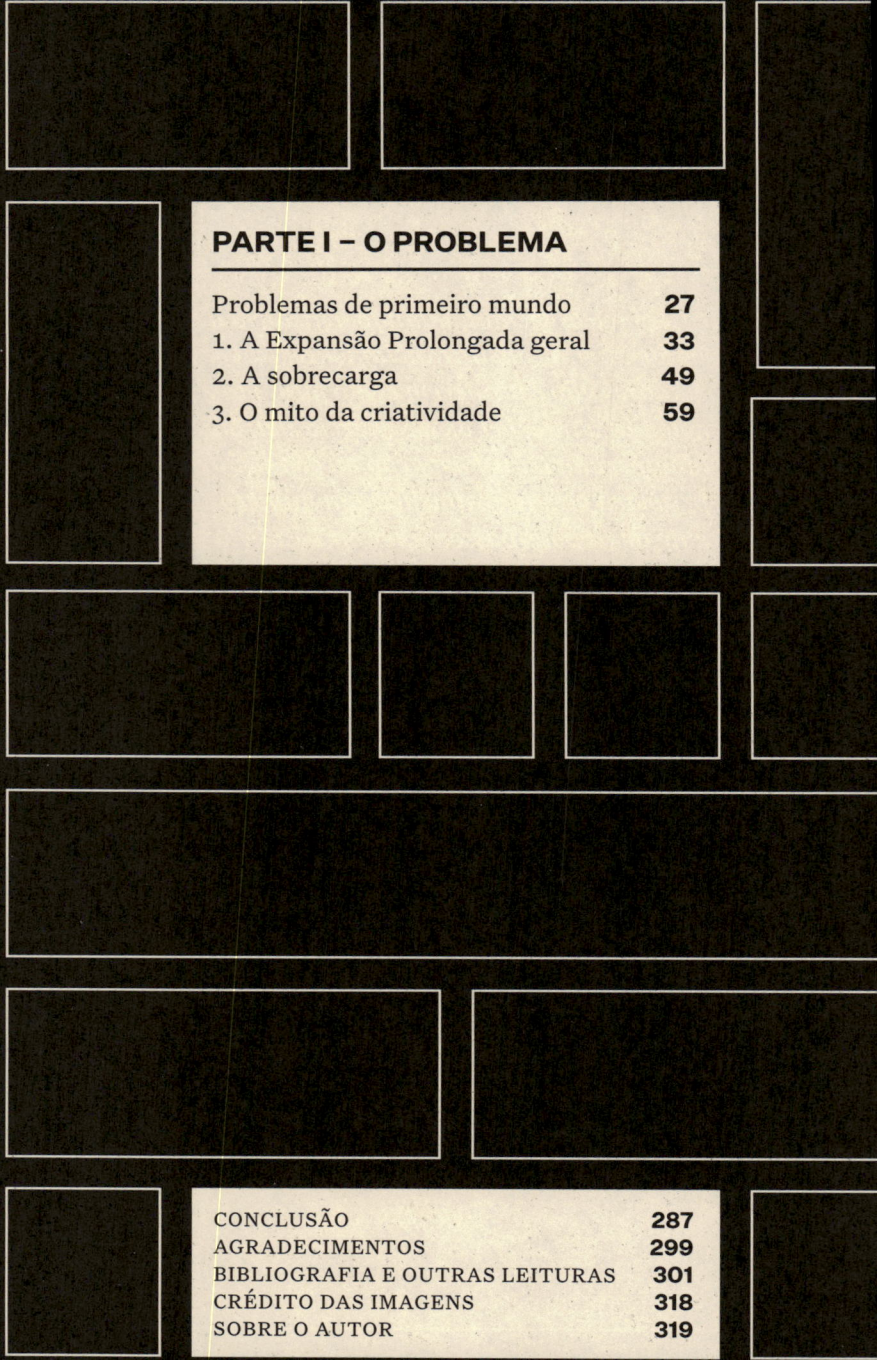

| | |
|---|---|
| Problemas de primeiro mundo | **27** |
| 1. A Expansão Prolongada geral | **33** |
| 2. A sobrecarga | **49** |
| 3. O mito da criatividade | **59** |

| | |
|---|---|
| CONCLUSÃO | **287** |
| AGRADECIMENTOS | **299** |
| BIBLIOGRAFIA E OUTRAS LEITURAS | **301** |
| CRÉDITO DAS IMAGENS | **318** |
| SOBRE O AUTOR | **319** |

## PARTE II – A RESPOSTA

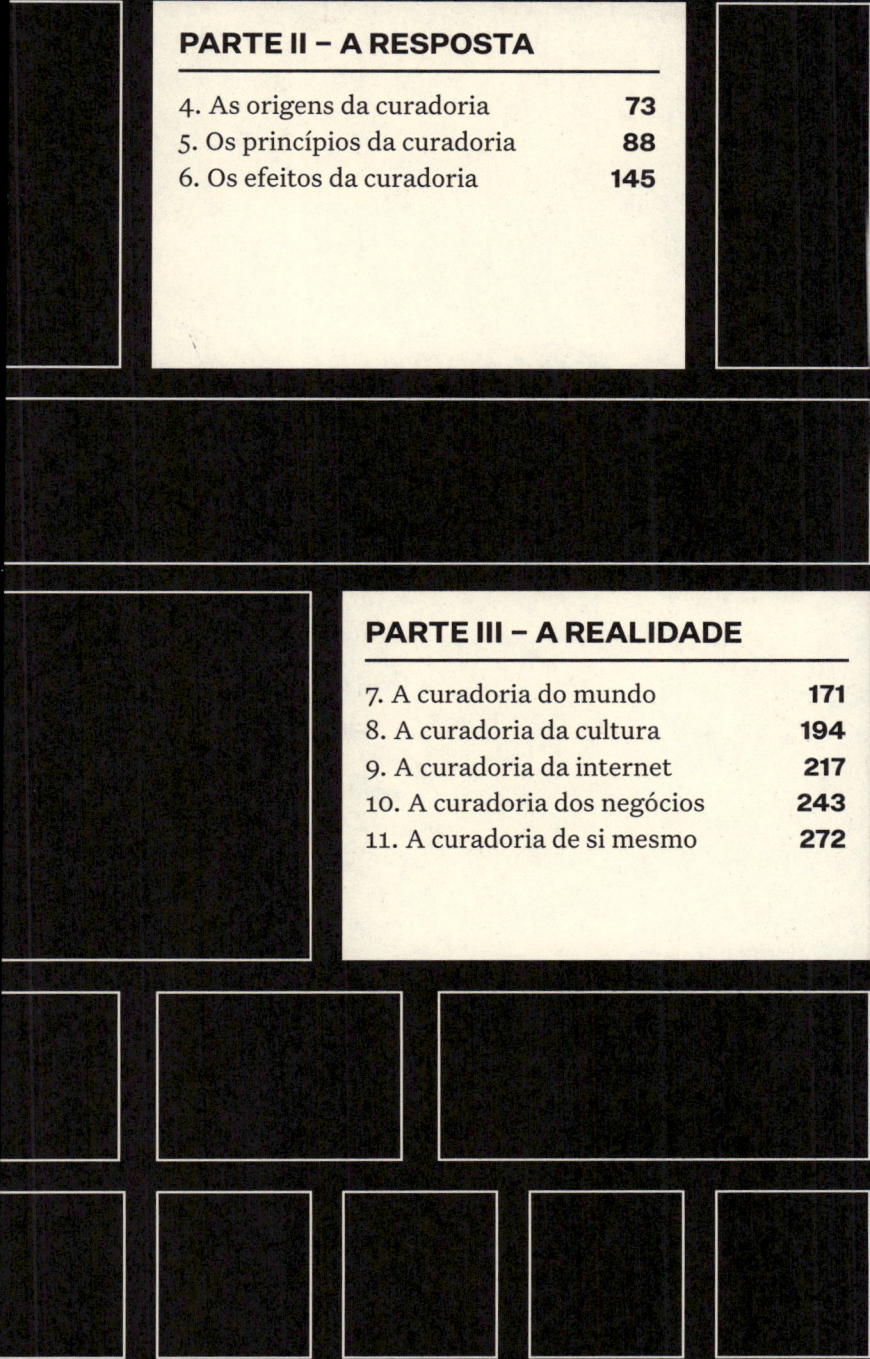

4. As origens da curadoria     **73**
5. Os princípios da curadoria     **88**
6. Os efeitos da curadoria     **145**

## PARTE III – A REALIDADE

7. A curadoria do mundo     **171**
8. A curadoria da cultura     **194**
9. A curadoria da internet     **217**
10. A curadoria dos negócios     **243**
11. A curadoria de si mesmo     **272**

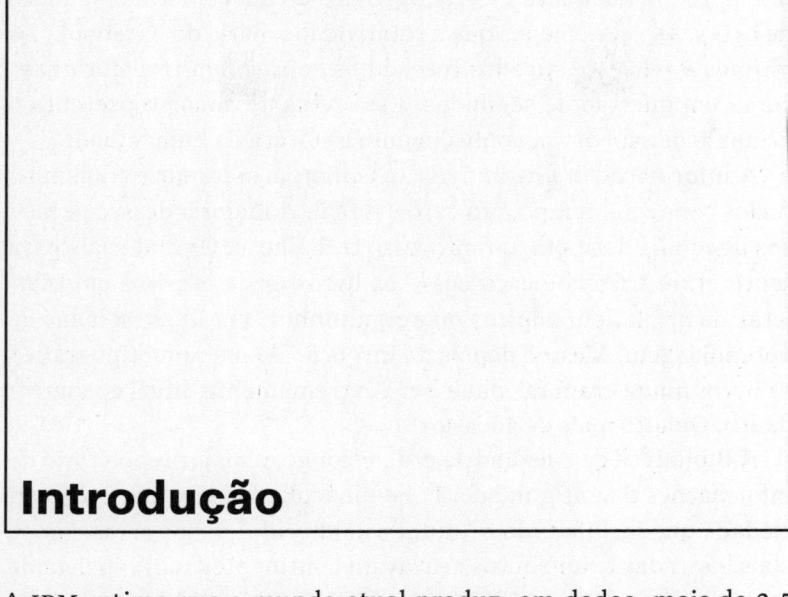

# Introdução

A IBM estima que o mundo atual produz, em dados, mais de 2,5 quintilhões de bytes – ou seja, 2.500.000.000.000 de megabytes – por dia. Se você escrevesse todos os uns e zeros de um único megabyte à mão, a linha seria cinco vezes mais alta que o monte Everest. Só o Facebook lida com um mínimo de 2,7 bilhões de fragmentos de conteúdo e 600 terabytes por dia. Nos últimos dois anos, a humanidade produziu mais dados que toda a história humana somada, e esse ritmo extraordinário de produção ainda aumenta 60% por ano. Quando você ler esses números, provavelmente eles já estarão defasados. A computação cresce em paralelo. Segundo a consultoria McKinsey, o mundo somou cinco exaflops de potência computacional em 2008; só em 2014, esse número chegou a quarenta exaflops.

Para fins de comparação, a Biblioteca do Congresso dos Estados Unidos, em Washington, tem cerca de 23 milhões de livros. Suponhamos que o livro médio tem 400 páginas. Segundo o LexisNexis, 677.963 páginas de texto simples equivalem a um gigabyte de dados[1]. Isso significa que todos os livros da Biblioteca do Congresso, juntos,

---

1 *How Many Pages in a Gigabyte*, disponível em: <http://www.lexisnexis.com/applieddiscovery/lawlibrary/whitepapers/adi_fs_pagesinagigabyte.pdf>, acesso em: mar. 2019.

têm aproximadamente 13.570 gigabytes de dados, ou 13,5 trilhões de bytes, 45 vezes menos que a rotatividade diária do Facebook. Os últimos e mais sofisticados roteadores conseguem transferir essa carga em questão de segundos. Essa pilha de dados representa o acúmulo de sabedoria, conhecimento e cultura da humanidade.

A informação era rara. Criar, recolher, armazenar e transmitir dados consumia tempo, era caro e difícil. A maioria desses processos dependia da cópia, um processo trabalhoso. Os materiais para tanto eram frágeis e escassos – os livros eram escritos em tabuletas de argila, em papiros ou pergaminhos, em ilhas isoladas de aprendizagem. Mesmo depois da invenção da máquina tipográfica, os livros ainda eram raridade e era extremamente difícil encontrar dados. Quanto mais verificá-los!

A Biblioteca de Alexandria era, de longe, o maior repositório de informações da antiguidade. Foi o pináculo do saber para uma sociedade que incluía todo o "mundo conhecido", cujas rotas comerciais, estradas e aquedutos cruzavam continentes, uma sociedade que mantinha de prontidão um exército com mais de meio milhão de pessoas e podia mobilizar outros milhões, cujas cidades eram as maiores já vistas, e cuja cultura, engenharia e economia não teriam páreo durante 1.500 anos. Organizada em torno das Nove Musas, a biblioteca era um viveiro da pesquisa – foi lá que se descobriu a natureza heliocêntrica do sistema solar, séculos antes de Copérnico. Com centenas de milhares de pergaminhos, era inestimável e insuperável, singular e, depois que pegou fogo, insubstituível. Foi o auge, o limite, do pensamento e do conhecimento.

Agora carregamos no bolso o equivalente da Biblioteca de Alexandria, acessível a qualquer momento. Podemos dizer que isso é um milagre. Mas também é um problema.

Em poucos anos, passamos da escassez da informação a um tsunami de dados. A informação que antes era privada, esquecida, menosprezada ou apenas desconhecida tornou-se disponível e pública instantaneamente. Mas será que esses 2,5 quintilhões de bytes valem mais que a coleção infinitamente menor da Biblioteca do Congresso ou mesmo que a Biblioteca de Alexandria? Não: grande parte do que se produz consiste em gravações de câmeras de segurança, digitações sem sentido, *spam*. Já superamos o problema de transmitir e gravar informação. Aliás, a solução foi tão boa que criou outro tipo de problema: não a pobreza de informação, e sim a sobrecarga. Agora não se trata de perguntar como podemos produzir ou transmitir mais informação. A pergunta é: como descobrir o que é relevante?

Nem sempre precisamos de mais informação. Hoje o valor está em sermos melhores curadores da informação. É uma lição que as empresas da área de tecnologia aprenderam rápido, mas cujas ramificações vão muito além das mídias digitais.

## POR QUE "CURADORIA"?

Por que curadoria virou um modismo? Por que provoca tanto desdém quanto entusiasmo? Antes restrita a poucos especialistas, hoje a curadoria aplica-se a praticamente tudo. Festivais de música, lojas e shopping centers, sites de todos os tipos, jornalismo, palestras no TED, carteiras de investimento, cerimônias de inauguração, jantares, playlists, férias, identidades pessoais, desfiles e cartas de vinhos alegam ter passado por processos de curadoria. A curadoria tornou-se onipresente.

Hoje somos todos curadores, quer estejamos "curando" nosso visual, nosso próximo feriado prolongado ou o que vamos assistir à noite... O jornalista e investidor Robert Scoble diz que a curadoria é "a mais nova oportunidade de fazer bilhões". Barack Obama era considerado o "curador-mor" do legado de George W. Bush, ao passo que, em contextos bem diferentes, a eminência parda da política russa e o primeiro-ministro italiano também eram chamados de curadores. O técnico Pep Guardiola foi chamado de curador do Bayern de Munique. Leonardo DiCaprio é curador de um leilão de arte beneficente. O diretor Danny Boyle é curador de um festival de cinema. Satya Nadella, CEO da Microsoft, quer ser curador da cultura corporativa. Um restaurante renomado não tem só um *chef*, tem um *"curador-chef"* (Nuno Mendes, do restaurante Chiltern Firehouse, de Londres, apenas para citar um exemplo). O *Financial Times* tem um Diretor de Curadoria de Conteúdo, enquanto a revista *Wired* refere-se a um geneticista como "curador de genes".

Nos últimos anos, coletei vários exemplos de jornais ou celebridades falando de curadoria: Gwyneth Paltrow como curadora de seu site Goop, Kim Kardashian como curadora de uma loja de vestuário, Madonna como curadora do Art for Freedom. David Bowie, Pharrell Williams e Johnny Depp já foram curadores de uma ou outra coisa. Em *Doctor Who,* um dos vilões é identificado apenas como O Curador. E a lista continua... basta abrir um jornal ou revista para encontrar alguma referência à curadoria.

O que está acontecendo?

Raramente fica claro o que curadoria significa nesses contextos. Muitas pessoas ligadas à área tradicional da curadoria estão descontentes. Um dos grandes analistas dessa área acha que é um "absurdo" empregar a palavra dessa maneira[2]. Outro famoso curador afirma que "é preciso resistir" a esse uso atual da palavra[3]. Para outro, os usos mais comerciais "deturpam" o sentido original do termo[4]. Em geral, os mundos da arte e do museu ficam horrorizados quando um conceito que lhes é tão caro é arrancado de suas mãos.

Ao mesmo tempo, muitos sentimos certa desconfiança instintiva. A ideia parece ter algo de frívolo, de egoísta. O comediante Stewart Lee chama a curadoria de "palavra morta"[5]. A CNBC ponderou que ela é uma de nossas palavras mais desgastadas[6]. O site *The Daily Mash,* especializado em parodiar o noticiário, publicou um texto genial sobre uma pessoa que fazia curadoria do próprio chá, atingindo a essência da ostentação que costuma acompanhar o mundo dos curadores ("O processo de preparar o chá é um diálogo constante entre a água, o leite e o chá, que exige curadoria meticulosa")[7]. Num levantamento da *Press Gazette* sobre termos

---

2 David Balzer, "Reading lists, outfits, even salads are curated – it's absurd", *The Guardian*, 18 abr. 2015, disponível em: <http://www.theguardian.com/books/2015/apr/18/david-balzer-curation-social-media-kanye-west>, acesso em: mar. 2019.
3 Hans Ulrich Obrist, *Ways of Curating*, 2014, p. 24.
4 Paola Antonelli, MoMA R&D Salon 1: A Curator's Tale, 15 out. 2012, disponível em: <https://www.youtube.com/watch?v=X4TuPAlQLcg>, acesso em: mar. 2019.
5 Tom Morton, "A Brief History of the Word Curation", *Phaidon*, disponível em: <http://uk.phaidon.com/agenda/art/articles/2011/september/09/a-brief-history-of-the-word-curator/>, acesso em: mar. 2019.
6 Steven Rosenbaun, "Is Curation Overused? The Votes Are In", *Forbes*, 20 mar. 2014, disponível em: <http://www.forbes.com/sites/stevenrosenbaum/2014/03/29/is-curation-over-used-the-votes-are-in/>, acesso em: mar. 2019.
7 "Tossers 'curating' everything", *The Daily Mash*, 16 abr. 2015, disponível em: <http://www.thedailymash.co.uk/news/society/tossers-curating-everything-2015041697425>, acesso em: mar. 2019.

publicitários que os jornalistas odeiam, "*curate*" foi derrotado apenas pela encantadora tríade "*reach out*" (aproximar-se, contatar), "*growth-hacking*" (brechas para crescer) e "*onboarding*" (integração à empresa)[8]. Acossada de um lado pelos usos mais esquisitos que lhe foram atribuídos e de outro pelo pessoal das artes que repudia sua recém-descoberta popularidade, a curadoria virou alvo fácil: algo proveniente do pessoal dos chamados "polos criativos" como Williamsburg, Mission District, da Zona Leste de Londres ou da Zona Leste de Berlim; uma palavra maleável e oportunista, rejeitada pelo mundo artístico, que dá falsa dignidade a uma lista de práticas cotidianas.

Deveríamos mudar a maneira como pensamos a curadoria; desafiar nossas pré-concepções mais simplistas e as reações instintivas nas quais vemos a curadoria como apenas um acessório meio *hipster*. Menosprezar e zombar é muito fácil – e tentador. Mas… depois da primeira camada, a curadoria é potente e interessante – uma abordagem que reconhece como nossos problemas evoluíram. Perdemos muito desse panorama porque nos distraímos com o legado conceitual e com essa multidão de celebridades ao redor. Sabemos que curadoria passou a ser um modismo. Está presente nas galerias e nas comedorias mais moderninhas de San Francisco. Entretanto, ignoramos o contexto. Não juntamos os pontos, por exemplo, entre o termo curadoria, a grande conjuntura do mundo dos negócios, as novas perspectivas da psicologia, da ciência, da economia, da administração, o impacto das mais variadas tecnologias.

Quanto mais eu analisava, mais ficava claro que as coisas que chamamos de curadoria vinham acontecendo muito antes de lhes darmos esse nome. Se pensamos que a curadoria veio do mundo das artes, entendemos errado. Ela já acontecia numa variedade desconcertante de contextos. Só começamos a chamar essas coisas de curadoria porque a palavra estava ao alcance. Quer aceitemos ou não que se trata de curadoria, os negócios, tendências e atividades aqui descritos têm papel de destaque cada vez maior na economia. Ao aplicar a palavra "curadoria", podemos aprender uma

---

8   "Going forward here are the ten bits of jargon journalists would most like PRs to de-layer from their ecosystem", *Press Gazette*, 8 fev. 2016, disponível em: <http://www.pressgazette.co.uk/content/going-forward-here-are-ten-bits-jargon-journalists-would-most-prs-de-layer-their-ecosystem>, acesso em: mar. 2019.

realidade em mutação. Foi uma maneira de englobar uma ideia recente e proeminente ou um conjunto impreciso de processos e atividades. Apesar de ser distorcida, aviltada e, na opinião de alguns, mal-empregada, para muitos outros ela simplesmente *funciona*.

Em relação ao termo em si, penso que, embora possamos aceitá-lo ou não, agora é tarde. Ele já é usado em outros sentidos. A linguagem não é estática; palavras evoluem e adquirem novos sentidos todos os dias. Ao invés de resistir, deveríamos aceitar que curadoria passou a ser um termo mais amplo e mais profundo do que já foi, com uma relevância que ultrapassa os contextos restritos tanto das proezas de celebridades como das exposições em galerias. O gênio saiu da garrafa e, por mais que a gente zombe de sua pose de charlatão, não podemos colocá-lo de volta.

Por que curadoria? Porque, apesar do uso negligente e excessivo, é o melhor que temos. Precisamos resgatar a "curadoria" daqueles que passaram a ser curadores do café da manhã de seu cachorro. É possível que ela nem sempre se encaixe, mas curadoria é a melhor palavra para esse conjunto de atividades que vai além da seleção e arranjo para misturar-se com refino e exposição, explicação e simplificação, categorização e organização. Quem lamenta a difusão da curadoria chegou tarde: ela está na ativa em tudo, desde a galeria de arte até o *data center*, do supermercado à nossa rede social preferida. É a esses usos, mais novos e às vezes mais controversos, que este livro se dirige.

## UM PROBLEMA DE OUTRO TIPO

A curadoria é mal interpretada porque raramente é vista em todo o seu contexto. Curadoria tornou-se um modismo porque passou a ser a resposta para uma série de problemas que antes não existiam: os problemas decorrentes do excesso. Há duzentos anos, vivemos num mundo que promove a criatividade, que busca o crescimento acima de tudo, que aumenta a produtividade sem dar trégua e que quer sempre mais: mais gente, mais recursos, mais dados, mais tudo.

A cada dia que passa, porém, fica mais claro que estamos sobrecarregados. No Ocidente, temos tudo que as gerações passadas queriam ter. Conseguimos comprar roupas por menos de uma xícara de café (o qual, evidentemente, já foi um privilégio dos ricos). Temos a informação do mundo na ponta dos dedos. Dispomos de todos os dispositivos e brinquedos que desejarmos. Podemos levantar montanhas, ir para o espaço e gerar energia nuclear. Mas ainda não sabemos no quê, em quem, acreditar; o pior de tudo é que parecemos incapazes de enfrentar nossos problemas sistêmicos, desde crises financeiras até a catástrofe ambiental.

Já não passamos fome, mas estamos diante de uma pandemia de obesidade. Geramos mais dados, mas também mais ruído. Temos entretenimento constante, mas somos cada vez mais distraídos. Somos mais ricos, mas acumulamos mais dívidas e trabalhamos mais horas. O excesso de opções faz parte do nosso cotidiano. Eu fazia compras num hipermercado na França tão grande que os funcionários usavam patins para se locomover. Embora essa abundância de opções tenha começado com produtos de consumo de venda rápida, na verdade ela é o oxigênio do capitalismo: meios de comunicação, serviços básicos como eletricidade e água, nossos companheiros e companheiras, empregos, aposentadorias. Áreas como saúde, finanças (seguros, aposentadorias) e educação – que comportam riscos pessoais e responsabilidades enormes – agora baseiam-se na decisão do mercado. Em todas elas, as opções proliferaram mais rápido que o entendimento do consumidor. As empresas têm que descobrir uma nova forma de trabalhar.

Por sorte, a natureza do problema sugere uma resposta: já estamos vendo uma revolução na forma como abordamos o valor. Se o valor, pecuniário ou de outro tipo, antes tinha a ver com a produção primária, agora, num mundo que deixou de ser dominado pela escassez, ele mudou. Hoje o valor está em resolver esses problemas, em reduzir a complexidade. Curadoria tem a ver com construir empresas e economias baseadas em *menos* opções – mais apropriadas, mais personalizadas. Essa é a diferença fundamental e a grande tendência subjacente que ainda estamos começando a entender.

A curadoria responde à pergunta sobre como viver num mundo em que os problemas geralmente estão ligados a ter demais. As práticas de seleção, refino e arranjo para somar valor – minha definição operacional de curadoria – nos ajudam a superar a sobrecarga. Este livro destaca diversos pontos em que essa definição simples porém contundente de curadoria é cada vez mais sentida: na arte e na web, sim, mas também no varejo e na indústria, na comunicação e nas mídias, até na política e nas finanças.

É uma maneira de transformar posturas arraigadas na produção e na criatividade para chegar a um futuro mais sustentável. É o novo itinerário para alcançar áreas de valor mais elevado. É algo que deixou de ser secundário para se tornar um material de primeira. Uma resposta ao "excesso" que nos diz não apenas para parar, não apenas para esperar uma solução mágica, mas para tornar a triagem valiosa em si mesma.

Há uma nova geração de curadores e engenheiros da web resolvendo os problemas da sobrecarga de informação. Em vez de apenas lançar mais produtos, as indústrias criativas maduras tornam-se mais seletivas em sua estratégia de crescimento. As empresas de varejo percebem que seu valor está na curadoria, não no estoque e na variação. Os consumidores não aceitam cegamente tudo o que lhes oferecem. Eles querem ser curadores das suas vidas. Sem perceber, construímos uma ampla economia de serviços e finanças baseada nesse princípio. Bancos estão voltando a ser curadores do nosso dinheiro, e não meros apostadores.

Tudo isso acontece em meio a uma série de transformações sociais, comerciais, econômicas e culturais que um analista batizou de "a Grande Disrupção"[9]. Entre elas está o advento de uma nova era pós-digital de abundância de informação, conectividade difusa e indefinição entre ambientes *off-line* e *on-line*; o deslocamento substancial de nossa cultura, negócios e relações rumo a esse novo ambiente; os padrões mutáveis de produção e distribuição; as novas economias centradas em experiências, artigos de luxo e serviços de alto nível; e, acima de tudo, o anseio pela simplicidade. Já ouvimos falar tanto dessas coisas que viraram clichê, mas isso não significa que não sejam verdadeiras.

A curadoria, o fazer menos e aparar os excessos, funciona porque acompanha tendências maiores na economia e afirma que as forças do mercado vão impulsioná-las. Durante centenas de anos fomos condicionados a dar prioridade a atividades e negócios que

---

[9] Adrian Wooldridge, *The Great Disruption: How Business is Coping with Turbulent Times*, Londres: Economist Books, 2015.

criam mais coisas. Se antes os negócios queriam mais, agora eles deveriam querer o melhor. A abundância era a meta, agora é um problema a ser resolvido. Quando os problemas mudam, nós também temos que mudar.

E estamos mudando. Muitas atividades comerciais, de bares a bancos, já embarcaram no negócio do fazer menos. Mas é apenas o começo. Resolvemos o problema da insuficiência apenas para descobrir que ele foi substituído pela abundância. Por isso, teremos que ser curadores mais efetivos. Para prosperar, teremos que começar a apreciar o valor do menos, da simplicidade num mundo complexo. Se bem entendida e devidamente utilizada, a curadoria pode ser um princípio essencial nas próximas décadas. Ela permitirá que organizações descubram reservas de valor que nem sabiam que tinham, em mercados saturados e num clima de concorrência feroz.

**SOBRE O LIVRO**

Este livro discute a curadoria tanto da forma como nos é familiar quanto da perspectiva mais latente, de longo prazo. Ambas são vistas como parte da mesma equação. Queremos ir além das discussões sobre o que é ou não é, o que deveria ou não deveria ser curadoria. Já se discutiu muito sobre isso e, nesse meio-tempo, as pessoas continuam a usar a palavra. Para entender os negócios e a cultura no contexto do excesso. Para ver como a experiência e o gosto tornaram-se as novas moedas.

Cabem aqui várias ressalvas. Este livro não é, de maneira alguma, exaustivo. Muito ficou de fora por questões de espaço. Ele não quer convencer ninguém. Para alguns, a ideia será desde logo a desvalorização de uma prática nobre. Para outros, será o cúmulo da pretensão sequer tocar nesse assunto. Acredito que nenhum desses seja o caminho mais útil nem o mais interessante, mas aceito de bom grado que as duas perspectivas vão se manter.

Tampouco vejo, no mínimo que seja, a proposta de curadoria aqui apresentada como algo completo e definitivo – foi apenas nos últimos quarenta e poucos anos que exposições de arte passaram a ter curadores, portanto estamos no início dessa ideia. A curadoria ainda é objeto de contestação, incerteza e disputa. Este livro é parte de um diálogo, de uma série de sugestões que espero que sejam instrutivas e úteis. Tanto a tecnologia quanto os negócios movimentam-se com velocidade sem precedentes. A sabedoria que hoje é lugar-comum torna-se a ingenuidade de amanhã. Fazer previsões é procurar problemas e eu estou em busca de tendências.

Tendo isso em mente, a estrutura é a seguinte:

A **Parte I** trata de como acabamos com o problema do excesso. Ela aborda os motores da nossa crescente produtividade. A tecnologia digital é o exemplo mais óbvio da atual abundância, mas na verdade a maioria dos produtos é, em alguns contextos, abundante – tanto os produtos materiais quanto os informacionais. É o resultado da Expansão Prolongada, que começa com a Revolução Industrial e continua ao longo dos últimos duzentos anos. Além disso, a Parte I observa dois sintomas dessa abundância: a ideia da sobrecarga, em que o excesso de uma coisa boa gera problemas, e o mito da criatividade, nossa fé inabalável de que a criatividade é sempre positiva.

A **Parte II** discute a história do termo curadoria e procura definir mais detalhadamente seu uso contemporâneo. Por que acredito que a seleção, em particular, mas também conceitos como arranjo são tão significativos a ponto de serem princípios fundamentais da atual curadoria? O que significam e como podemos entendê-los no contexto delineado na Parte I? Ao longo do caminho, analiso questões correlatas: como a internet transformou a curadoria e o impacto dos modelos algorítmicos de seleção; a natureza mutante do varejo; e uma série de "efeitos da curadoria", tanto efeitos colaterais positivos quanto princípios da curadoria. Entender esses princípios indica como a curadoria pode ser vista como parte de um arsenal mobilizado para combater a sobrecarga.

A **Parte III** explora exemplos de destaque nos negócios, nas organizações e em indivíduos que fazem curadoria hoje. Diante do amplo alcance de tal atividade, a seção de modo algum se pretende enciclopédica; em vez disso, quero ressaltar exemplos interessantes e trazer à tona suas consequências. Ela também introduz alguns aperfeiçoamentos e um novo vocabulário da curadoria – curadoria implícita e explícita, curadoria densa e rasa, o modelo difusor da mídia e o modelo do consumidor curador.

Gerenciar uma loja ou um jornal sempre esteve ligado ao que hoje chamamos de curadoria. A diferença é que essa curadoria se tornou ainda mais fundamental para as atividades e a identidade dessas organizações. Às vezes até mesmo distante da visão dos próprios curadores, ela passou a ser essencial para os resultados financeiros deles. Podemos dizer até que ponto a curadoria já faz parte de nosso modelo de negócios e é essencial para ele sem reconhecer plenamente tal fato? Como o mundo mudou tanto a ponto de precisarmos de novos tipos de intermediários culturais e comerciais?

Já vivemos no mundo da curadoria. Basta caminhar por uma cidade qualquer – e não é preciso que seja Paris ou Nova York; pode ser Buenos Aires, Bangalore ou Pequim – para se ver cercado pela curadoria. Não apenas nas lojas, galerias, hotéis, restaurantes, como é de se esperar, mas também nas casas e ambientes de trabalho, no trabalho propriamente dito e no lazer: se você tiver a sorte de ser moderadamente rico em termos globais, a seleção cuidadosa e competente estará em todos os lugares, onde quer que você more. E, independente de quem você seja, na internet não há como não se deparar com uma oferta que passou pela curadoria – de coisas para ler, fotos para ver, vídeos para assistir, aplicativos para baixar ou pessoas para seguir – e com propostas de autocuradoria.

Os japoneses têm um termo – *tsundoku* – para designar o ato de comprar mais livros do que se consegue ler. Muitos já passamos por isso. É uma sensação que se amplia no âmbito sociológico. Os japoneses têm uma solução para o *tsundoku*. No distrito Ginza de Tóquio, há uma livraria que vende apenas um livro por vez[10]. É um começo.

Pouco a pouco, às vezes implicitamente, às vezes abertamente, os padrões de seleção e arranjo estão se tornando aspectos mais prevalentes em nossa vida. Não podemos ignorar esse fato. Dominá-lo significa dominar o contexto do século XXI.

---

10 Piotr Kowalczyk, *This unique Tokyo bookstore offers one book title a week (pictures)*, 5 set. 2015, disponível em: <http://ebookfriendly.com/tokyo-bookshop--one-book-week-pictures/>, acesso em: mar. 2019.

# PARTE I

# O problema

## Problemas de primeiro mundo

Lembra do #firstworldproblems, ou "problemas de primeiro mundo"? Toda reclamação nas redes sociais sobre um problema ínfimo – a dificuldade de optar entre salmão defumado escocês ou filé mignon certificado, a tensão de ter que escolher uma roupa para a balada, a aflição com um aplicativo basicamente inútil que não funcionou uma vez – era marcada com a *hashtag* #firstworldproblems. Logo virou mania. O Buzzfeed catalogou as preferidas, entre elas pérolas como "Não consigo tomar sorvete no meu conversível porque fico com o cabelo melado" e "Demorei tanto pra tirar foto do meu prato que a comida esfriou". Grandes problemas, é claro. A expressão tornou-se tão corriqueira que chegou a ser incorporada ao *Oxford English Dictionary*.

Obviamente, problemas de primeiro mundo são, ao mesmo tempo, embaraçosos e irônicos. O conceito reconhece que, em boa parte do planeta, já não temos que lidar com problemas como fome, doenças nem guerra, embora muitos ainda tenham de fazê-lo. É uma tentativa de evitar a culpa em relação a alguns dos inegáveis transtornos do mundo moderno, uma tática de desvio, a maneira perfeita de equilibrar a atual concorrência entre as reivindicações de ironia e o registro de irritação via redes sociais. O #firstworldproblems tornou-se agora o "mimimi" hipócrita dos megaprivilegiados que, no fundo, sabem que nasceram em berço de ouro. Mas há aí um aspecto interessante.

Para muitos, a situação mudou. Na era da abundância, os #firstworldproblems *são* realmente os problemas que algumas pessoas enfrentam. Não se trata, é claro, de dizer se os problemas de primeiro mundo são ridículos ou egoístas – isso é desnecessário. A pergunta é: como fomos parar num mundo onde, mesmo em tom de brincadeira, esses problemas *existem*?

É constrangedor, mas é importante. Isso não significa que as questões ligadas à pobreza e à guerra desapareceram, embora elas estejam diminuindo em grande parte do mundo. Mas temos de reconhecer que, apesar de estarmos na era das Grandes Recessões, da austeridade e da estagnação, o que define a vida no Ocidente são os problemas do excesso, não da falta. Nem sempre a sensação é essa – afinal, quem não quer, ou mesmo precisa, de mais dinheiro? –, mas o fato é que, comparados a nossos antepassados, vivemos em meio à superabundância.

A hierarquia de necessidades do psicólogo Abraham Maslow explica. Maslow afirmava (ver Figura 1) que nossas necessidades formam uma pirâmide.

Cada camada na pirâmide apoia-se nas de baixo. Assim, depois de resolver nossas necessidades biológicas básicas, como comida e água, passamos a nos preocupar com outro conjunto de receios: estamos a salvo da violência? Temos como garantir nossa subsistência e nossa saúde? Depois, no topo da pirâmide, chegamos a atribuições de nível mais elevado, como autoestima e aproveitar melhor a vida. Temos controle? Temos como nos expressar? O que a pirâmide de Maslow indica é que, no século XXI, no Ocidente e em diversas outras regiões do globo, nossa maior preocupação não está nos níveis mais baixos da pirâmide. Isso não significa que a vida é perfeita e que podemos esquecer os níveis inferiores, mas só ressalta que grandes camadas da população não se preocupam com eles. Os problemas cotidianos subiram de nível.

Esta é, portanto, a maior das ironias do #firstworldproblems. A *hashtag* é uma grande piada e mostra como nos tornamos vazios por dentro. Mas também reflete algo significativo: que os problemas realmente mudaram. Que o mais nem sempre é mais. Que houve um ponto de ruptura a partir do qual o simples somar deixou de ser

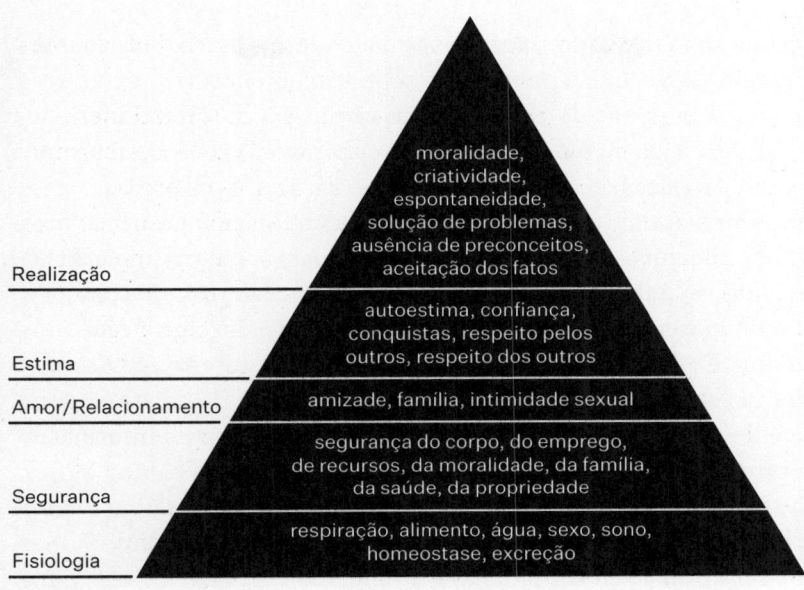

*Figura 1. A hierarquia das necessidades de Abraham Maslow.*

a solução. Isso é muito importante. Primeiro porque, nos últimos duzentos e poucos anos, projetamos sociedade e negócios para que não parem de crescer, para que continuem somando. Em segundo lugar, porque estamos chegando à sobrecarga, quando acréscimos provocam mais mal do que bem. Por fim, é importante que, quando tivermos uma ideia, tanto nos negócios como nas artes ou na nossa vida em geral, a criatividade seja sempre um ganho. Talvez seja. Se, contudo, os problemas são decorrentes de criar mais, não haveria motivo para questionar esse pressuposto?

Voltemos ao tsunami de dados que mencionamos na Introdução. Durante a maior parte da história, informação foi algo incrivelmente difícil de encontrar, e mesmo assim achava-se que era excessiva. De acordo com Platão, escrever nos daria preguiça de pensar. Para Sêneca Pai, livros eram uma distração e havia livros demais. Em 1860, um jovem médico chamado James Crichton Browne, ao dar uma palestra na Royal Medical Society de Edimburgo, usou termos que identificaríamos hoje: "Vivemos na era da eletricidade, das ferrovias, do gás e da velocidade no pensamento e na ação. Ao longo de um só mês, são transmitidas a nossos cérebros mais impressões do que as recebidas por nossos ancestrais no decorrer de anos, e nossas máquinas de mentalização são instadas a funcionar com maior rotação do que a exigida de nossos avós no decurso de uma vida". As raízes da sobrecarga de informação são profundas.

Ainda assim, mesmo que as pessoas achassem que havia informação demais no passado, nada se compara a hoje. A quantidade de dados digitais duplica mais ou menos a cada três anos, aumentando num ritmo mais do que quatro vezes maior que a economia mundial e com uma taxa de aceleração crescente. Ao fim de 2013, havia 1.200 exabytes de dados armazenados no mundo. Menos de 2% deles era não digital, enquanto, em 2000, 75% da informação era não digital[1]. Como afirmam Kenneth Cukier e Viktor Mayer-Schönberger, especialistas em Big Data, é como se todo o território dos EUA fosse coberto por 52 camadas de enciclopédias. Se elas fossem transferidas para CDs e empilhadas, a pilha iria até a Lua cinco vezes. Cada pessoa viva hoje tem 320 vezes mais informação à sua disposição do que em toda a Biblioteca de Alexandria, o que deixaria Sêneca realmente aflito. Se James Crichton Browne já se preocupava com a sobrecarga de informação em 1860, é difícil ter noção do que ele diria hoje.

Nossa tecnologia é uma vasta máquina de geração de dados. Eles vêm de vários pontos: não só tuítes, fotos, vídeos no YouTube, mas também sensores (como higrômetros em vinhedos ou termômetros nos carros), cliques na web, contabilidade de empresas, prontuários médicos, geolocalização no celular, imagens de câmeras de segurança. De bit em bit, o mundo está sendo "datificado", transformado em dados brutos. Em termos pragmáticos, isso é, ao mesmo tempo, um problema e uma oportunidade. É um problema porque o excesso de dados é inutilizável na forma bruta. É uma oportunidade porque há empresas que aprendem a processar e aproveitar esses dados para gerar informações úteis.

Para ter uma ideia do lado problemático da equação, fui conversar com uma operadora de títulos de um grande banco dos EUA, que me foi apresentada por um amigo. Vamos chamá-la de Lisa. Morena,

---

1   Viktor Mayer-Schönberger e Kenneth Cukier, *Big Data: A Revolution That Will Transform How We Live, Work and Think*, Londres: John Murray, 2013, p. 9.

munida de acessórios caros e fala rápida, Lisa acorda todos os dias às 5h30 e imediatamente confere seu iPhone (antes era um BlackBerry). Assim começa a sobrecarga. Então ela lê os e-mails e mensagens (ela usa WhatsApp para conversar com amigos e familiares), confere qualquer informação financeira que tenha surgido durante a madrugada e passa os olhos pelas notícias. Contudo, é na sua mesa de trabalho que a sobrecarga fica clara. Ela tem oito monitores, tal como muitos operadores. "No início eu achei ótimo", ela me conta, bebericando água com gás num Starbucks qualquer. "Que isso era o mercado pra valer. Que investimento era isso, que essa era a vanguarda". A Bloomberg lhe passava dados do mercado em tempo real, ela recebia uma enxurrada de e-mails, relatórios de analistas lotavam sua caixa de entrada, as cotações mais recentes dos movimentos do mercado corriam diante dos seus olhos. A quantidade de dados à qual o operador médio tem acesso a cada segundo é extraordinária. Ademais, eles são pressionados a reagir a esses dados corretamente e num piscar de olhos. Programas de investimento automatizados conseguem compreender instantaneamente e agir conforme o conjunto total de dados de mercado disponíveis. Só a bolsa Nasdaq engloba operações com mais de dois bilhões de ações todos os dias.

A pressão aumenta. "O que eu mais sinto hoje em dia é...", ela faz uma pausa, busca a palavra certa, "...paralisia. Acho que é isso, paralisia. É tanta coisa acontecendo, tanto a absorver, que você já não sabe para onde olhar. Meu trabalho é justamente saber no que prestar atenção, mas parece que fica cada vez mais difícil." Ela não contou a ninguém no pregão que faz terapia para superar os problemas. "Não é como *O Lobo de Wall Street*, mas é pesado." Ela me parece dura na queda. Nossos cérebros são praticamente iguais aos de nossos ancestrais na savana. São projetados para conter por volta de sete elementos de informação na memória de trabalho a cada instante. Se passa disso, superamos nossa capacidade cognitiva. Com oito telas repletas de informação complexa, todas atraindo a atenção de Lisa, cada uma potencialmente importante, não é de admirar que ela ou qualquer outra pessoa não consiga acompanhar. E o longo dia de trabalho tem seu preço. Lisa é rica, tem uma quantidade de dinheiro que poucos de nós algum dia teremos. Mas ela tem uma pobreza crônica de tempo. O trabalho engole todo seu dia e a maioria dos fins de semana. Esqueça férias.

Então, como é que unimos esses eixos? Sob muitos aspectos, Lisa é a encarnação do #firstworldproblems. Ela tem um salário alto, um apartamento invejável e um emprego de prestígio. Mas ela está entrando em colapso diante de uma enxurrada de dados e terminou dois relacionamentos por falta de tempo. Ninguém está se lamentando por causa dos problemas da Lisa, nem deveria. Mas, como James Crichton Browne reconheceu, "nossas máquinas de mentalização são instadas a funcionar com maior rotação". É aqui que o valor da curadoria começa a ficar claro. Num mundo de tantos dados, é valioso ter os dados certos. Num mundo onde não temos muito tempo, o importante é escolher a atitude certa.

Num mundo de coisas demais, é essencial selecionar, escolher e reduzir.

No contexto do excesso, curadoria não é só um modismo. Ela dá sentido ao mundo.

Mas como é que chegamos aqui?

# 1

# A Expansão Prolongada geral

Ao falecer em 1792, Richard Arkwright, filho de um alfaiate que não teve como financiar sua formação escolar, era o não aristocrata mais rico da Grã-Bretanha. Seja qual for o critério adotado, sua fortuna de 500 mil libras esterlinas era imensa – e, numa era de pouquíssima mobilidade social, praticamente inaudita. Como é que esse homem humilde de Preston, Lancashire, conseguiu gerar tanta riqueza? Ao responder a essa pergunta, também começamos a responder de onde surgiram os problemas do excesso. No que diz respeito a indivíduos, Arkwright foi um dos responsáveis pela Revolução Industrial, um evento que mudou os rumos da história e que explica as origens do excesso moderno.

Tecidos são parte importante de qualquer economia pré-industrial – todo mundo precisa de roupas e, para produzi-las, é necessária muita mão de obra. Comprar uma camisa antes do advento da tecnologia industrial era muito caro, e custava no mínimo 3.500 dólares (ou 14.000 reais) em valores atuais, comparados aos poucos dólares que podemos gastar hoje numa loja de departamentos[1].

---

1  Eve Fisher, *The $3500 Shirt – A History Lesson in Economics*, disponível em: <http://www.sleuthsayers.org/2013/06/the-3500-shirt-history-lesson-in.html>, acesso em: abr. 2019.

O problema dos consumidores era justamente este: o algodão inglês de produção local era de alta qualidade e relativamente barato. Mas os custos de mão de obra para fiar as fibras de algodão e transformá-las em tecido eram proibitivos. Assim, roupas e outros produtos têxteis eram escassos e caros. Era a condição geral da época: o que definia a vida das pessoas era a escassez. Uma camisa exigia um desembolso significativo, com as devidas consequências para o orçamento anual de uma casa.

Arkwright foi um dos que vislumbrou aí uma oportunidade. James Hargreaves, tecelão e carpinteiro de Lancashire, viu sua roda de fiar cair ao chão e, ao observá-la girando de lado, percebeu que, se um eixo pudesse ir da vertical à horizontal e voltar, conseguiria dar conta do serviço bem mais rápido que um ser humano. Em 1764, esse *insight* levou ao desenvolvimento do tear mecânico – um exemplo extraordinário da força da automação, que potencializou o trabalho humano e deu o pontapé inicial para uma revolução na produtividade. Além disso, ao enfileirar várias máquinas como essa, era possível aumentar a produção geral.

Arkwright, por sua vez, tomou outro rumo. Empreendedor nato, ele despendeu uma enorme quantidade de dinheiro, 12 mil libras esterlinas, no desenvolvimento de sua tecnologia, tendo patenteado o tear giratório em 1769 e a máquina de cardagem em 1775. A *water frame*, outro nome que se dava ao tear giratório, era alimentada por água do rio e usava um sistema de rolamentos para girar o material. Ela rendia um trançado forte na urdidura, não obtido pelo tear. Mas Arkwright não vislumbrou apenas a tecnologia; ele também necessitava de um novo sistema de organização – a fábrica – para explorar todo seu potencial. A partir de 1771, na Cromford, em Derbyshire, Arkwright reuniu todos os elementos – a nova tecnologia cujas patentes registrara; um exército de operários; uma fábrica construída com aquele maquinário em mente, projetada para obter a máxima produtividade em termos de desenho e posição; e um método de trabalho ditado não pela luz natural ou pelos ritmos do dia, mas pelas máquinas (a partir de 1772, elas passaram a funcionar vinte e quatro horas por dia). Arkwright chegou a construir casas e fornecer transporte para os operários, criando assim o modelo da cidade industrial. O tear giratório era simples de usar e rendia um produto de alta qualidade. Em 1785, incorporou-se a energia a vapor à fábrica e a Revolução Industrial estava prestes a deslanchar.

Ainda hoje pode-se visitar Cromford e ver os tijolos maciços e as fileiras ordenadas de janelas do complexo. Comparado a tudo que se vira antes, aquilo era de última geração. Embora hoje pareça pitoresco, o local foi pioneiro em novas formas de organização e de tecnologia. Aquele conjunto cinzento e compacto mudou o mundo.

O impacto no mercado têxtil foi dramático. Nos 27 anos entre 1760 e 1787, as importações de algodão cru, não cardado, saltaram de 1.100 para cerca de 10 mil toneladas. Em 1837, quando a Grã-Bretanha era a oficina do mundo e Manchester estava se transformando na "Cidade do Algodão", as importações do produto atingiram 166 mil toneladas. Com o aumento do volume de produção, os preços caíram de 84 xelins por quilo em 1786 para apenas 15 xelins por quilo em 1807.

Akrwright tornou-se um dos homens mais ricos da Grã-Bretanha ao fazer algo inédito. Durante grande parte da história, as economias cresceram devagar. A tecnologia se desenvolveu num ritmo muito lento, medido em gerações. Foi Arkwright e pessoas como ele, muitas das quais integrantes da Sociedade Lunar de Birmingham – um grupo informal, mas prolífico, de inventores, cientistas e executivos de ideias afins, incluindo empresários como Matthew Boulton e tecnólogos como James Watt –, que transformaram uma das molas propulsoras do mundo moderno: a produtividade.

Arkwright combinou três coisas. Primeiro, ele mobilizou a energia de novas maneiras, convertendo a energia hídrica e depois a energia do carvão para seus propósitos. O potencial da humanidade cresceu de imediato. Ao usar combustíveis fósseis, nossa capacidade de ação se transformou. Um barril de petróleo contém energia equivalente a 25 mil horas-homem. Como usamos 944 bilhões de barris de petróleo desde 1870, obtivemos uma quantidade imensa de horas de trabalho, e desde então o potencial de recursos energéticos passou a ser explorado sistematicamente[2]. Assim, Arkwright mudou a natureza do trabalho. Para o bem ou para o mal, o trabalho tornou-se regulamentado, rigorosamente contro-

---

2 Ver Christopher Kemp, "Primeval planet: What if humans had never existed?", *New Scientist*, 13 nov. 2013, disponível em: <https://www.newscientist.com/article/mg22029430.400-primeval-planet-what-if-humans-had-never-existed/>, acesso em: abr. 2019.

lado e conduzido por processos. As tarefas foram divididas, em vez de agrupadas indiscriminadamente. Por fim, Arkwright aplicou princípios da ciência e da engenharia à produção de objetos em massa. A automação e a tecnologia viriam a acelerar a capacidade produtiva da empresa.

A Revolução Industrial foi uma revolução da produtividade. E foi essa mudança na produtividade que transformou as camisas de aquisição dispendiosa no século XVIII em compra trivial no século XXI. Objetos materiais que sempre foram escassos passaram a ser amplamente disponíveis. A Expansão Prolongada geral havia começado.

A resposta mais direta para a pergunta de como chegamos ao contexto em que temos tudo em excesso é que a produtividade vem aumentando há mais de duzentos anos. A cada ano, conseguimos produzir mais do que no ano anterior. Por fim, as coisas se acumulam e a balança pende da escassez para o excesso. Surge um novo conjunto de problemas – e de oportunidades. Marx e Engels descreveram a transformação relativamente cedo e perceberam sua magnitude. A Revolução Industrial

> criou forças produtivas mais numerosas e mais colossais do que todas as gerações passadas em seu conjunto. A subjugação das forças da natureza, as máquinas, a aplicação da química na indústria e na agricultura, a navegação a vapor, as estradas de ferro, o telégrafo elétrico, a exploração de continentes inteiros, a canalização dos rios, populações inteiras brotando da terra como por encanto – que século anterior teria suspeitado que semelhantes forças produtivas estivessem adormecidas no seio do trabalho social[3]?

Tal como James Crichton Browne, os vitorianos certamente ficariam atônitos com as contínuas transformações ocorridas desde sua época.

A tecnologia sempre teve papel crucial nas mudanças. A Revolução Industrial foi impulsionada pelo tear mecânico e pela máquina

---

3  Do *Manifesto Comunista*. Tradução extraída de *Manifesto Comunista e Teses de Abril*, ed. Boitempo, 2017.

a vapor. Contudo, cem anos depois, a segunda Revolução Industrial, menos conhecida que a primeira, novamente revela como a tecnologia transforma a produtividade constantemente. Mais uma vez, as empresas detentoras de um novo conjunto de tecnologias reorganizariam o mundo.

O processo de Bessemer e depois o processo Siemens-Martin[4] deram ao mundo o aço, bem como uma série de novos empregos do material, de pontes a arranha-céus. A inovação nessa área continuou por décadas. Em 1920, por exemplo, eram necessárias três horas de trabalho para produzir uma tonelada de aço. No ano 2000, a produção da mesma quantidade de aço requeria apenas 0,003 hora de trabalho[5].

Seguiu-se a eletrificação das fábricas e dos produtos. A AEG de Emil Rathenau foi pioneira na engenharia elétrica, assim como Werner von Siemens, que elaborou a tecnologia dos telégrafos, os dínamos, os trens elétricos e as lâmpadas. Siemens criou o gerador autoexcitado – um dínamo que converte energia mecânica em energia elétrica. Assim, as turbinas movidas a vapor ou água podiam produzir quantidades significativas de eletricidade barata, capazes de alimentar fábricas e outras inovações num ciclo virtuoso. Empresas como a Siemens tinham grandes pares nos EUA, como a General Electric de Edison. Se houve uma invenção, junto ao processo de Bessemer, que ativou a segunda Revolução Industrial, foi esse gerador.

Se Arwkright já havia utilizado ciência aplicada, a segunda Revolução Industrial o fez de maneira muito mais focada e sistemática. Compostos químicos e corantes sintéticos, por exemplo, foram desenvolvidos por empresas alemãs como a BASF e a Bayer, que fizeram grandes progressos realizando suas próprias pesquisas. Em 1914, as empresas alemãs detinham quase 90% do mercado mundial de corantes. Por volta da mesma época, houve uma infinidade de outros avanços técnicos: a criação da dinamite; o uso

---

4 O processo de Bessemer foi o primeiro processo industrial de baixo custo para obtenção de aço a partir do ferro-gusa fundido; o processo Siemens-Martin, por sua vez, permitia obter aço a partir da utilização de sucata do material, disponível em grande quantidade na época. [N.E.]
5 Vaclav Smil, *Creating the Twentieth Century: Technical Innovations of 1867-1914*, Nova York: Oxford University Press, 2005.

de borracha e lubrificantes para facilitar e acelerar a produção; a introdução de fertilizantes nitrogenados.

Ocorreu também uma grande expansão nas áreas de transporte e infraestrutura. Nos anos 1880 foram construídas mais ferrovias que em qualquer década anterior ou posterior. A adoção em massa da navegação a vapor e do telégrafo encolheram o planeta. Se a primeira Revolução Industrial deu início à Expansão Prolongada, as inovações tecnológicas da segunda – o uso do eletromagnetismo, por exemplo – a impulsionaram. Ao longo desses anos, uma série de melhorias tecnológicas aumentou ainda mais a produtividade. O início da Revolução Industrial assistiu a taxas de crescimento de produtividade de 0,5% ao ano. Isso pode parecer pouco, mas, comparado a séculos de quase estagnação, não teve precedentes. De 1870 até os dias atuais, contudo, o crescimento da produtividade global tem sido de 1,7% ao ano. De acordo com Jeffrey Kaplan, entre 1948 e 1991, a produtividade por hora nos EUA dobrou e, entre 1991 e 2006, aumentou 30%[6]. O que fez a diferença foi o emprego de tecnologia.

Desde os anos 1970, há alguma discussão sobre o que os economistas chamam de declínio secular no crescimento da produtividade. Em poucas palavras, alguns críticos afirmam que a produtividade parou de crescer. Como veremos, isso não significa que a economia mundial deixou de crescer. Longe disso. Tampouco podemos dizer, com certeza, se a situação é essa. Parte da questão é que, à medida que a produtividade aumenta na indústria, a importância geral da indústria diminui: uma fábrica que antes empregava cem pessoas agora precisa apenas de dez. É mais difícil ter avanços de produtividade nos serviços. O exemplo clássico é o dos cabeleireiros: eles só conseguem cortar os cabelos de certo número de pessoas, ao passo que, graças ao avanço tecnológico, as fábricas conseguem obter ganhos extras de produtividade.

Independentemente de a produtividade estar ou não estagnada – e há indícios de que a tecnologia digital e a internet contribuíram muito para isso –, ainda testemunhamos uma capacidade produ-

---

6   Jeffrey Kaplan, "The Gospel of Consumption", *Orion Magazine*, maio 2008, disponível em: <https://orionmagazine.org/article/the-gospel-of-consumption/>, acesso em: 15 out. 2015.

tiva em escala imponente. O efeito cumulativo de tal avanço tecnológico é espantoso. Veja a empresa manufatureira Foxconn, de Taiwan.

Se você tem um iPhone ou um BlackBerry, se já jogou PlayStation ou Xbox ou se já leu num Kindle, há grandes chances de ele ter sido montado pela Foxconn, possivelmente em seu tristemente famoso *campus* de Longhua, na cidade chinesa de Shenzhen. A vanguarda da produtividade contemporânea encontra-se nesse colosso murado. Chamar de fábrica é abusar do termo. Longhua é praticamente uma cidade, uma potência de 2,5 quilômetros quadrados que emprega 300 mil pessoas e abriga não apenas linhas de montagem, mas dormitórios, cozinhas, refeitórios, bancos, livrarias, academias, quadras esportivas e até seu próprio McDonald's[7]. Tudo em Longhua tem a ver com maximização de produtividade e eficiência. A Foxconn é uma gigante manufatureira e o maior empregador privado da China, com 1,4 milhão de funcionários espalhados por 14 instalações. Segundo consta, sua maior fábrica, em Zhengzhou, na província de Henan, tem capacidade de produção de 500 mil iPhones por dia, além de outros produtos. Produzindo milhões e milhões de bens de consumo complexos por dia, o rendimento da Foxconn ultrapassa os US$ 130 bilhões. O custo humano pode ser alto, o que não foge à atenção.

Mas é só o começo. O pitoresco presidente da Foxconn, Terry Gou, anunciou a campanha para construir "um milhão de robôs". Tendo contratado uma equipe de pesquisadores de robótica do MIT em 2006, ele resolveu construir a Foxbot, uma divisão robótica que teoricamente será capaz de realizar as montagens complexas em que a Foxconn é especializada. Como estamos falando da Foxconn, ele pensa em termos de milhão: um milhão de robôs incansáveis, precisos, absurdamente rápidos, dedicados a montar celulares e *tablets* vinte e quatro horas por dia. É uma quantidade imensa de celulares e *tablets*.

Nem tudo saiu como planejado, porém. Até o momento, o custo de produção de cada Foxbot gira em torno de 20 a 25 mil dólares e

---

7 "When workers dream of a life beyond the factory gates", *The Economist*, 15 dez. 2012, disponível em: <https://www.economist.com/business/2012/12/15/when-workers-dream-of-a-life-beyond-the-factory-gates>, acesso em: abr. 2019.

só existem mais ou menos 30 mil robôs. Eles trabalham apenas em algumas linhas – há informes de que os cartuchos de tinta da HP e o iPhone 6 estejam entre eles. Os robôs não vão substituir a força de trabalho humana, mas sim incrementá-la, reduzindo custos e aumentando a produtividade[8]. A Foxconn levou o antigo modelo fabril até o limite e construiu as maiores fábricas do mundo. Assim como Arkwright e Siemens fizeram antes, porém, elas usam a tecnologia para impulsionar a produtividade e o lucro, os motores da industrialização. Ao usar novas tecnologias, a Foxconn mostra que o declínio secular na produtividade não é um fato consumado. Com papel de protagonista numa das maiores histórias da nossa época – a abertura da economia chinesa e sua enorme capacidade produtiva –, a empresa também faz parte da história mais ampla de como a tecnologia impulsionou a produtividade e como a produtividade produziu abundância.

O economista W. Brian Arthur defende que "a economia é uma expressão de suas tecnologias"[9]. Em outras palavras, o caráter, o crescimento e a estrutura de uma economia dependem de suas tecnologias, o que ajuda a explicar nossa atual condição. Nos últimos 250 anos, nossas tecnologias foram direcionadas para impulsionar a produtividade. Para produzir mais. Mais bens, mais alimentos, mais dados, mais coisas.

E a história não para por aí.

Danica May Camacho nasceu em 30 de outubro de 2011, um domingo, no Hospital Memorial José Fabella, em Manila. Mais um bebê saudável e feliz; mais um milagre humano. Contudo, ao contrário da maioria dos recém-nascidos, Danica veio ao mundo em meio aos flashes de fotógrafos e da imprensa mundial. Danica May era, segundo a ONU, o heptabilionésimo ser humano vivo no planeta Terra. De presente, ela recebeu uma touca e uma bolsa de

---

8   Em 2018, Terry Gou declarou que pretende substituir 80% de seus operários humanos por robôs num período de 5 a 10 anos (https://qz.com/1312079/iphone-maker-foxconn-is-churning-out-foxbots-to-replace-its-human-workers/). Segundo uma notícia (https://www.equaltimes.org/more-robots-fewer-rights-labour#.XCkG7VxKhQI), a empresa já reduziu seu quadro de funcionários em 40% – de 1,3 milhões em 2014 a 800 mil em 2018 – a partir da adoção dos Foxbots. [N.T.]
9   W. Brian Arthur, *The Nature of Technology: What It Is and How It Evolves*, Londres: Allen Lane, 2009, p. 193.

estudos, que poderiam ter sido igualmente destinadas aos outros 220 mil bebês nascidos naquele dia. Doze anos antes, Adnan Nević nasceu na Bósnia-Herzegovina. Ele teve a distinção de ser o hexabilionésimo ser humano. Em 12 anos, um bilhão de pessoas se somaram ao total líquido de humanos, numa época de aumento da expectativa de vida. Não é só a produtividade que tem aumentado. A humanidade também.

O número de seres humanos vivos tem um impacto enorme em nossa capacidade econômica. Seres humanos geram, ao mesmo tempo, demanda e oferta. Quanto maior o nosso número, mais podemos consumir e produzir; as opções aumentam e, em teoria, maior a exploração dos recursos. Se produtividade e tecnologia fomentam a abundância, o mesmo faz a abundância de pessoas. Há cerca de quatro ou cinco mil anos, a população total da humanidade ainda estava nas dezenas de milhões. Por volta de 1700, chegou a mais ou menos 600 milhões e atingiu um bilhão em torno do ano 1820. Ou seja, levou toda a história humana até 1820 para chegar a um bilhão de pessoas vivas ao mesmo tempo.

A partir daí, a coisa acelerou. O geógrafo Danny Dorling afirma que 1851 foi o ano-chave a partir do qual a taxa de crescimento da população saltou graças à industrialização acelerada[10]. Foram necessários 106 anos para atingir o segundo bilhão (em 1926), centenas e centenas de vezes mais rápido que o tempo para chegar ao primeiro. Atingiu-se o terceiro bilhão em 1960, só 34 anos depois, enquanto o quarto bilhão levou mais 15, em 1976; o quinto bilhão levou 13 anos, atingido em 1988. Até o sexto bilhão foram mais 12 anos, em 2000; o sétimo, mais 12. Durante o século XX, houve momentos em que países como China e Irã forçaram o limite da reprodução humana, com populações que cresciam a 4% ao ano, perto da máxima biológica. Essa taxa de crescimento é insustentável e há um grande conjunto de provas que demonstra que ela vem diminuindo desde os anos 1970 – mas ainda sentimos o efeito. Em países como Japão, Alemanha e Itália, a desaceleração transformou-se em inversão, o que equilibra o crescimento extraordinário que se vê em lugares como a África subsaariana. O octabilionésimo hu-

---

10  Danny Dorling, *Population 10 Billion: The Coming Demographic Crisis and How to Survive It*, Londres: Constable and Robinson, 2013.

mano provavelmente nascerá em algum momento de 2026, 15 anos depois de Danica May Camacho. Apesar da enorme dificuldade de fazer previsões sobre números populacionais no longo prazo, para muitos demógrafos, a população do planeta provavelmente atingirá de nove a dez bilhões mais ou menos no fim do século[11].

Embora a previsão sugira uma desaceleração, ainda é uma quantidade inacreditável de pessoas. A maioria de nós passou da vida em sociedade entre poucos milhões – e eram uma raridade – à vida em cidades com milhões ou dezenas de milhões de pessoas; em sociedades e blocos internacionais ainda maiores; e, em grau sem precedentes, num único mundo globalizado de bilhões. Em termos quantitativos, a diferença é óbvia, mas também gera uma diferença qualitativa. A escala e a gama de atividades humanas hoje estão muito além da nossa compreensão, transformam o escopo da economia, a diversidade dos produtos em oferta e a pressão sobre os recursos. Toda essa gente tem aspirações e necessidades que impulsionam, fortalecem e sobrecarregam o mundo.

O desenvolvimento tecnológico e a explosão populacional são manifestações óbvias de como criamos condições para o excesso. Não se trata, porém, apenas de pessoas ou de tecnologia, mas da forma como as duas interagem.

Pense no humilde alfinete. Adam Smith, o grande economista do século XVIII, tinha enorme interesse nessa "manufatura diminuta", como ele dizia. Para Smith, alfinetes revelavam a chave para o crescimento da riqueza ao demonstrar o valor da divisão do trabalho. Smith viu que, ao decompor tarefas em partes menores, era mais fácil aprimorá-las. No nível social, seria muito melhor ter uma pessoa concentrada em fazer velas e outra em fazer mesas, ao invés de todos produzirem suas próprias velas e suas próprias mesas. Além disso, mesmo no que diz respeito à atividade de fazer algo como um alfinete, seria possível decompor o processo em fases para aumentar a eficiência, impulsionar a produtividade e gerar mais lucros.

Smith afirmou que seria mais fácil aprimorar funções distintas que um conjunto de processos interligados. Os trabalhadores po-

---

[11] Projeções mais recentes (http://www.worldometers.info/world-population/) sugerem que a população chegará a 8 bilhões de pessoas em 2023 e a 10 bilhões em 2056. [N.T.]

deriam produzir com mais rapidez e eficiência. Desse modo, seria possível eliminar os custos de transição, os de passar de uma atividade para outra. Acima de tudo, funções distintas são muito mais aptas à automação, como Arkwright, contemporâneo de Smith, já vinha demonstrando. Um único operário talvez conseguisse produzir vinte alfinetes por dia, realizando uma série de tarefas difíceis numa sequência complicada. Entretanto, ao dividir a produção em vários subprocessos, um grupo de dez pessoas poderia produzir 48 mil alfinetes por dia – 4.800 por operário, um enorme aumento. Esse era o poder da divisão de trabalho e da tecnologia.

O economista Ha-Joon Chang registra o que aconteceu depois. Em 1832, 42 anos após a morte de Smith, Charles Babbage, o pai da computação, estudou a fabricação de alfinetes e estimou que cada operário já podia produzir 8 mil alfinetes por dia, quase o dobro da produtividade, graças a avanços *tanto* na tecnologia *quanto* no fluxo de trabalho[12]. Em 1980, um estudo estimou que nas fábricas modernas cada operária podia produzir 800 mil alfinetes por dia: um aumento de 100 vezes na produtividade em 150 anos. Hoje esse número pode ser muito maior, graças à sempre crescente automação. É aqui que a tecnologia encontra a organização. Agora imagine isso aplicado a quase todas as áreas da atividade humana e começamos a ver a fórmula subjacente à Expansão Prolongada.

Nos duzentos anos desde que Arkwright construiu sua fábrica e que Smith esboçou a divisão de trabalho e os fundamentos do capitalismo, os métodos de organização para aumentar a produtividade e a riqueza passaram por um constante aperfeiçoamento. No início do século XX, o fordismo sugeriu uma abordagem de linha de produção para a fabricação, muito mais eficiente que o processo descontínuo utilizado até então. A produção automobilística manteve-se na vanguarda, por exemplo com o método *Kaizen* da Toyota, com melhoria contínua e logística *just-in-time*. O taylorismo procurou transformar o trabalho em ciência, visando maximizar o rendimento de trabalhadores de escritório. Hoje executivos e engenheiros do Vale do Silício passam muito tempo analisando a

---

12 Ha-Joon Chang, *Economics: The User's Guide*, Londres: Pelican Books, 2014 [ed. bras.: *Economia: modo de usar: um guia básico dos principais conceitos econômicos*, trad. Isa Mara Lando e Rogério Galindo, São Paulo: Portfolio Penguin, 2015].

própria produtividade e a de outros, para desenvolver ferramentas e fluxos de trabalho que possam ser implantados internamente e oferecidos como serviços.

Adam Smith determinou a fórmula ideal da Expansão Prolongada, o elixir da economia clássica: a tecnologia gera melhorias na produtividade, que então gera crescimento econômico, o que leva a mais demanda, mais produção e mais transformação tecnológica, e assim por diante. Acrescentemos a isso uma população em constante crescimento e a ênfase cada vez maior em obter o máximo de tudo, e teremos a receita para a expansão contínua. Claro que havia e há muitos outros elementos no crescimento econômico. O acesso a energia e capital, por exemplo, e a infraestrutura em torno deles, têm sido cruciais para todos os tipos de crescimento. A geografia também tem seu papel, embora alguns países desprovidos de recursos naturais, como o Japão, tenham ficado ricos e alguns com abundância de recursos, como a República Democrática do Congo, estejam reduzidos à pobreza. A riqueza crescente significou demanda crescente e mercados animados com os novos produtos e serviços. No cerne dessa história, porém, está o fato de que novas tecnologias e o contínuo aumento da população impulsionam o crescimento. Ainda vemos os efeitos hoje. A China cresceu tão rápido porque não ficou para trás e apressou-se em adotar tecnologias e métodos ocidentais.

Não é fácil quantificar a escala da Expansão Prolongada. Podemos observar números de vários tipos – um é o da população, outro o da produtividade. O tamanho da economia global também é útil. O economista Angus Maddison dedicou a vida ao estudo das tendências de longo prazo. O crescimento costumava ser muito lento, apenas uma fração minúscula de 1% ao ano, quando se via. Entre os séculos XI e XVI, a Europa Ocidental cresceu apenas o mesmo que a China levou seis anos para crescer entre 2002 e 2008[13]. A partir de 1820, o crescimento foi acelerado e subiu a um ritmo anual de 1%. Contudo, isso foi ofuscado pela "Época Áurea do Capitalismo", os *Trente Glorieuses,* o *Wirtschaftswunder* de 1945-1973, quando

---

13 Números disponíveis em: D. S. Prasad Rao e Bart van Ark (org.), *World Economic Performance Past, Present and Future: Essays in celebration of the life and work of Angus Maddison*, Cheltenham: Edward Elgar, 2013.

a renda *per capita* do europeu ocidental aumentou em média 4,1% ao ano. Japão e China já tiveram períodos de crescimento ainda mais rápidos. Maddison estima que a economia global cresceu 15 vezes nos noventa anos entre 1913 e 2003[14]. O governo do Reino Unido afirma que a produtividade britânica cresceu sete vezes durante o século XX – um resultado impressionante, caso não se considere que durante o mesmo período a produtividade teve um crescimento ainda maior na França, Alemanha, Japão e Estados Unidos, por exemplo[15]. Durante os últimos duzentos anos, apesar das recessões, depressões, inversões, revoluções, guerras, alardes, choques e colapsos, a produção, desde filmes a alimentos, foi superior em cada ano à do ano anterior. E é evidente que isso se traduz em mais consumo. Jeffrey Kaplan cita números que sugerem que o gasto por domicílio nos EUA em 2005 era 12 vezes maior que em 1929, enquanto o gasto desses mesmos lares em bens duráveis aumentou 32 vezes durante o mesmo período[16].

Contudo, apesar de receios quanto a recessões e ganhos de produtividade, a Expansão Prolongada não desacelerou. Aliás, desde a queda das cortinas de ferro e de bambu, quando a Europa Oriental e a China abriram suas economias, a economia mundial tem sido impulsionada pelo maior crescimento da força de trabalho e a maior implantação de tecnologia e corrida de atualização tecnológica jamais vistos. Não apenas nessas nações, mas em todos os lugares, do México ao Brasil, da Turquia à Indonésia, a industrialização, os aumentos de produtividade e o crescimento da força de trabalho têm sido enormes – estima-se que 1,7 bilhão de trabalhadores somaram-se à mão de obra global entre 1980 e 2010[17]. Operários mudaram-se de zonas rurais para cidades, de fazendas familiares para fábricas, enquanto – como vimos com a Foxconn – essas fábricas e empresas atingiram novos níveis de produtividade. Ao longo do último século, os custos de transação associados a comunicação, transporte, logística e tarifas aduaneiras caíram. O capi-

---

14 Ibid.
15 *Fixing the Foundations: Creating a More Prosperous Nation*, jul. 2015, disponível em: <https://www.gov.uk/government/uploads/system/uploads/attachment_data/file/443898/Productivity_Plan_web.pdf>, acesso em: maio 2019.
16 Jeffrey Kaplan, "The Gospel of Consumption", *op. cit.*
17 Daniel Alpert, *The Age of Oversupply: Overcoming the Greatest Challenge to the Global Economy*, Londres: Portfolio Penguin, 2013, p. 11.

tal de investimento cresceu até se tornar mais líquido e móvel. Em vários momentos, a Expansão Prolongada foi propulsionada pela engenharia financeira: a transição do padrão-ouro para a moeda fiduciária após o colapso do acordo de Bretton Woods em 1971; a política monetária criativa dali em diante; a expansão dos negócios e do crédito ao consumidor.

Pensamos na tecnologia digital, entre outras coisas, como algo que leva a um grande impulso no armazenamento e na criação de dados. É verdade, mas está longe de ser a única maneira como a tecnologia digital transformou condições de escassez em condições de abundância. A tecnologia digital levou a amplos aumentos de oferta e à queda de preço nas comunicações, no acesso a mercados, nos espaços de estocagem, na criação e publicação de conteúdo, nos *software*s, nas opções de consumo, nos serviços e na potência computacional. Nos últimos vinte anos, a tendência dominante em cada uma dessas áreas foi passar da escassez ao excesso. Pense em como o Skype revolucionou as telecomunicações internacionais. O que antes era caro e relativamente raro agora é rotineiro e praticamente grátis. A chamada economia compartilhada libertou a oferta latente em áreas como aluguéis de curta duração (Airbnb), carros e transportes (Lyft) e wi-fi (Fon).

A disponibilidade de dados é só mais um exemplo de como a internet mudou completamente o ambiente empresarial, mas não faltam exemplos e já vimos os dados transformarem um setor atrás do outro que haviam sido otimizados para condições de escassez. Também vale a pena lembrar que o aumento de dados e informação tem raízes profundas que remontam às prensas a vapor, que aumentaram maciçamente os volumes de impressão e, antes disso, a uma das primeiras tecnologias industriais, a prensa mecânica de Gutenberg. A web continua crescendo. O advento da tecnologia portátil e vestível significa que, ano a ano, a conectividade digital vem se tornando mais onipresente e profundamente arraigada a mais coisas no mundo do que jamais se viu. O insípido neologismo "prossumidor" – a ideia de que, graças à internet, hoje os consumidores são produtores – pode ser lugar-comum, mas é verdade. Vídeos, fotos, dados comportamentais – tudo que você disser existe em superabundância. O aumento da produtividade sempre se apoiou em tecnologias de uso geral (GPTs, do inglês *General Pur-*

*pose Technologies*) como o vapor e a eletricidade para gerar novas ondas. Há um bom argumento de que a computação e a conectividade também são GPTs e que estamos vivendo suas consequências. Apesar de se falar em "estagnação secular" (a desaceleração geral das economias avançadas), o fim ainda não está à vista. Com as novas tecnologias que incluem inteligência artificial, Internet das Coisas, nanotecnologia, bioengenharia, supermateriais como grafeno e a disseminação das impressoras 3D (que pode fazer pelos objetos o que a internet fez pelos dados), talvez estejamos adentrando uma fase ainda mais intensa desse longo processo. Enquanto isso, a revolução do gás de xisto e os avanços em energias renováveis vão garantir o abastecimento. Novas formas de organização, como os *collaborative commons* [bens comuns colaborativos] e a economia compartilhada estão abrindo caminho para novas áreas de crescimento econômico. Cada uma delas tem potencial de incrementar novas áreas de crescimento e afetar drasticamente indústrias inteiras. É, ao mesmo tempo, empolgante e perturbador.

Se a tecnologia computacional representa a Terceira Revolução Industrial, aqui estão as sementes para a quarta. Aliás, alguns pensadores acreditam que essa nova infraestrutura é capaz de desencadear uma onda de produtividade tão radical que pode levar à eliminação dos custos de produção marginais – e, com isso, ao eclipse do próprio capitalismo[18]. Imagine se todo ser humano na Terra tivesse uma impressora 3D avançada e seus insumos. O que seria da economia?

Todos os dias, sentimos a força total da Expansão Prolongada.

Mas o que isso tem a ver com curadoria? E isso não é bom? Em termos gerais, sim, a Expansão Prolongada é uma coisa boa. Abundância, deve-se ressaltar, geralmente é algo positivo. Ela nos deu uma qualidade de vida jamais imaginada. É ela que nos concede o luxo dos #firstworldproblems. É por causa dela que Danica May

---

18 Jeremy Rifkin, *The Zero Marginal Cost Society: The Internet of Things, the Collaborative Commons, and the Eclipse of Capitalism*, Nova York: Palgrave, 2014 [ed. bras.: *Sociedade com custo marginal zero: a internet das coisas, os bens comuns colaborativos e o eclipse do capitalismo*, trad. Mônica Rosemberg, São Paulo: M. Books, 2015.]; Paul Mason, *PostCapitalism: A Guide to Our Future*, Londres: Allen Lane, 2015 [ed. bras.: *Pós-capitalismo: um guia para o nosso futuro*, trad. José Geraldo Couto, São Paulo: Companhia das Letras, 2017].

Camacho, que cresce num país ainda pobre como as Filipinas, deverá ter uma qualidade de vida muito melhor que a de seus predecessores imediatos. Ao mesmo tempo, a Expansão Prolongada não significa que está tudo bem. Longe disso. Bilhões ainda vivem na pobreza, sem remédios nem comida suficiente, quem dirá do acesso ao mais novo celular ou à moda da temporada.

Como veremos, os efeitos negativos da Expansão Prolongada já são sentidos. É aqui que entra a curadoria. A Expansão Prolongada é o grande negócio e o contexto social do século XXI. Tanto em referência a dados ou a seres humanos, a músicas inéditas ou a bugigangas de plástico, a Expansão Prolongada significa que, em muitos aspectos das nossas vidas, graças a uma combinação de crescimento econômico e tecnológico, a escassez deu lugar à abundância. Em resumo, a Expansão Prolongada significa que muita gente tem uma ou outra coisa em quantidade excessiva, não de menos. Sem as transformações aqui descritas, creio que sequer precisaríamos de um termo como curadoria. É nesse contexto, fora do território dos museus e do conteúdo de internet, que se sente todo o impacto da curadoria.

# 2

# A sobrecarga

Os problemas de Lisa (desculpe, Lisa) chegam à essência do tipo de questão mais frequente nesta fase da Expansão Prolongada. "A informação, os dados, são a força vital dos mercados. Não há como ter demais. É o que diz a teoria." Mas, na verdade, Lisa e outros são cada vez mais esmagados pela quantidade de dados disponíveis. "Na verdade, não se trata apenas do volume, mas de ter os dados certos, as coisas realmente importantes, e de saber tomar as melhores decisões a partir daí. É assim que se consegue avançar." O sistema gera cada vez mais informação sobre mercados financeiros, desde preços, levantamentos históricos, relatórios anuais e análises da imprensa a recomendações de analistas internos e toda profusão de informações tentadoras que vêm de um terminal Bloomberg ao custo de 24 mil dólares por ano. Somar mais dados, por si só, não é algo necessariamente útil. A relação sinal-ruído para operadores financeiros já é inusitada; ao somar mais, provavelmente só se aumenta o nível de ruído, o que levará a piores resultados. O truque, em vez disso, é encontrar os dados corretos, aquela informação marcante e útil.

Lisa tem o que eu chamo de problema de sobrecarga. Problemas de sobrecarga são os decorrentes não da falta, mas do excesso.

Mesmo nas transações financeiras mais simples existe um excesso de dados – relatórios anuais e lucros declarados, preços de ações e de reservas, perfis de fornecedores, preços das *commodities* e perfis executivos, o panorama macro do setor e a economia no sentido mais amplo. Cada um deles acumula uma infinidade de detalhes. A simples soma gera sobrecarga de informação, não esclarecimento. No contexto de negociação de ações, a sobrecarga de informação sai caro. É por isso que o futuro das informações sobre o mercado financeiro não será apenas da maior oferta. Ele terá a ver com a construção de ferramentas que deem aos operadores financeiros a possibilidade de peneirar com mais eficiência a enxurrada de dados. As empresas bem-sucedidas nesse aspecto encontrarão consumidores com grandes somas de dinheiro disponíveis.

Esse é o impacto da sobrecarga. Se negócios existem para resolver problemas, não apenas tendemos a nos deparar com mais empresas resolvendo problemas como os da sobrecarga, mas sabemos que tal tendência se intensificará no futuro.

A sobrecarga de informação é o problema clássico. Lisa nada num mar não apenas de dados do mercado financeiro, mas de informação como um todo, o grande turbilhão de conteúdo internético que vai do BuzzFeed ao *Wall Street Journal* às centenas de canais de TV em casa, com a Netflix como cereja do bolo. Tal como acontece com muitos de nós, a capacidade de concentração de Lisa está diminuindo drasticamente. Se já é difícil prestar atenção num e-mail, o que dizer de uma atividade contínua! Mas problemas de sobrecarga são mais que isso. Apesar de Lisa ter tudo, eu lhe pergunto: está satisfeita com a vida? Está feliz? Segue-se um silêncio constrangedor. "Sim e não", ela responde. "Parece que é ingratidão dizer não, pois tenho muita coisa e tive oportunidades incríveis. Materialmente, não tenho nenhum problema. Mas estou feliz? Às vezes não sei. Nunca sinto que tenho tempo ou espaço para curtir o que quer que seja."

Afirmações como essa são cada vez mais normais na sobrecarga. Somar não vai dar certo.

Se já estamos acostumados com a sobrecarga de informação, o futurista James Wallman sugere que também sofremos da sobrecarga de pertences. É o que ele chama de "*stuffocation*", ou "sufocamento pelas coisas"[1]. Ter mais coisas sempre foi bom – daí a

---

[1] James Wallman, *Stuffocation: Living More with Less*, Londres: Portfolio Penguin, 2014.

demanda que alimentou a Expansão Prolongada. E, nossa, como temos coisas! Os norte-americanos consomem mais de três vezes o que consumiam cinquenta anos atrás. Em 1991, cada um comprava 34 novas peças de roupa por ano; o número subiu para 67 peças em 2007. A britânica média, por sua vez, compra 58 peças de roupa por ano, e quase duplicou seu gasto nesta área nos 14 anos entre 1990 e 2004. Em 1995, norte-americanos compravam 188 milhões de torradeiras e aparelhos similares por ano; em 2014, o número tinha subido para 279 milhões. O Energy Saving Trust estima que os lares britânicos aumentaram sua quantidade de aparelhos eletrônicos em 11 vezes no período entre 1970 e 2009[2].

Wallman afirma que ter mais leva apenas a acumulação e excesso. Não tem um objetivo, nem nos faz feliz. Wallman cita um estudo do Centro do Cotidiano Familiar da UCLA. O relatório que eles produziram, *Vida familiar no século XXI*, descobriu um estado de "saturação material" nas vidas das famílias com as quais trabalharam. Elas tinham, em média, 139 brinquedos, 438 livros e revistas e 39 pares de calçados, cada[3]. Mesmo a menor casa no estudo tinha mais de 2.260 itens em apenas três quartos. Eles concluíram que norte-americanos estavam vivendo em meio a uma "tralha extraordinária". A *stuffocation* manifesta-se, inclusive, fisiologicamente – quanto mais tralhas as pessoas tinham, sobretudo mulheres, maior o nível de estresse. A expansão nos proporcionou abundância de recursos e de produtividade, mas, depois de certo ponto, isso tudo só nos estressa.

A sobrecarga não está relacionada apenas com a informação, mas com o que se chamou de *"affluenza"*, ou o desafio da fartura. Há abundante literatura científica que trata de como o que antes era visto como verdade – que ter mais dinheiro e mais coisas é um bem por si só – é mais complexo quando reconsiderado. A afirmação clássica a esse respeito é do economista Richard Easterlin, que chegou ao epônimo Paradoxo de Easterlin. Easterlin dizia que, embora os ricos sejam mais felizes, não são mais felizes em proporção à riqueza que acumularam. O argumento é que, depois de

---

2 Andrew Simms, *Cancel the Apocalypse: The New Path to Prosperity*, Londres Abacus, 2014.
3 Os números provêm de James Wallman, *Stuffocation: Living More With Less, op. cit.*

certo ponto, o dinheiro não contribui para a felicidade. Embora muitos sempre tivessem suspeitado que isso fosse verdade, Easterlin visava conferir a fundamentação sociológica de tal afirmação. Exatamente onde fica esse ponto, se é que ele existe, ainda está em discussão. Um estudo financiado pelo governo francês sugeriu que as taxas nacionais de felicidade não aumentam muito após um PIB *per capita* em torno de 20 mil dólares[4]. Em países ricos, Wallman sugere que o efeito se manifesta por volta dos 75 mil dólares. Números do World Database of Happiness mostram que, desde 1973, o PIB *per capita* real do Reino Unido quase duplicou; os níveis de "felicidade", porém, estancaram[5].

Independente de discussões políticas obscuras em torno do Paradoxo de Easterlin, é fácil entender os mecanismos subjacentes a ele. Existe, por exemplo, a ideia da "adaptação hedônica". Nós nos acostumamos muito rapidamente a novas posses ou circunstâncias e o choque inicial que elas nos provocam se reduz. Tendemos a uma espécie de estado fundamental emocional ao qual voltamos, independentemente de influências positivas ou negativas. O que antes era um casaco novo e radiante da butique chique se transforma num casaco velho e gasto que ficará esquecido no armário. Novidades e excessos viram norma e deixam de nos empolgar. Além disso, essa riqueza aumenta a pressão de se comparar aos vizinhos. O seu Ford que impressionava no ano passado perde o brilho quando o vizinho tem um Mercedes.

Isso é da natureza dos bens posicionais, que cada vez mais dominam a economia – os bens que não são adquiridos por causa da utilidade, mas pelo que dizem a nosso respeito. "Bens esnobes" são, por exemplo, os que compramos pelo que afirmam sobre nosso gosto. Pode ser um casaco estiloso, mas pode ser, digamos, formação acadêmica. Os pais não mandam os filhos para o colégio Eton apenas pela formação, mas pelo que isso diz a respeito deles socialmente. Os bens de Veblen, batizados em homenagem ao econo-

---

[4] Eugenio Proto, Aldo Rustichini, "GDP and life satisfaction: New evidence", VOX, CEPR Policy Portal, 11 jan. 2014, disponível em: <http://www.voxeu.org/article/gdp-and-life-satisfaction-new-evidence>, acesso em: abr. 2019.

[5] Robert Skidelsky e Edward Skidelsky, *How Much Is Enough?: The Love of Money and the Case for the Good Life*, Londres: Allen Lane, 2012 [ed. bras.: *Quanto é suficiente?: o amor pelo dinheiro e a defesa da boa vida*, trad. Vera Caputo, Rio de Janeiro: Civilização Brasileira, 2017].

mista Thorstein Veblen, que cunhou a expressão "consumo conspícuo", resistem às leis normais da economia e ficam mais desejáveis conforme ficam mais caros. (A economia tradicional afirma que a demanda sobe à medida que os preços caem.) Esses bens servem para exibir quanto dinheiro você tem e, portanto, quanto mais caros ficam, mais eficientes são. Não é à toa que nem sempre sentimos os benefícios da riqueza crescente, dado que no noticiário vemos a oligarquia comprando caixas de vinho Romanée-Conti para se divertir, ou melhor, para ostentar a conta bancária.

Também ficamos mais impacientes. Queremos as coisas agora e do nosso jeito. Damos prioridade aos prazeres imediatos e de curto prazo, em vez dos bens de longo prazo. Como ainda vou discutir mais detalhadamente, temos um excesso de opções em quase todas as áreas das nossas vidas e opções demais nos deixam sob pressão, nervosos. Quando a sobrevivência e a subsistência, na escala de Maslow, não são grandes problemas, damos um jeito de criar novos problemas. No linguajar técnico, tudo isso é descrito como a utilidade marginal decrescente do consumo: quanto mais você consome, mais precisa consumir para ficar feliz.

Também não é uma questão subjetiva. O economista Daniel Alpert afirma que o problema elementar na economia global contemporânea é o excesso de oferta. Todas as consequências da Expansão Prolongada levam à falta de sincronia entre oferta e demanda; a oferta supera a demanda. As ofertas de trabalho, capital e tecnologia estão todas em níveis inéditos e levaram a uma situação de excesso de oferta mundo afora, com consequências preocupantes. Os desequilíbrios financeiros sistêmicos, por exemplo, podem ser explicados, em parte, pelas enormes reservas de moeda estrangeira em países como China e Japão (respectivamente em torno de 4 trilhões e 1,2 trilhão de dólares). Dinheiro transbordando pelos mercados, sem ativos geradores de renda nos quais investir, cria bolhas. Bolhas estouram. Excessos de oferta como este já aconteceram, no início do século XX, em decorrência das inovações da segunda Revolução Industrial. Na época, a reação não se limitou a fabricar mais bens, mas também criou a economia consumidora em que vivemos hoje. As pessoas eram incentivadas a comprar por comprar, não por necessidade. Fica claro que (a) isso deixou de existir em grandes espaços do mundo desenvolvido e (b) se todo mundo vivesse assim, teríamos, para dizer o mínimo, uma situação ambiental complexa.

Vale reiterar, mais uma vez, que geralmente é bom ter problemas de sobrecarga, pois eles são decorrentes de soluções para problemas antigos. Ao enfrentar tais problemas, assumimos uma posição de relativa força e compreensão. Contudo, mesmo que sejam bons, não deixam de ser problemas. Decidir a qual cafeteria ir ou qual aplicativo baixar é algo tão trivial que beira o risível. Chamar isso de problema, aliás, num mundo de contínuas dificuldades extremas, chega a ser quase antiético. Mas quando combinamos todas as áreas em que vivemos a sobrecarga, temos uma situação que requer novas formas de trabalho. Deveríamos começar a pensar em abordagens da vida e dos negócios de outro ponto de vista, retirando ao invés de acrescentar.

Aliás, a natureza dos problemas de sobrecarga exige justamente isso. Vamos analisar um pouco mais detalhadamente uma área sobrecarregada, onde simplesmente não é possível acrescentar nada. Uma área na qual precisamos encontrar formas melhores de usar o que já temos, algo muito além do campo habitual da curadoria: o tempo.

Para nós, o tempo é, por definição, finito. O problema é que muitos achamos, por assim dizer, que o tempo está ficando *mais* finito. As demandas de família e trabalho, sem falar do lazer, são desgastantes. A tecnologia digital, que nos incita a dar só mais uma olhadinha no Facebook, que pede que enviemos aquele último e-mail, só exacerba o problema. Aliás, nossos cérebros secretam uma pequena dose de dopamina sempre que recebemos uma nova mensagem, uma recompensa que nos faz querer mais. Todos esses dispositivos extras, certamente produzidos em Longhua, têm suas exigências. Nós nunca desligamos.

Preocupados com nossos empregos e finanças, trabalhamos mais que nunca só para nos manter e pagar o financiamento. O custo de tudo, mas principalmente de saúde e educação, continua a aumentar. O resultado é o que a escritora e jornalista Brigid Schulte chama de "A sobrecarga": o ponto em que nossa gestão do tempo vem abaixo. Parte disso é conhecido como "sobrecarga de papéis", a ideia de que aceitamos um número exagerado de tarefas simultâneas (mãe, chefe, funcionária, colega de trabalho, esposa, amiga, irmã, motorista etc.). Ter uma vida rica e diversificada é uma coisa; a sobrecarga de papéis é levar tudo isso ao extremo.

A crescente literatura científica sobre o uso do tempo corrobora a tese de que estamos sobrecarregando nossas vidas. Um estudo desenvolvido pelo Centro de Pesquisas sobre Uso do Tempo da Universidade de Oxford descobriu em 2011 que, apesar de mais horas de trabalho, o tempo que os pais passam com os filhos triplicou entre 1975 e 2000. Nos Estados Unidos, a tendência foi ainda mais radical. Isso contradiz a percepção de que estamos sacrificando o cuidado dos filhos pela carreira. Na verdade, estamos tentando abarcar tudo. Um novo estudo de Oxford, com 20 mil pessoas, descobriu que mulheres com instrução cumpriam quatro horas de trabalho a mais por semana no ano 2000 do que nos anos 1970. Assim como aumentou o tempo com as crianças, houve um aumento universal na quantidade de tempo que passavam assistindo TV. Estamos trabalhando mais do que há décadas e ainda assim dedicamos muito mais tempo a nossos filhos – e à TV. Mais de metade do nosso tempo desperto, no trabalho ou em casa, é gasto com a tecnologia ou com meios de comunicação – ou seja, mais tempo do que dedicamos ao sono[6]. É difícil pensar que passar mais tempo com os filhos seja ruim, mas como não houve compensação em outros quesitos – exceto dormir menos – alguma coisa vai atingir o ponto de ruptura.

Num congresso da Associação Internacional da Pesquisa sobre Uso do Tempo, Schulte cita mais pesquisas que sustentam o que foi dito acima: 60% dos pais que trabalham estavam reduzindo o tempo de sono só para dar conta de tudo, enquanto 46% disseram que não dispunham de nenhum tempo livre. No Levantamento Social Geral da National Science Foundation, nenhuma das mães com crianças entre 0 e 6 anos afirmou ter tempo livre e apenas 5% dos pais considerou que tinha tempo de lazer. Dos homens norte-americanos com formação universitária, 40% trabalham mais de cinquenta horas por semana. Outro estudo descobriu que mães e pais, no total, trabalhavam 13 horas a mais por semana no ano 2000 do que em 1970[7]. Enquanto isso, o próprio trabalho se torna mais intenso. Um estudo

---

6   Dados disponíveis em: <http://www.slideshare.net/ActivateInc/activate-tech-and-media-outlook-2016/8-The_total_tech_and_media>, acesso em: abr. 2019.
7   Todos os números vêm de Brigid Schulte, *Overwhelmed: Work, Love and Play When No One Has the Time*, Londres: Bloomsbury, 2014 [ed. bras.: *Sobrecarregados: trabalho, amor e lazer quando ninguém tem tempo*, trad. Edite Siegert, São Paulo: Figurati, 2016].

realizado numa grande empresa descobriu que a reunião semanal de seus diretores executivos gerava preocupantes 300 mil horas de trabalho extra para os funcionários empresa afora. Todos nós já passamos por isso. E as estatísticas continuam: 15% do tempo na empresa é gasto em reuniões, muitas delas consideradas inúteis. Nos anos 1970, cada executivo sênior recebia cerca de mil comunicados externos por ano. Em 2014, o número já chegara a 30 mil[8].

Parte do impulso de produtividade está ligada à aceleração dos fluxos – de capital, ideias, dados, produtos, pessoas e mídia. Tudo isso levou o mundo a se tornar uma máquina mais rápida, mais ativa e mais produtiva, mas tem seus reflexos sobre os seres humanos.

No trabalho e em casa, nosso tempo é preenchido como nunca. Temos que ser pais incríveis e funcionários-modelo; devemos girar como helicópteros em torno de nossos filhos e estar a postos para dar uma resposta rápida a nosso chefe vinte e quatro horas por dia. O tempo é um de nossos recursos mais preciosos, mas nosso tempo é sobrecarregado. As demandas do mundo moderno nos levam a só aumentar a carga. Praticamente todos os aspectos das nossas vidas têm implicações para a gerência de tempo que apenas exacerbam o problema. Assim como ter coisas demais reduz nossos cérebros por ativar os hormônios do estresse (sim, é isso mesmo – estresse demais reduz nossos cérebros e nossa capacidade de pensar com clareza), o mesmo acontece com tempo de menos. O estresse de ter muitas coisas para fazer é agravado pelo estresse de nunca ter tempo para isso. Então, passamos dias sentados em reuniões que só geram trabalho desnecessário. A não ser que façamos o que as pessoas entendem como sacrifícios inaceitáveis, estamos numa via de mão única rumo à sobrecarga de tempo.

Claro que não é apenas o tempo que está sob pressão. O mundo contemporâneo gera todo tipo de tensões, pressões e desequilíbrios. Gastamos água demais, por exemplo, e estamos diante de carências alarmantes em alguns dos celeiros mais significativos do mundo, como o Central Valley da Califórnia, o Meio-Oeste e a região do Punjab, que vai da Índia ao Paquistão. As calotas polares

---

8   Max Nisen, "Companies have turned killing time into an art form", *Quartz*, 2014, disponível em: <http://qz.com/200725/companies-have-turned-killing-time-into-an-art-form/>, acesso em: 6 maio 2014.

estão diminuindo, os aquíferos se esgotam e chuvas sazonais como as monções deixaram de ser regulares. Tudo isso agrava ainda mais o problema do uso abusivo. Temos carros demais para o sistema viário que herdamos, o que resulta em congestionamento nas grandes cidades. Os motoristas de Moscou e Jacarta estão acostumados a passar mais de quatro horas por dia sentados dentro do carro, enquanto São Paulo e Pequim já viram engarrafamentos que superaram os 100 quilômetros. O endividamento – governamental, bancário, empresarial, pessoal, segurado e não segurado – acumula-se em níveis quase recorde, para sustentar economias baseadas num modelo de produção e consumo crescentes, ano após ano.

Nossa sociedade é um grande motor que quer cada vez mais. Mas já não temos como acelerar. Estamos sobrecarregados. De uma forma ou de outra, teremos de adotar novas abordagens e maneiras de pensar.

Não creio que a "curadoria", por si só, seja a resposta para os problemas macro. A curadoria claramente não é a salvação. Diante da péssima reação das pessoas ao ver a curadoria em contextos alheios às galerias de arte, é melhor esperar! A curadoria, contudo, favorece uma abordagem que não aumenta a sobrecarga, mas efetivamente a diminui. Se começássemos a pensar no tempo como algo destinado a ser submetido a curadoria, e não como algo a ser roubado aqui e ali, talvez passássemos a ver a vida com outros olhos. Podemos e devemos fazer melhorias.

Se a Expansão Prolongada estrutura nosso contexto empresarial, a sobrecarga representa os problemas que vêm junto com ela, problemas decorrentes da transição da frugalidade para o consumismo que dominou os últimos séculos. Para a maioria, eles ainda são de pequena escala e relativamente inofensivos – ficar parado no corredor do supermercado, sem conseguir decidir qual cereal comprar; ficar acordado meia hora a mais do que o ideal só para dar conta de tudo. Esse tipo de sobrecarga de opções é trivial e é um dos principais motivos do aumento da importância da curadoria. Depois vem o que realmente importa. Vivemos desastres financeiros porque o acúmulo de dívidas aumentou demais, sobrecarregando o sistema financeiro. Temos problemas com resistência a antibióticos por causa do excesso de prescrição de remédios. Países como a Rússia ficaram mais ricos nos últimos 25 anos, mas seus níveis de felicidade não melhoraram e a expectativa de vida dos homens russos despencou.

Problemas de sobrecarga não significam que a curadoria seja a salvação; a curadoria terá como alvo uma subcategoria desses problemas. Mas eles mudam radicalmente o contexto no qual concebemos e executamos estratégias de negócios. Com a Expansão Prolongada, temos mais de tudo, sejam dados, dívidas ou *donuts*. Isso não significa que a vida seja mais fácil ou melhor. Num mundo sobrecarregado, o *locus* do valor muda. Empresas da área de tecnologia sabem disso há um bom tempo. Da sua posição na linha de frente da sobrecarga, elas perceberam que é importante tirar, fazer curadoria. Quando uma gama desconcertante de opções constitui a norma, tal como acontece na web, curadoria é essencial. Daí todo o discurso dos investidores sobre a oportunidade na curadoria e, portanto, como veremos, o excelente trabalho realizado nessa área. Sobrecarga significa que os métodos da Expansão Prolongada não apenas são inadequados, mas estão complicando a situação. Tal como no Big Data, o desafio é lidar com excedente e complexidade intensa, e não piorar as coisas.

As estratégias da curadoria vão contra a tendência à sobrecarga. A curadoria ajuda a atravessar a sobrecarga e navegar pela nova fase da economia. Claro que ela não vai fazer isso tudo sozinha. Mas como cada vez mais se cria valor em áreas e serviços que aliviam a sobrecarga, ela será rentável e significativa, principalmente para o consumidor final. Para organizações de todos os tipos, portanto, a natureza do problema indica que abordagens de curadoria terão um papel muito mais importante no futuro. Abordagens que não acrescentam coisas. Abordagens que reduzem coisas. Que diminuem. Que simplificam, contextualizam, que nos ajudam a enxergar e viver com mais clareza. Nos últimos trinta anos, mais ou menos, já assistimos ao aumento de tais abordagens. Mas a escala do desafio indica que precisamos estar abertos para descobrir novas estratégias e modelos para o futuro. Se vier das figuras atípicas na arte e na web, paciência. Não podemos descartá-los.

Nos próximos trinta anos ou mais, a sobrecarga ficará mais intensa. Superar a sobrecarga, onde quer que a encontremos, seja em nossas agendas, lojas, planilhas de contabilidade ou torneiras, é o grande desafio e a grande oportunidade para o século XXI.

# 3

# O mito da criatividade

O encontro entre Beethoven e Goethe, dois dos maiores criadores da história, só podia ter sido divertido. Ambos eram gigantes de sua época, cada qual ansioso para conhecer e elogiar o outro. Em 1812, na estância termal boêmia de Teplitz (hoje conhecida como Teplice), o encontro finalmente aconteceu. Segundo os relatos, foi embaraçoso. Goethe era um polido cortesão, homem de formação refinada e boas maneiras. Beethoven era feroz, difícil, lúgubre e obtuso. Estando na cidade para se tratar nas águas termais, atormentado pela surdez, Beethoven foi apresentado a Goethe por uma amiga em comum, Bettina von Arnim. Teoricamente, eles tinham muito em comum – eram gigantes da cultura alemã, que compartilhavam dos ideais estéticos mais elevados. Ambos admiravam Napoleão. Eram famosos e talentosos. Talvez em virtude de tudo isso, não se acertaram.

Um incidente chamou a atenção de Bettina[1]. Enquanto caminhavam por uma das pitorescas ruas de Teplitz, os dois viram membros da realeza vindo à frente. Goethe, sempre afável, fez o

---

1  Para mais detalhes, ver, por exemplo, "A meeting of genius: Beethoven and Goethe, July 1812", disponível em: <http://www.gramophone.co.uk/features/focus/a-meeting-of-genius-beethoven-and-goethe-july-1812?pmtx=most-popular&utm_expid=32540977-5.-DEFmKXoQdmXwfDwHzJRUQ.1>, acesso em: abr. 2019.

que estava acostumado a fazer – tirou o chapéu para os dignitários, cumprimentou-os com a devida deferência e saiu do caminho. Por ser mais velho que Beethoven e vir de um mundo diferente, este era o comportamento padrão até para um grande artista e intelectual como Goethe. *Reconhece quem te é superior.*

Beethoven, nem tanto. Enfiando as mãos nos bolsos, ele continuou seu caminho, sem parar para cumprimentar os nobres. Ao invés disso, irrompeu entre eles e depois, arrogantemente, esperou que Goethe o alcançasse. Beethoven via-se como artista, como criador. Nada mais tinha importância. Nada ia superá-lo. Para ele, a pessoa se destacava por ser um criador, não pelo patrimônio nem pela família. Esta era a diferença entre os dois artistas – um conversava cordialmente, como esperado, de cabeça baixa; o outro trovejava, recusando-se a parar para quem quer que fosse. Ainda mais notável que tudo isso é que Beethoven tinha tal reputação que os nobres o cumprimentaram quando ele passou. Os servos haviam se tornado mestres. Goethe ficou chocado com o homem que conheceu, tendo escrito a sua esposa que Beethoven tinha "uma personalidade absolutamente incontrolável". Ainda naquele século, o artista Carl Rohling retratou a cena (ver Figura 2).

Infelizmente, a história talvez seja apócrifa, uma invenção de Bettina. Ainda assim, é instrutiva. Na época, não havia dúvida de que Beethoven compunha uma música revolucionária, que transformou a ideia do que se podia esperar de um artista. "Houve muitos príncipes e imperadores, e ainda haverá", ele escreveu, "mas sempre existirá apenas um Beethoven". Para Beethoven, o importante era criar arte que fosse inovadora, singular e extraordinária. E de fato ele criou – compôs num estilo exclusivo e sua música está entre as melhores jamais escritas. Nenhum outro compositor transformou a música como Beethoven. E ainda transformou o modo como entendemos a criatividade. Ele fez parte da revolução romântica que se irradiou pela Europa na virada do século XIX, valorizando ao máximo a criatividade pura e irrestrita.

Antes disso, os criadores eram vistos em termos da religião ou da aristocracia. A criatividade passou grande parte da história subordinada a questões religiosas – a música se fazia em louvor a Deus, a pintura e a arquitetura estavam a serviço da religião. Foi apenas com a generosidade de instituições como a Igreja Católica

*Figura 2.* Carl Rohling, O incidente em Teplitz.

que tivemos produção artística de certa escala. Ao mesmo tempo, a arte era financiada pelos mecenas. Os aristocratas e a realeza forneciam verbas para o sustento dos artistas. Estes, por sua vez, dedicavam seu trabalho à glorificação de seus mecenas. As duas ideias de criatividade podem ser encontradas em outros gigantes da música clássica, Bach e Mozart. Os dois compuseram boa parte de sua obra ou para a Igreja ou para grandes mecenas nas cortes centro-europeias. Ambos subordinaram sua música e criatividade a outros.

Beethoven escreveu para si mesmo.

Era uma nova concepção de criatividade que logo ganhou ampla circulação. Poetas como Byron e Shelley e pintores como Delacroix e Friedrich difundiram a doutrina no mundo artístico. Criatividade passou a ser *in*. Como Beethoven disse: "Somente a arte e a ciência podem elevar os homens ao nível dos deuses". Originalidade, novidade, ousadia e arrojo mereciam louvor. Hoje vivemos o legado de Beethoven. Herdamos a visão romântica da criatividade como algo que merece ser defendido a qualquer preço. Idolatramos nossos grandes criadores, cumulando-os de prêmios e destaque na imprensa. A criatividade é vista como a chave para os negócios e o sucesso. Somos viciados em "virar o jogo". Admiramos empresários criativos como Henry Ford ou Steve Jobs, pessoas que criaram inovações, mais do que rentistas como J. D. Rockefeller ou Carlos Slim. Uma pessoa como Jobs foi um Beethoven corporativo – voluntarioso, impulsivo e difícil, mas também decididamente heroico –, que se dispôs a sacrificar tudo em nome da perfeição criativa. Jobs, tal como Beethoven, se recusava a ceder em busca do novo. Ele não estava interessado em grupos focais ou pesquisa de mercado, assim como Beethoven não escrevia para os gostos de um mecenato restrito. Eles curvaram o mundo à sua vontade e, ao fazer isso, o transformaram. É por isso que os amamos.

A criatividade é vista como algo desejável em praticamente todos os aspectos das nossas vidas. De nossas escolas a nossos locais de trabalho, incentiva-se a criatividade, ao menos na teoria. Vale notar que essa ideia de criatividade veio na esteira da Expansão Prolongada. Beethoven estava a poucos anos de pessoas como Arkwright e Smith. Pensando bem, todos faziam coisas parecidas. Mesmo que se costume ver o Romantismo como o oposto da mentalidade industrial, ambos foram inovadores e recompensaram a criatividade. Fábricas não apenas criaram novas tecnologias, mas literalmente criaram novos produtos – e em grande quantidade. Arkwright, tal como Jobs e Beethoven, era um criador. Adam Smith tentava conceber ideias para gerar riqueza. A disciplina nascente da economia codificava regras para a sociedade se tornar mais produtiva. Para Smith e as gerações de economistas subsequentes, o papel do empreendedor no mercado livre, o que John Maynard Keynes chamou de "espíritos animais", era o fator essencial do crescimento econômico. A criatividade andava de mãos dadas com a prosperidade. A economia e a tecnologia industrial compartilhavam com os românticos, em outro sentido, a ideia de que a criatividade é um bem supremo.

Esse é o "mito da criatividade": a ideia de que criação e criatividade são intrinsecamente boas. No contexto da sobrecarga, o atual, talvez seja hora de questionar esse pressuposto. Ou, podemos dizer, de destronar Beethoven.

Primeiro, vamos diferenciar dois tipos de criatividade. Existe a criatividade expressa em soluções criativas. É a que produz formas de trabalhar inteligentes, novas e inusitadas. Independentemente do que venha a acontecer no futuro, sempre vamos precisar desse tipo de criatividade. Sempre haverá lugar para o inesperado e o brilhante. Seria tolice dispensar essa que talvez seja nossa característica mais vital. Depois, temos a criatividade que consiste em criar inovação. É a criatividade do incremento. A que soma. Pessoas como Arkwright, Beethoven e Jobs são, cada qual a seu modo, claramente vinculadas ao primeiro tipo de criatividade. O problema é que tudo se misturou numa coisa só. A criatividade por si só é louvada, quando na verdade criar mais, "ser criativo", talvez não seja o melhor caminho.

Não há lugar onde isso se evidencie mais do que na web, a maior e mais democrática plataforma editorial do mundo. O que antes se chamava de "conteúdo gerado pelo usuário", inicialmente uma ideia exótica de que qualquer um podia criar suas coisas, tornou-se padrão. A criatividade passou a ser a corrente dominante e ainda assim continua a ser venerada. O resultado é que o conteúdo explodiu. O YouTube nos diz que há *uploads* de 400 horas de vídeo por minuto[2]. Adicionar vídeos ao YouTube pode sugerir criatividade em massa. Mas será que tal criatividade é sempre boa? Por um lado, a web permite que todos se expressem. Por outro, qual o valor de mais uma foto de gatinho? Democratizar ferramentas criativas traz uma ampla gama de pontos positivos. Mas seria insensato negar que também leva à produção de excesso. E esse excesso, por sua vez, ocupa o lugar do que é bem feito. Quantidade não apenas não se iguala a qualidade, mas a prejudica. Se vamos ter produção em grandes números, temos que construir – e valorizar – mecanismos para lidar com essa produção. Segundo a célebre afirmação do escritor Clay Shirky, não existe sobrecarga de informação, apenas insuficiência de filtros. Concordemos ou não, isso enfatiza que, conforme mudam as circunstâncias, conforme a

---

2 Dados disponíveis em: <https://www.youtube.com/yt/press/en-GB/statistics.html>, acesso em: abr. 2019.

Expansão Prolongada prossegue e passamos por mais sobrecarga, precisamos melhorar os filtros.

O outro lado do mito da criatividade é que desvalorizamos o "não criativo".

Críticos, editores, revendedores, e também curadores, são todos considerados figuras subservientes ao criador. São papéis cada vez mais importantes, mas são vistos como hierarquicamente inferiores ao dos criadores. A maioria de nós provavelmente acha que isso é correto. Mas, à medida que nos sentirmos cada vez mais sobrecarregados, creio que a balança penderá para o outro lado. Se vivemos num mundo saturado de imagens, o valor de escolher a imagem certa muda em detrimento do valor de adicionar mais uma imagem. Pode-se exercer criatividade com análise e acréscimo. Assim como ganhamos a admirável nova criatividade no século XIX, precisamos da admirável nova criatividade da nossa era – que valorize funções "de segunda ordem" com mais distinção que nosso conceito romântico, ainda presente. Isso é importante porque, como demonstra o exemplo de Steve Jobs, tais ideias estão profundamente entranhadas na nossa economia. A Expansão Prolongada alimentou-se de um modelo que acreditava que mais era mais. O mais era enaltecido e era o que dava dinheiro.

Vivemos um momento decisivo. Pela primeira vez na história, menos é mais e, assim, nossas ideias sobre economia e criatividade precisam evoluir. Os negócios vão liderar essa mudança ao revelar novas reservas de valor.

Podemos perceber uma transformação nesses parâmetros nos últimos trinta e poucos anos. Em muitas áreas, já vemos sinais de que o mito da criatividade está sendo minado e a sobrecarga é rejeitada. Boa parte deste livro trará exemplos nos quais atos de criatividade secundária adquirem prioridade – em casas noturnas e galerias de arte, mas também no varejo, no lazer e até na construção das finanças contemporâneas.

As evidências de que queremos menos consumo material se acumulam. Embora o consumo global total continue a aumentar graças ao surgimento de novos mercados, nas economias desenvolvidas ele vem perdendo terreno. Pode não ser o fim da *stuffocation*, mas talvez seja o início do fim. Os Estados Unidos, por exemplo, hoje exportam bem mais em termos de valor do que no final dos anos 1970. Mas o peso dessas exportações não aumentou. As coisas materiais foram substituídas por ativos imateriais, como propriedade intelectual, *softwares* e entretenimento, e serviços como os jurídicos. O consumo de energia e a produção material tiveram seu ápice no Reino Unido em 2001-2003[3]. E é claro que o crescimento desacelerou desde o pós--guerra, chegando a um nível mais baixo em países desenvolvidos. Em lugares como o sul da Europa e o Japão, por outro lado, o retorno aos níveis de crescimento econômico considerados normais está bem distante. Enquanto isso, os países visam introduzir índices alternativos ao crescimento do PIB: o Índice de Desenvolvimento Humano vem se tornando uma alternativa de ampla aceitação, o governo australiano lançou a iniciativa Measuring Australian Happiness (Medidor da Felicidade Australiana, MAP) e o governo britânico encarregou seu Departamento de Estatísticas Nacionais de medir a felicidade nacional. É o reflexo do reconhecimento de que, na era da sobrecarga, as medições mais simples de crescimento – como o PIB – não são as únicas que valem a pena. É claro que produção, crescimento e consumo de energia ainda aumentam em muitos lugares. E o que outrora era um excesso físico hoje é acompanhado por ganhos no mundo intangível. Mas isso fornece um indicativo de que a Expansão Prolongada não precisa ser unidirecional. Crescer para sempre – de modo bom ou ruim – não é inevitável.

Ao mesmo tempo, temos adquirido maior compreensão de como criatividade, crescimento e inovação funcionam de fato. Joseph Schumpeter, economista de Harvard, ficou famoso ao caracterizar a economia capitalista como a da "destruição criativa". Mas e se o que está acontecendo fosse visto como uma recombinação inteligente? A imagem do criador como gênio solitário, figura semidivina, está superada. Podia funcionar numa época mais heroica, mas no contexto saturado e perspicaz do século XXI podemos fazer melhor. O pensador Arthur Koestler escreveu um tratado épico sobre a criatividade, defendendo que ela é mais uma função de arranjo que de originalidade[4].

---

3 Chris Goodall, 'Peak Stuff' Did the UK reach a maximum use of material resources in the early part of the last decade?, disponível em: <http://static1.squarespace.com/static/545e40d0e4b054a6f8622bc9/t/54720c6ae4b-06f326a8502f9/1416760426697/Peak_Stuff_17.10.11.pdf>, acesso em: abr. 2019.
4 Arthur Koestler, *The Act of Creation*, Londres: Picador, 1975.

A criação, segundo Koestler, provém da síntese de ideias já existentes; de ver as coisas de modos novos e distintos. Pense na criatividade artística. O Renascimento não representou algo absolutamente novo, mas foi, como sugere o nome, um novo nascimento – mudou o mundo não pela impecável originalidade, mas ao reinterpretar a arte e o conhecimento dos antigos. Do mesmo modo, a arte de Picasso, o paradigma do modernismo, inspirou-se nas chamadas obras "primitivas". Koestler afirma que as descobertas científicas funcionam da mesma forma, geralmente usando metáforas de coisas comuns para avançar. Pense na bomba d'água que inspirou as ideias de William Harvey sobre a circulação sanguínea, ou as cordas na teoria das cordas. Como Newton disse: "se eu vi mais longe, foi por estar sobre os ombros de gigantes".

Isso também se aplica à inovação tecnológica. A consultora de negócios Mariana Mazzucato analisa o iPhone nos seus pormenores[5]. Embora pensemos nele como um aparelho que "muda o jogo", tão novo e tão revolucionário que imediatamente dominou e transformou um setor inteiro, essa história não se sustenta. Na verdade, havia pouquíssima coisa nova no iPhone. As tecnologias fundamentais empregadas no celular da Apple – tela capacitiva, GPS, memória de estado sólido (SSD), conexão à internet, microprocessadores, até mesmo a "assistente pessoal inteligente" SIRI – não foram inventadas para o iPhone, mas eram anteriores a ele. A Apple reuniu todas num pacote atraente e de uso fácil. Sob essa perspectiva, Steve Jobs lembra menos o artista romântico e mais um dos criadores de Koestler, que vê em outro nível o que já existe por aí, que combina e mistura para assim apresentar o novo. W. Brian Arthur concorda. Ao retomar a história da tecnologia, afirma ele, descobre-se que ela é um sistema dinâmico no qual as peças se combinam e recombinam em novos níveis de complexidade. A tecnologia funciona pelo acréscimo a conjuntos já existentes – não por saltos substanciais em novos territórios. Isso não significa que Jobs não era um visionário criativo. Significa que precisamos rever nosso conceito do que são visionários criativos.

---

5 Mariana Mazzucato, *The Entrepreneurial State: Debunking Public vs. Private Sector Myths*, Londres: Anthem Press, 2013 [ed. bras.: *O Estado empreendedor: desmascarando o mito do setor público vs. setor privado*, trad. Elvira Serapicos, São Paulo: Portfolio Penguin, 2014].

Como era esperado, o próprio Jobs foi o primeiro a admitir o fato, ao contar à revista *Wired* que "Criatividade é só conectar coisas. Quando se pergunta a pessoas criativas como fizeram uma coisa, elas se sentem um pouco culpadas, porque não foram elas que fizeram, elas só enxergaram. Depois de um tempo, lhes pareceu óbvio. Isso porque elas conseguiram conectar experiências que tiveram e sintetizar em inovação"[6].

O mito da criatividade é sedutor. Queremos acreditar que é verdade. É tão romântico como um produto do romantismo. É o que a humanidade tem de melhor. Queremos acreditar que seres humanos podem ser plenamente originais. Beethoven e Jobs mudaram o mundo, mas talvez não da maneira como pensamos. Vista de perto, a criatividade é não apenas trabalhar de uma forma diferente e melhor com o que já existe, mas também uma espécie de chama divina. O romantismo e a ascensão do empreendedor foram necessários para nos livrar da mão pesada do controle social e religioso. Agora que vencemos a batalha, podemos começar a ver que a criatividade sempre conteve elementos do que hoje chamamos de curadoria.

Seguindo o mesmo padrão, CEOs são seduzidos pelo aumento das receitas a qualquer preço. Aumento de receita é o modo romântico de administrar. Os governos acham que a resposta para quase todos os problemas é impulsionar o crescimento. Projetamos nossas empresas e sociedades para incentivar o crescimento. Em geral, ainda acreditamos que mais é mais. Apesar da sobrecarga difusa e do contexto de abundância, não nos adaptamos. Esse é o ponto vulnerável do mito da criatividade. O "complexo do crescimento", talvez. Assim como a criatividade não precisa ser uma inovação quase divina, o crescimento também pode funcionar de outra maneira.

É possível crescer com acréscimo de valor, e não com a mera adição. Paradoxalmente, à medida que o século avança, vamos nos dar conta de que criar menos, e até mesmo reduzir deliberadamente, leva a maior prosperidade.

---

6   Gary Wolf, "Steve Jobs: The Next Insanely Great Thing", *Wired*, 2 jan. 1996, disponível em: <http://archive.wired.com/wired/archive/4.02/jobs_pr.html>, acesso em: maio 2019.

As tensões da Expansão Prolongada começam a se revelar. Apreciamos seus muitos aspectos positivos, mas a sobrecarga não é visível apenas na informação. Está por toda parte. Opções, mídias e coisas também proliferaram e continuam a proliferar cada vez mais rápido. Setores inteiros da existência, como o lazer, são comercializáveis e estão sujeitos aos ditames da produção em massa. Desde nosso abastecimento de água até nosso tempo livre, das dívidas crescentes e cada vez mais complexas até a escassez de metais e à ruptura entre felicidade e riqueza, os problemas do ter mais, decorrentes do mito da criatividade e da Expansão Prolongada, já são sentidos.

Contudo, o método tradicional de fazer negócios e crescer está ficando difícil. Crescer do modo antigo não será opção para algumas empresas. Precisamos fazer menos com mais; passar da mentalidade da criatividade para a mentalidade da curadoria. Agora isso se torna realidade.

A curadoria faz parte de uma disciplina emergente da "pós-escassez", contexto econômico em que as leis da oferta e procura mudam[7]. Nos últimos quinhentos anos, nossa população cresceu 14 vezes – mas nosso consumo de energia aumentou 115 vezes e a economia global é 240 vezes maior do que em 1500[8]. Na economia, escassez e valor estão relacionados. No norte global, escassez é algo que já não se sustenta em termos de mídia, informação e dados; para as pessoas de sorte, não se sustenta em termos de alimentação nem em produtos financeiros. Consequentemente, o preço desses bens está caindo. A economia normal entra em colapso quando os bens podem ser copiados infinitamente e são reduzidos instantaneamente a custo marginal zero (ou muito baixo). É só conferir um aterro sanitário ou fazer uma visita à Freecycle[9] para notar que temos um excedente de objetos físicos. A nova escassez está na competência necessária para filtrar opções. O impacto da abundância

---

7 Ver, por exemplo, Tom Streithorst, "Post-Scarcity Economics", *Los Angeles Review of Books*, 11 jul. 2013, disponível em: <http://lareviewofbooks.org/essay/post-scarcity-economics/>, acesso em: maio 2019.
8 Yuval Noah Harari, *Sapiens: A Brief History of Mankind*, Londres: Harvill Secker, 2014, p. 275 [ed. bras.: *Sapiens: uma breve história da humanidade*, trad. Janaína Marcoantonio, São Paulo: L&PM, 2015.]
9 Rede de troca de bens que visa evitar que objetos acabem em lixeiras. Criada nos EUA a partir de uma ONG, tem unidades espalhadas pelo mundo. [N.T.]

da Expansão Prolongada está criando uma nova economia reativa. Este livro deve ser lido sem perder isso de vista.

A natureza do valor está mudando. Tanto quanto – e geralmente mais que – simplesmente somar, o valor diz respeito a tirar. Não basta estimular a produtividade ao modo antigo. Ao mesmo tempo, precisamos reconhecer que algumas de nossas crenças em criatividade, inovação e crescimento também precisam mudar. A curadoria não é a única nem a principal resposta para esses três fenômenos. O contexto da Expansão Prolongada, da sobrecarga e do mito da criatividade, contudo, leva a curadoria além dos chavões, não apenas no âmbito da cultura, mas também dos negócios em geral.

Eu estava conversando com Lisa há mais de uma hora. Os temas da conversa eram variados, passando desde os perigos nos longos trajetos diários casa-trabalho à tecnologia financeira, até o fato de que ninguém tira todos os dias de férias a que tem direito. A discussão me levou a pensar ainda mais na imensa oportunidade que é resolver a sobrecarga. Pessoas como Lisa, na vanguarda da economia moderna, que trabalham pesado e têm ótima remuneração, sentem que as coisas não estão funcionando como deveriam.

Ao me despedir, faço a ela uma última pergunta: "Você já pensou em curadoria como estratégia comercial? Como algo que pudesse ajudar nesse sentido?". Ela ri. "Não! Não, não pensei."

Bem, vamos ao que interessa.

# A resposta

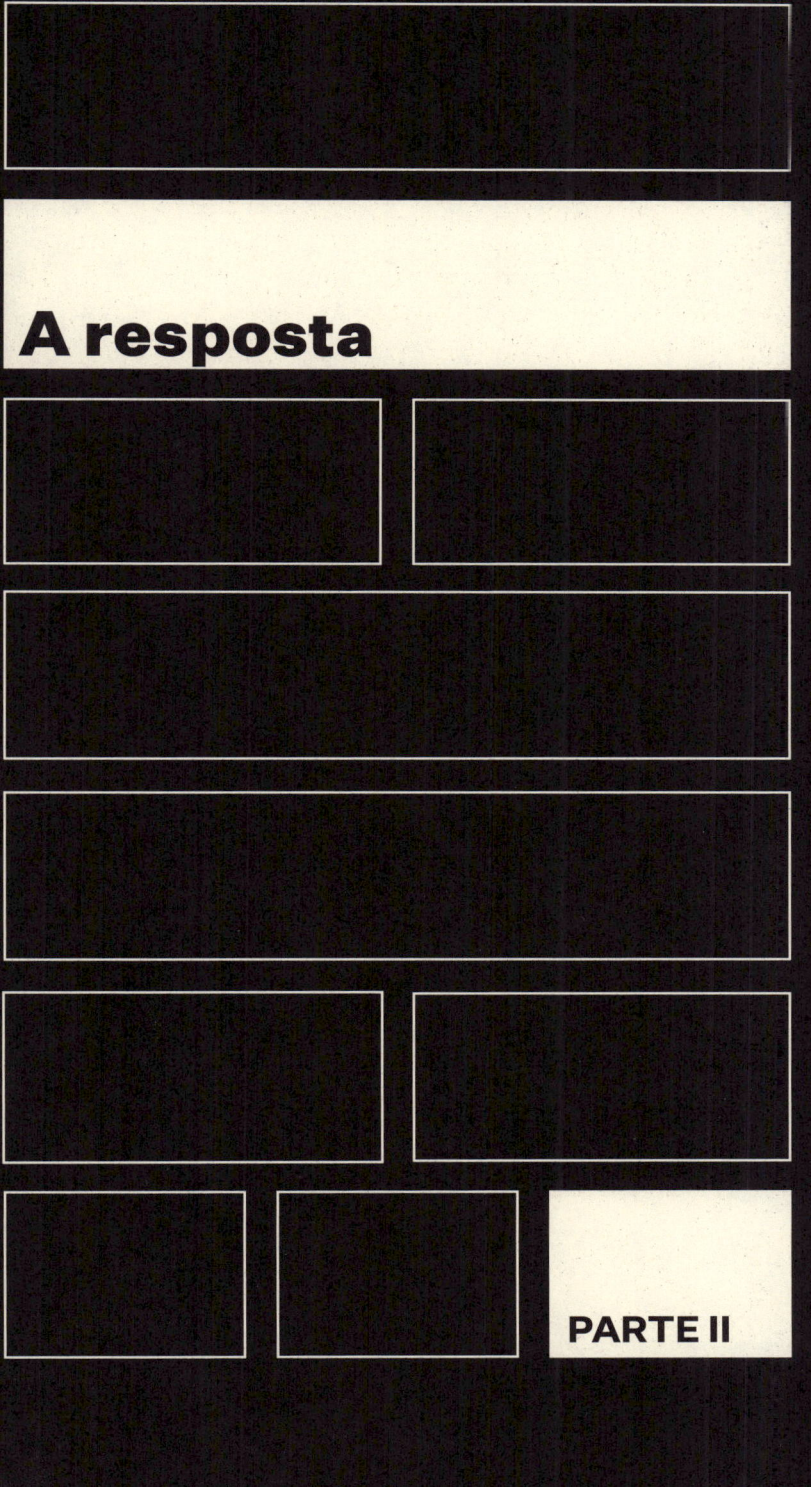

**PARTE II**

# 4

# As origens da curadoria

## DO SENADO ROMANO A UM MICTÓRIO EM NOVA YORK

Hans Ulrich Obrist e Stéphanie Moisdon são dois dos mais famosos curadores do mundo. Conhecidos no cenário artístico como formadores de opinião e viajantes – só Obrist fez mais de 2 mil viagens nos últimos vinte anos[1] –, eles são a grande potência da curadoria. O hiperativo e falante Obrist, em especial, com seu currículo de mostras "de impacto", séries de livros e agenda de viajante global, tornou-se modelo do curador de arte contemporânea. Usando seus característicos óculos transparentes e fazendo anotações sem parar, Obrist figurou no topo da lista Power 100 da *ArtReview*, um termômetro da influência no mundo das artes. O fato de um curador figurar no topo da lista é indicativo do ponto em que a curadoria chegou. Atualmente, os curadores deixaram de ser figuras especializadas para se tornarem o que o crítico alemão Willi Bongard chamou de "Papas da arte"[2].

---

1  D. M. Max, "The Art of Conversation", *The New Yorker*, 1º dez. 2014, disponível em: <http://www.newyorker.com/magazine/2014/12/08/art-conversation>, acesso em: maio 2019.
2  Grayson Perry, *Playing to the Gallery: Helping Contemporary Art in its Struggle to Be Understood*, Londres: Particular Books, 2014.

Obrist e Moisdon foram ambos curadores da Bienal de Lyon de 2007. Bienais e outros festivais de arte internacional são eventos imensos, com artistas, *marchands,* curadores e talvez alguns espectadores esquisitos que aparecem apenas para ver o dinheiro trocar de mãos em escala épica. Festas regadas a champanhe são animadas pelas fofocas – quem é a próxima sensação? Quem não é mais? Os maiores eventos – Basileia, Miami, Veneza – estão cinzelados no calendário das artes.

A Art Basel Miami Beach talvez seja a maior dessas mostras nos Estados Unidos. Derivada da feira originalmente suíça, ela se formou quando os organizadores perceberam o número de colecionadores provenientes de Miami. Agora, em meio ao brilho do *art déco* de Miami Beach, distribuída por salões enormes, com centenas de galerias e milhares de visitantes de alto escalão, a Art Basel Miami Beach é a feira de artes em sua forma mais pura. Depois de se difundir do Centro de Convenções original para uma série de pontos-satélite, ela abarrota hotéis de elite com artistas famosos e, cada vez mais, com celebridades ávidas por ostentar sua credencial de vanguardista. As bienais são o viveiro perfeito para curadores, pois elas colocam tudo na mesma sala – variedades de arte e de mídias do mundo inteiro, obras de tamanhos variados, todas disputando atenção.

Mas, voltando a Lyon, Obrist e Moisdon queriam fazer as coisas de um jeito um pouco diferente. Em vez de selecionar e organizar artistas e obras de arte, eles selecionaram outras sessenta pessoas para se envolver. Muitos eram curadores propriamente ditos, e agora passariam a ser figuras chamadas a participar de um jogo complexo do mundo das artes. Cada "jogador" selecionaria um artista para a programação oficial. Cada um dos escolhidos por Obrist e Moisdon seria um minicurador. Portanto, o que se tinha efetivamente era – vejam só! – curadores fazendo curadoria de curadores para fazer curadoria. E então, como eles também transformaram artistas e críticos em curadores, a própria categoria de curador explodiu. Todos passaram a ser curadores. Era a hipercuradoria, a curadoria ao cubo. O raciocínio subjacente à mostra era que, conforme o mundo fica mais complexo, nenhum artista ou curador consegue representá-lo individualmente. Só com o aumento da variedade da seleção é possível esperar que se faça jus à vida. Ou esse seria apenas mais um joguinho no mundo das artes? A pergunta fica em aberto.

O que essa estratégia demonstrou, indubitavelmente, foi que a curadoria inundou a arte. A curadoria passou a ser o centro do mundo artístico. Como chegamos a esse ponto? E como a curadoria pulou desse contexto para tantos outros?

Embora o significado de curadoria tenha mudado radicalmente ao longo da última década, tornando-se relevante em várias outras áreas, é esclarecedor fazer uma breve história de tal ideia.

A palavra em si vem do latim *curare*, que significa cuidar. Além de dar carinho e nutrir, a palavra tinha implicações políticas. *Curatores* eram funcionários públicos responsáveis pela infraestrutura e por outras coisas, como jogos públicos e o tráfego fluvial no Tibre. Os procuradores eram responsáveis pela cobrança de impostos nas províncias, pela administração e gestão de patrimônio. O sentido político da palavra ecoou pela história. Políticos mais velhos na República Veneziana, por exemplo, eram chamados de procuradores. Há o uso mais familiar associado à Igreja: os curas cuidam espiritualmente de seu rebanho e são parte integrante da hierarquia eclesiástica que registra o antigo significado latino. Desde o princípio, o curador era algo que ficava entre o padre e o burocrata, que combinava o pragmático ao sobrenatural. De qualquer modo, curadores tinham acesso e domínio do conhecimento difícil, oculto.

Esse sentido de "cuidar de algo" estava claro nas origens dos curadores de museus e galerias. Nos séculos XVI e XVII, colecionadores ricos montavam "gabinetes de curiosidades", ou *Wunderkammer*, salas repletas de objetos curiosos – desde instrumentos científicos como astrolábios e amostras de compostos químicos a fragmentos do mundo antigo e relíquias místicas. Cuidar dessas coleções tornou-se trabalho em tempo integral. Elias Ashmole, fundador do homônimo Museu Ashmoleano de Oxford, por exemplo, foi o clássico faz-tudo renascentista: um cientista, viajante e soldado que montou uma coleção de objetos incrível, que até hoje é o centro do museu. Por fim, à medida que essas coleções aumentam, aumenta também a dificuldade de dispor, armazenar e cuidar delas.

No século XVIII viu-se a necessidade de uma nova abordagem. O British Museum, hoje o segundo museu mais visitado do mundo, começou como uma mistura desordenada de três coleções particulares. Havia a coleção de manuscritos da família Cotton, a biblioteca dos Condes de Oxford e a coleção, ou parte da coleção, de Sir Hans Sloane, que reunira espécimes da história natural e esculturas da antiguidade[3]. Juntando tudo, criou-se o museu. As normas de acesso a ele eram imprecisas. Os visitantes que tinham a sorte de entrar eram orientados pela equipe de maneira informal. Estava longe de ser profissional, mas, graças à escala das coleções e à complexidade do que estava envolvido, o museu adquiria nova forma.

Isso era ainda mais evidente no museu que hoje é o mais visitado do mundo: o Louvre, de Paris. Inaugurado após a Revolução, em 1793, o Louvre constitui, desde o início, uma nova proposta: concebido como museu para o povo e do povo, foi simbolicamente posicionado no palácio no centro do *ancien régime,* agora entregue à edificação das massas. Seu patrimônio baseou-se nas vastas coleções antes pertencentes à nobreza. Com Napoleão (que chegou a batizá-lo de Musée Napoléon em 1803), o Museu recebeu novo impulso com a pilhagem proveniente das capitais europeias por ele conquistadas. Em pouquíssimo tempo, a coleção do Louvre tornou-se insuperável.

Por volta dessa época o diretor indicado por Napoleão, um personagem pitoresco chamado Dominique Vivant, Barão Denon, tomou outra atitude em relação ao enorme aumento na quantidade de artes na coleção. Ao invés de exibir obras em desordem total, como era comum, Denon as organizou. Ele baseou os mostruários na cronologia e nas escolas nacionais. Observou a evolução da arte no tempo e no espaço. Ao fazer isso, não apenas definiu o propósito da curadoria em museus ao longo do século XIX, mas transformou o Louvre – que deixou de estar associado à revolução para se ligar à apreciação e ao entendimento da história da arte. Curadoria, portanto, não significaria apenas cuidar das coisas. Seria selecionar com uma finalidade específica, para depois dispor de maneira a contar uma história.

Talvez tenha sido um pouco rudimentar, mas, comparado ao caos da maioria dos equivalentes contemporâneos, foi uma mu-

---

3   Para mais informações sobre o assunto e a história da curadoria em museus, ver Karsten Schubert, *The Curator's Egg: The Evolution of the Museum Concept from the French Revolution to the Present Day*, Londres: One-off Press, 2000.

dança radical. Ao responder ao afluxo da arte e construir o museu moderno, Denon deu um sinal de como curadores somam valor em meio ao excesso.

No século XIX, um novo tipo de perito, proveniente da classe média em ascensão, encontrou seu lar cultural em instituições como o British Museum e o Louvre. Ambos se depararam com o problema ainda presente de como apresentar grandes coleções para grandes públicos. Ao mesmo tempo, museus haviam se tornado uma grande competição imperial; constituíam uma excelente maneira de proclamar o poderio nacional.

Por volta da virada do século XX, a Alemanha entrou no jogo. Grande diretor de museus de Berlim e força motriz por trás da Ilha dos Museus, Wilhelm von Bode transformou a curadoria ao trazer outra noção de rigor organizacional. Enquanto isso, nos Estados Unidos, uma onda de orgulho cívico levou à fundação de uma série de grandes museus, cujas imensas coleções em breve passariam a rivalizar com as do Velho Mundo e até a superá-las. Mas a curadoria tomaria outro rumo. Embora as coleções não parassem de aumentar, tornando ainda maior o desafio de trabalhar com elas – um bom estudo de caso são as coleções médicas do magnata farmacêutico Henry Wellcome, cuja mania de colecionar levou-o a acumular depósitos e mais depósitos dos mais inusitados objetos, todos à espera de diligentes curadores aptos a separar o joio do trigo –, foi o mundo das artes que expulsou a curadoria de seu nicho no museu.

Assim como a Revolução Industrial transformou o significado de produtividade, a arte estava prestes a transformar o significado de significado. Isso, por sua vez, exigiu novas regras para encontrar o sentido de tudo.

Marcel Duchamp gostava de criar problemas. A obra de arte na Figura 3 é o que parece: um mictório caído de lado, com a assinatura *R. Mutt 1917.* Pode-se dizer que, quando estreou naquele ano, nunca se vira nada igual. Como primeiro *ready-made*, um objeto manufaturado que Duchamp chamou de arte, ele imediatamente desafiou pressupostos do que a arte era e podia ser.

Chamado de *Fonte*, ele foi originalmente "feito" para uma exposição da Sociedade de Artistas Independentes de Nova York. Duchamp teve a ideia num restaurante de Nova York enquanto almo-

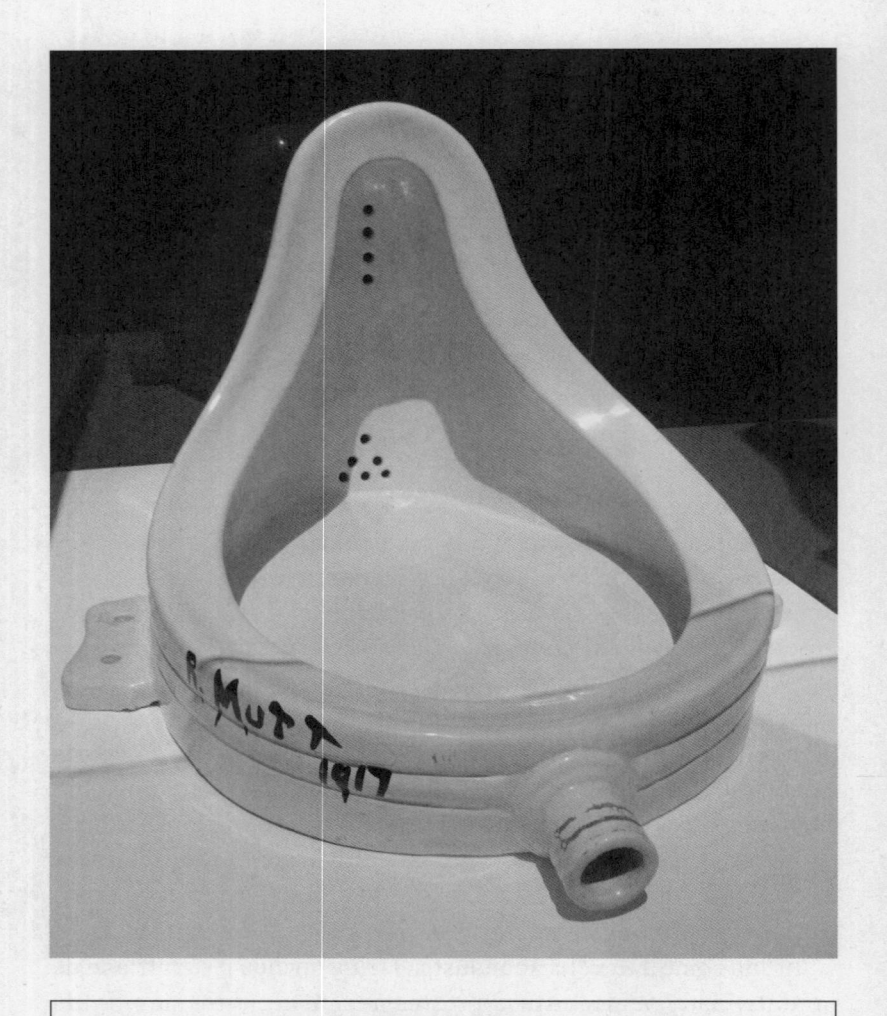

*Figura 3. Marcel Duchamp*, Fonte.

çava com dois amigos[4]. Embora o evento fosse planejado como uma exposição típica, caso se pagasse uma taxa, o comitê era obrigado a aceitar inscrições de membros. Duchamp, membro do comitê, queria se divertir e apresentou a obra, supostamente de um tal "R. Mutt",

---

4 Martin Gayford, "Duchamp's Fountain: The practical joke that launched an artistic revolution", *The Telegraph*, 16 fev. 2008, disponível em: <http://www.telegraph.co.uk/culture/art/3671180/Duchamps-Fountain-The-practical-joke-that-launched-an-artistic-revolution.html>, acesso em: maio 2019.

com um endereço falso na Filadélfia. Chocado com a proposta de Duchamp, o comitê de seleção recusou a obra. Duchamp prontamente renunciou ao comitê, fingindo-se indignado. O comitê afirmou que aceitava obras de qualquer artista qualificado! Quem eram eles para determinar o que é arte? O que, exatamente, a tornava indigna? Não ajudava o fato de que, sendo um mictório, o objeto era considerado indecente. Duchamp afirmava que não havia nada de atemporal ou óbvio na arte. Eram o artista e a recepção da obra, não suas características inatas, que faziam algo virar arte. Galerias faziam arte virar arte. Talvez a maior das ironias seja a de que o mictório original se perdeu e tudo o que existe hoje são réplicas feitas à mão espalhadas pelas galerias mais famosas do mundo.

As pessoas viram muita coisa naquele mictório. Às vezes ele é visto como um corpo, às vezes como uma escultura sensual, pura. Ou é apenas um mictório. É só quando nos dizem que é arte, quando é posicionado como arte, que pensamos nele como tal. Duchamp marca o momento em que a arte entrou numa jornada conceitual em que demandaria maior elaboração e contextualização. Em que precisaria de alguém para dizer o que era e por quê. À medida que a arte seguiu sua jornada, proliferando pelo caminho, o papel do curador também se tornou mais relevante. Nas palavras do artista Grayson Perry, de repente a arte exigiu "validação". Agora que qualquer coisa podia ser arte, papéis que diziam o que era arte passaram a ter poder e influência renovados. De acordo com Perry, mesmo que curadores não criem arte, eles criam o espetáculo da arte.

A arte ficou cada vez mais conceitual durante os anos 1960 e 1970. Ninguém mais sabia onde ficavam as fronteiras: performance, instalação, vídeo, arte participativa, arquitetura, política e protesto, dança, comida e tecnologia digital levaram a arte a poder existir – e geralmente estar – em qualquer lugar e qualquer coisa. A arte tornou-se a discussão da arte. Valorizar a arte exigiria outros níveis de conhecimento e sofisticação. Sem referência a um corpo teórico, ela praticamente não tinha sentido – se tanto. Ao mesmo tempo, cada vez se produzia mais arte e as escolas de arte se espalharam por toda parte. Simultaneamente, seguindo o exemplo do que já se tornara a *grande dame* das instituições de arte modernas, o MoMA de Nova York (dirigido por outro famoso curador, Alfred Barr), os museus passaram a aderir à arte moderna. Na virada da década de 1970 para a de 1980, o dinheiro começou a pesar. Em 2013, gastava-se o total de 66 bilhões de dólares no mercado de arte e uma pintura como *Os jogadores de cartas* de Cézanne era vendida por 260 milhões de dólares[5]. Um grande negócio, seja qual for o critério adotado. Artistas como Jeff Koons chegaram a celebrar o acontecimento, evocando em suas obras o brilho dos bens de luxo que de fato passaram a ser.

Esses ingredientes explicam a expansão da curadoria que levou a eventos como a Bienal de Lyon de 2007: a arte podia ser absolutamente tudo; havia cada vez mais coisas que podiam ser qualquer coisa; e elas valiam cada vez mais dinheiro.

Daí a ascensão do curador.

O curador era quem unia tudo. O curador dizia o que era arte, explicava por que ela era importante e dava sugestões de seu valor. Figuras icônicas e anárquicas da curadoria, como Harald Szeemann, surgiram nesse período. Eles se viam como um novo tipo de artista, para quem a exposição era a tela e as obras de arte constituíam uma espécie de tinta. Szeemann e outros transformaram em estrelas os curadores, antes figuras marginais. Duchamp não inventara apenas um novo tipo de arte. O que ele inventou exigia uma nova função. O caráter das exposições também estava mudando. Em Paris, quase duzentos anos depois de Denon, o curador Pontus Hultén tentaria outro tipo de exposição no recém-inaugurado Centre Pompidou, museu tão radical para sua época quanto o Louvre após a Revolução. Bode já fora pioneiro na combinação e colagem de obras de diferentes tipos – belas-artes com mobília, por exemplo – para esclarecer um período histórico. Hultén e outros deram um passo adiante, ultrapassando as fronteiras de tempo e espaço. As exposições traziam obras de lugares e períodos diferentes, uma esbarrando na outra. Ali, quem contava a história era o curador. Para o bem ou para o mal, os curadores passaram a ser, de fato, os Papas da arte. Os galeristas, os colecionadores abonados e, ainda resistentes, os artistas, todos continuaram grandes. Mas, se há uma figura que define o novo mundo da arte, o mundo do vale-tudo, das celebridades, do grande faturamento, o inflado mundo do megaconceitual nos anos 1990 e 2000, essa figura é o curador.

---

5   Grayson Perry, *Playing to the Gallery*, op. cit.

E foi aí que as coisas ficaram interessantes.

Por volta dessa época, os termos curador, curar e curadoria tornaram-se mais inclusivos – e mudaram de sentido. Como Curadora de Moda e Vestuário no Victoria and Albert Museum, Oriole Cullen me disse: "Agora qualquer um pode ser curador, especialmente quando isso passou a ser visto como uma escolha pessoal. Hoje a palavra curadoria significa opção pessoal".

"É uma palavra que ficou à deriva", diz o crítico de arte Martin Gayford. "Originalmente ela significava cuidar e preservar. Museus costumavam ser ambientes estáveis e seguros para guardar coisas. A pressão de selecionar, dispor e exibir aumentou à medida que os museus se voltaram para exposições temporárias. O curador deixou de ser um simples cuidador de coisas e assumiu um papel quase artístico, tornando-se um organizador de eventos, aquele que percebe os movimentos e seleciona estrelas." É uma transformação que Gayford assistiu da linha de frente. "A curadoria tornou-se algo grande nos últimos vinte ou trinta anos. Ser curador *free-lancer* passou a ser uma profissão. Curadores estão subindo na escala. Há uma briga por poder. Eles não tinham essa importância há cinquenta anos. Os artistas e colecionadores ainda são os poderosos, mas os curadores, agora, desafiam. Curar tornou-se verbo (com esse sentido) nos últimos 25 anos. Fazer curadoria passou a ser um termo amplamente aceito nos anos 1980."

Isso é significativo porque o termo, pouco a pouco, adquiriu uso mais amplo fora das artes. Como diz Gayford: "Todos os outros tipos de curadoria derivam daí [da curadoria artística]. É uma palavra útil, pois antes não havia palavra alguma para a atividade".

Em algum momento a curadoria deixou de ser uma atividade estritamente ligada a museus e, como sugere Oriole Cullen, tornou-se algo mais relacionado a opções, seleção, arranjo – algo que responde ao problema maior do excesso. Como?

Como tantas outras coisas, tudo começou com a invenção da World Wide Web por Tim Berners-Lee em 1990. Antes disso, a internet era limitada. Sem uma interface de uso fácil, era improvável que todo seu potencial se desenvolvesse. A web transformou isso, levando a conexão ao alcance de milhões. Aberta e de preço baixo, a web mudou a chave da escassez para a abundância em várias áreas. De repente o conteúdo estava em tudo, praticamente grátis e com poucas barreiras para a criação. A forma como as pessoas interagiam com o conteúdo tinha que mudar. Conscientemente ou não, a web nos forçou a agir como os curadores tradicionais, que precisam pensar em seleção, arranjo, explicação e exibição de informações e outras mídias. Tal como Denon no Louvre, usuários e empresas comuns viram-se diante de um amontoado de material no qual teriam que encontrar sentido – para si mesmos e para outros. Se a web fez de todos nós criadores e editores, também nos transformou em curadores.

A curadoria de arte rapidamente metamorfoseou-se em "curadoria de conteúdo".

Pegue um site que, no auge, era um dos mais visitados na web: o GeoCities. Hoje pensamos no GeoCities, se é que alguém pensa, como emblema de uma era inicial da web, sinônima de desenho pixelado, cores fortes, fundos estampados, gifs animados e uma quantidade lamentável da fonte Comic Sans. Sinônimo, em outras palavras, de *webdesign* e navegabilidade terríveis.

Mas na verdade o GeoCities foi um exemplo precoce de como o que viria a ser chamado de curadoria corresponde à nova era digital. Os usuários formavam *home pages* personalizáveis dependendo das áreas de interesse. O GeoCities deixava o público selecionar e expor informação à vontade, num formato de uso fácil. Fundado em 1994 como Beverly Hills Internet por David Bohnett e John Rezner, o site era dividido em "bairros" de *fan pages* ou mini-sites. "Nashville" era o espaço da música *country*, "Augusta" do golfe, "Rodeo Drive" das compras. Os usuários geralmente eram entusiastas amadores que filtravam e curavam meticulosamente suas páginas, reunindo *links* e material de relevância de toda a web. Foi um exemplo inicial de como a internet passaria pela curadoria dos usuários. Já nos primeiros dias era evidente que a proliferação da informação e escolha exigia uma mudança de comportamento nos usuários da internet, de consumidores a curadores. No mais, construiu-se um grande negócio apoiado nessa curadoria compartilhada. Quando foi adquirido pelo Yahoo!, no auge da bolha pontocom, o GeoCities era o terceiro site mais visitado na web e saiu por 3,57 bilhões de dólares em ações. A curadoria pessoal era algo popular e valioso. Contudo, os problemas começaram depois da aquisição pelo Yahoo!. Usuários até então fiéis desertaram. Sem reconquistar aceitação, o site acabou sendo aposentado em 2009. Se o funcionamento do GeoCities se tornou obsoleto, porém, sua história comercial estava só começando. Empresas do Google ao Facebook viriam a superar tudo o que tinha sido obtido pelo GeoCities. O modelo – transformar os usuários em curadores de material na web relacionado a seus interesses – mostrou-se duradouro. Mesmo que na época ninguém tenha visto o GeoCities como uma proposta curatorial, em retrospecto podemos vê-lo exatamente assim.

Seria um erro pensar no GeoCities como uma ruptura repentina com o mundo de Jeff Koons e Pontus Hultén. Ao contrário, ele foi a adoção em massa dessa abordagem, numa escala que às vezes confundia e irritava os que permaneciam em seu reduto original.

Os curadores não tinham apenas distribuição ampla nessas plataformas altamente dimensionáveis. Em outro sentido, a web replicou a antiga estrutura dos curadores, sendo que alguns passaram a contar com inúmeros seguidores, grandes investimentos em publicidade e *status* mundial com base na sua curadoria de conteúdo *on-line*. Assim como ocorreu com Hans Ulrich Obrist, a curadoria profissional se tornaria uma carreira atraente. Um bom exemplo é o blog Boing Boing. Originalmente um fanzine – que pode ser considerado uma forma de curadoria –, o Boing Boing tornou-se um site em 1996[6]. No início, o tráfego era modesto. As coisas decolaram assim que seu fundador, Mark Frauenfelder, levou o site para uma nova plataforma, o Blogger. O Boing Boing agora estava em condições de se redefinir como um dos primeiros blogs com movimentação significativa.

Frauenfelder trouxe colaboradores, editores e redatores que se tornariam famosos por si sós: gente como Cory Doctorow, David Pescovitz e Xeni Jardin. Com a nova equipe a postos, o tráfego aumentou rapidamente. Em meados dos anos 2000, o Boing Boing estava no auge: era um dos sites mais visitados do mundo e o blog com mais tráfego. Atraía milhões de leitores e rendia quantias imensas com publicidade. O que começou como um fanzine amador tornou-se um canal impressionante, que definia a agenda da inter-

---

[6] Para mais sobre o Boing Boing, ver Rob Walker, "Inside the Wild, Wacky, Profitable World of Boing Boing", *Fast Company*, 30 nov. 2010, disponível em: <http://www.fastcompany.com/1702167/inside-wild-wacky-profitable-world-boing-boing>, acesso em: maio 2019.

net. E conseguiu tal façanha mostrando links e compartilhando. A especialidade do Boing Boing não era a criação de conteúdo, mas sim dar destaque ao que era interessante. Sua postura era decididamente casual. Apesar de ganhar milhões de dólares por ano, o site não tinha escritório, hierarquia ou equipe, como uma empresa tradicional, e manteve a ética anárquica, *open web*, desenvolvida durante os anos 1990. Ainda era mais um fanzine do que uma mídia profissional. Todos os editores continuaram a trabalhar em outros projetos, mesmo quando o Boing Boing ficou gigante – Frauenfelder atuou na revista *MAKE* e no movimento *maker*, Doctorow seguiu com a Electronic Frontier Foundation e escreveu livros de ficção científica, enquanto Jardin era analista com frequente presença na televisão.

O valor do Boing Boing provinha de seus editores. O ecletismo e o comprometimento deles, somados à percepção precoce de Frauenfelder quanto ao potencial do bloguismo (ele se inscreveu na plataforma no início de 2000; três anos depois, ela seria adquirida pelo Google) como meio de compartilhar, fizeram do site um sucesso. Jardin já comentou que eles nunca tiveram uma programação de conteúdo. Eles se baseiam no instinto e no interesse. E só. Mas esse instinto e interesse, na forma pura e sem adornos do Boing Boing, transformou os editores em curadores *superstars* análogos a Obrist, com o bônus de terem construído um negócio sustentável. Até hoje o Boing Boing mantém seu compromisso com um misto curatorial singular. Numa visita aleatória, encontramos na página principal um horrível blusão de lã inspirado no jogo *Street Fighter 2*, uma discussão sobre critérios racistas nos processos de seleção universitários, um anúncio de aulas grátis de criptografia e uma galeria de "tatuagens 3D".

A curadoria chegara ao *mainstream*. Gosto e capricho, operados por plataformas subjacentes, tornaram a web útil e prazerosa ao invés de uma confusão cacofônica. Era um novo modelo, que gerava novos tipos de empregos e celebridades – pessoas como Maria Popova e Jason Kottke, que construíram prósperos sites em torno de sua identidade de curadores. Como me disse Bobbie Johnson, jornalista e fundadora da revista *on-line Matter*: "Acho que a internet tem muito a ver: a ideia de que temos informação demais, dados demais – coisas legais demais – e que precisamos peneirar para encontrar as pepitas. A curadoria vira uma espécie de guia num pântano de conteúdo. Nos primeiros dias, o negócio era peneirar material gerado pelo usuário – sites como o Metafilter, o Slashdot, o Reddit –, mas o panorama midiático como um todo é cada vez mais barulhento. À medida que nossa atenção é atraída para todos os lados, o curador se torna a pessoa que ajuda você a investir com inteligência". É a curadoria como antídoto para a sobrecarga *on-line*.

Depois de perder seus matizes político-religiosos, transferir-se para os museus e depois para o mundo da arte, hoje a curadoria encontra sua apoteose na dispersão da web – tanto ao produzir curadores famosos quanto ao nos transformar em curadores. As técnicas que responderam ao excedente de conteúdo na web logo migrariam para o mundo *off-line*. Descobrimos que essas técnicas tinham valor em meio ao excesso da Expansão Prolongada. Nem todos gostaram, mas a curadoria derrubou barreiras, tornando-se não apenas o termo *du jour*, mas também algo mais significativo.

Dados do Ngram Viewer, ferramenta do Google (ver Figura 4), corroboram essa ascensão. Ao pesquisar o uso da palavra em livros catalogados, encontra-se um pico na presença dos termos *curation* e *curating* nos anos 1980, o que corresponde à sua explosão no mundo da arte. Infelizmente, o Viewer só nos leva até 2008; é provável que desde então a curadoria tenha tido outros picos, à medida que autores reagem ao aumento da curadoria de conteúdo na web e ao uso crescente da palavra em áreas inimagináveis mesmo durante os anos 1980 e 1990.

O Google Trends (Figura 5) registra um crescimento similar, mas não tão extremo, que mostra como a curadoria aparece em páginas de resultados dos mecanismos de busca relativos a todos os temas. Há um crescimento notável em meados dos anos 2000, na esteira do aumento épico de tráfego no Boing Boing e em sites como o de Popova.

O Google também nos informa o que as pessoas têm procurado. Em ordem descendente, os itens mais procurados são: *curation content* (curadoria de conteúdo); *digital curation* (curadoria digital); *data curation* (curadoria de dados); *definition curation* (definição de curadoria); *social curation* (curadoria social); *curation tools* (instrumentos de curadoria); *what is curation* (o que é cura-

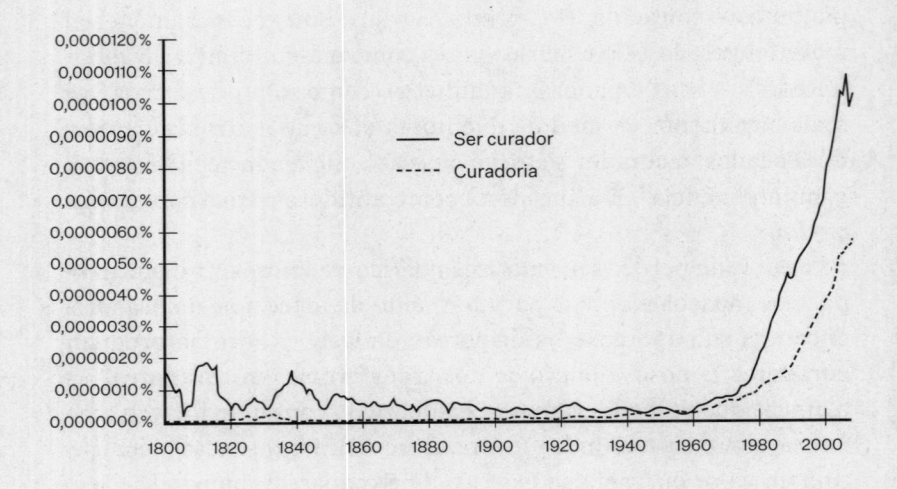

**Figura 4.** *Menções a* curation *(curadoria) e* curating *(ser curador) no corpus do Google, 1800-2008.*

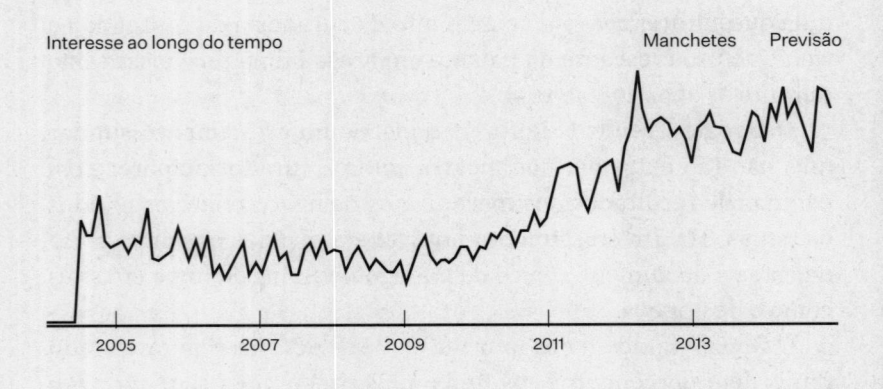

**Figura 5.** *Interesse pela palavra* curation *no Google Trends 2004-2014.*

doria); *art curation* (curadoria de arte); *museum curation* (curadoria em museus); *media curation* (curadoria de mídias).

Não nos surpreende que, na web, a curadoria de conteúdo domine a curadoria de arte ou em museus, apoiando a visão de que a internet e negócios com base na internet, e não na arte, vêm dominando a curadoria na última década e são responsáveis por sua recente popularidade. O mais interessante é que muitas buscas demonstram confusão. O público quer definições. Por fim, aqui a curadoria não é apenas um conceito. É uma atividade. O público quer saber quais são os instrumentos para ser curador. Graças às plataformas a partir do GeoCities, a curadoria de conteúdo não é um esporte para se assistir. É uma atividade desenvolvida por milhões, senão bilhões. Curador, curadoria e curatorial não são termos estáticos. Eles têm históricos e, assim como muitas palavras no inglês, evoluíram e mudaram constantemente. A estase é a exceção, não a norma, e podemos esperar que essa evolução terá continuidade. Como os contextos mudaram – por conta do Louvre de Denon, da *Fonte* de Duchamp, da web de Berners-Lee –, a curadoria reagiu e se ampliou.

Apesar dos protestos, do esnobismo e da resistência, a curadoria avançou bastante desde Roma. Agora ela adentra uma fase empolgante e de longo alcance. Do cubo branco à caixa preta e além, ela nunca foi tão relevante nem teve ramificações mais importantes. Agora não importa se suas novas acepções constituem ou não curadoria: enquanto o que começou na web pode não ter sido reconhecido de imediato como curadoria tradicional, a palavra já se difundiu e continuará a fazê-lo. Ainda assim, como sugerem as buscas no Google, muita gente não sabe o que ela significa. Além disso, os exemplos incluídos neste capítulo são o que eu chamo de curadoria explícita – só que, atualmente, boa parte da curadoria não atende por esse nome.

Então, o que queremos dizer com curadoria?

# 5

## Os princípios da curadoria

**VALOR OCULTO**

"O problema em gerir um negócio é que, independente do que você fizer – das metas que atingir, da velocidade com que crescer –, você sempre vai querer mais. Nunca chega aquele momento em que a pessoa para e pensa: 'ah, assim está bom'. O negócio é insaciável. É isso."

Um amigo meu é CEO de uma grande empresa de levantamento de informações na área da medicina. Ele viera de Massachusetts para Londres e saímos para beber perto do Tâmisa. Era uma daquelas noites quentes de verão, em que os bares ficam cheios para o *happy hour*. Como era inevitável, acabamos falando de trabalho. A empresa do meu amigo reúne artigos científicos, livros didáticos, prontuários médicos, obras de referência, manuais e material interativo para organizações da área de saúde. Como o setor inflou na última década, o negócio prosperou, subindo de aguerrida empresa iniciante para protagonista.

Meu amigo estava sob pressão do conselho diretor. Os resultados eram surpreendentes: a cada ano se registrava um crescimento significativo, pelo qual muitas empresas dariam tudo. Mas os diretores queriam mais. Ele montara uma nova plataforma que deixava o serviço mais arrojado, mais fácil de usar e mais confiável. Ele renovara a marca, atualizando a imagem corporativa. Ampliara muito a equipe de vendas, que agora alcançava clientes de primeira linha com frequência. E liderara um programa de internacionalização, levando o serviço de seu mercado natal nos Estados Unidos para a Europa e a Ásia. Apesar de entender que cabia aos conselhos diretores querer cada vez mais, ele estava frustrado por não ter um reconhecimento à altura do que alcançara.

Como a maioria dos conselhos diretores (e CEOs), eles concentravam-se obsessivamente no mais. Mais receita. Mais equipe. Eles embarcaram no mito da criatividade. Uma das métricas, os *uploads* de conteúdo, era observada com atenção especial. Era crucial ter mais conteúdo. Acreditava-se que a posição deles como líderes de mercado baseava-se em ter o conjunto de dados mais abrangente e, por isso, eles estavam sempre lutando por mais. Mencionei que estava trabalhando num livro sobre curadoria e começamos a pensar juntos. Por ter trabalhado com a empresa num projeto, eu estava familiarizado com seu processo de aquisição de conteúdo. Apesar de sempre quererem mais, eu também sabia que eram exigentes. Uma equipe de conteúdo bem preparada filtrava e selecionava o conteúdo meticulosamente. Eles só queriam conteúdo que somasse valor especificamente em termos de tratamentos médicos.

Sugeri que, em vez de se apoiar na soma, na verdade o negócio dele dependia de curadoria. A proposta que faziam a hospitais, empresas e universidades era que a assinatura não seria um desperdício de tempo. Tudo que era feito na plataforma estava relacionado com saúde. O valor estava no fato de o serviço oferecer *Grey's Anatomy*, não *Cinquenta tons de cinza*. Em suma, era um negócio cuja proposta tinha tudo a ver com seleção. Pode-se replicar tecnologia, pode-se contratar equipes de vendas. Mas construir um *corpus* de dados selecionados com perícia, escolhidos a dedo por especialistas para garantir que organizações da área da saúde não percam tempo e dinheiro, é bem mais complicado.

Então eu lhe disse: seu negócio não se baseia no mais. Ele se baseia no menos. O valor que você acrescenta não tem só a ver com somar. Tem a ver com excluir o que não é importante nem valioso. É um negócio que à primeira vista parece uma plataforma de tecnologia + dados da área médica, mas na verdade está saturado de curadoria. O certo não era cuidar da métrica de acréscimo de conteúdo. O melhor indicador de seu valor para os usuários era a quantidade de conteúdo que eles excluíam, a facilidade com que o cliente encontrava o conteúdo que era obrigatório. Era o processo de seleção que o tornava útil.

Ele começou a refletir. Quando comentou o assunto na reunião de diretoria seguinte, o conselho também refletiu. Pensar em termos de curadoria ajudava a focar a estratégia da empresa no que realmente importava. Foi o que o levou a pensar no que era central à atividade da empresa, para evitar a armadilha de querer somar em todas as áreas.

Aquela conversa de bar mostrou, mais uma vez, como a curadoria estava acontecendo em mais pontos do que se pode imaginar. Mas, embora a curadoria integre muitas atividades, as próprias atividades não percebem isso. Na maioria das empresas diretamente associadas à curadoria não existe um Departamento de Curadoria. Suponho que, se houvesse, seria recebido aos risos e rejeitado. Na contabilidade empresarial não existe uma faixa de receita destinada à curadoria. Explicar isso a contadores só renderia dor de cabeça, mas temos de reconhecer que não é fácil associar curadoria a boas entradas de caixa. Curadoria não está inscrita no orçamento nem é discutida pela gerência.

A curadoria tende a ser uma propriedade emergente das organizações. A maioria das empresas não tem curadores. Elas não dão a suas atividades o nome de curadoria. Apesar disso, fazem curadoria. A curadoria é algo inerente à atividade. Isso só se torna um problema quando acarreta perda de partes de sua proposta de valor. Em virtude da sobrecarga, isso tem força imediata. A empresa do meu amigo é um exemplo perfeito. Boa parte dos dados da área médica que eles fornecem está disponível na internet. Mas passou por revisão de especialistas na área? Vem de uma fonte confiável? Na web, nem sempre se sabe. Na plataforma ainda há, tal como na web, uma boa dose de conteúdo, mas a empresa dedica um bom tempo a organizar e apresentar esse conteúdo aos usuários, garantindo que, apesar da profusão, eles encontrem exatamente o que precisam.

Se a curadoria é essa grande reserva de valor, convém perguntar: o que exatamente queremos dizer com curadoria? Foi justamente a pergunta que meu amigo CEO fez. Fui buscar mais uma cerveja e expliquei meu raciocínio.

Curadoria acontece quando as práticas de seleção e arranjo somam valor.

Quando unidas, essas práticas contêm uma reserva extraordinária de valor num mundo sobrecarregado. Muitos curadores, principalmente do mundo das artes, relutam em definir curadoria em termos tão triviais. É o que lhes permite fazer nuances. Mas assim a curadoria também se perde – como mais um conceito teórico descartável, um luxo intelectual, um modismo passageiro, e não uma atividade prática que exige dedicação. Se vamos levar a curadoria a sério, como considero necessário, ela precisa de algo mais concreto, capaz de refletir seu uso generalizado – algo que ultrapasse os repisados clichês obscurantistas.

O que passamos a chamar de curadoria é a interface, o intermediário necessário, para a moderna economia de consumo; uma espécie de membrana ou filtro intencional que equilibra nossas necessidades e desejos para se contrapor a grandes acúmulos de coisas. Na acepção mais ampla, curadoria é uma forma de gerenciar a abundância.

Muitas vezes, é bem mais que isso. Por exemplo: o aspecto de apresentação ou performance foi essencial à curadoria durante muito tempo. Estava relacionado com montar um espetáculo ou uma mostra. Isso ainda é importante, mas, como veremos, hoje em dia esse elemento costuma ser deixado de lado. Embora a curadoria geralmente continue a ser direcionada para o público como serviço, para oferecer entretenimento ou formação, à medida que ela se espalha, à medida que muitos de nós começamos a agir como curadores tradicionais, esse aspecto diminui. Não espero que todos concordem com essa definição ou a aceitem, mas acho que ela reflete como o grande público passou a entender a curadoria. A definição fornece um modelo útil para pensar não apenas na nova acepção, mas também no contexto maior em que vivemos. Nunca haverá uma definição correta ou definitiva, mas nem por isso podemos nos eximir de esclarecer o entendimento, a prática e a estratégia.

Além dessa definição, existem princípios complementares geralmente presentes na curadoria. São o que chamo de "efeitos de curadoria" – refinar, simplificar, explicar e contextualizar. Cada um tem seu próprio histórico e prática, revelando seu poder num mundo de coisas demais. A curadoria engloba esses efeitos numa só grande atividade.

Um bom exemplo de como a curadoria escora indústrias inteiras está no mercado dos aplicativos.

A Apple lançou a App Store em julho de 2008 como parte da atualização iOS 2.0 do iPhone (lançado um ano antes). Lembro muito bem – para quem trabalhava com *software*s e conteúdo, foi uma bomba. Na editora em que eu trabalhava na época, rapidamente fizemos parceria com uma animada equipe de programadores do Texas. Juntos, conseguimos lançar livros pela App Store em questão de semanas. Foi frenético e envolveu muitas sessões de fim de noite no Skype, mas ficamos radiantes com o desafio da nova plataforma. Vender qualquer tipo de conteúdo ou *software* na internet é difícil. A App Store prometia um ecossistema de varejo controlado com um mecanismo de pagamento simples. Tudo no bolso dos usuários, dia e noite.

Não tardou para o número de apps começar a crescer. E rápido. Ao abrir as comportas dos aplicativos, a Apple desencadeou uma explosão cambriana de material inédito. Programadores perceberam que podiam replicar *software* para lançar grandes números de apps. Ou seja: com uma estrutura pronta e conteúdo, era possível lançar facilmente um número quase ilimitado de aplicativos. Tendo inaugurado com apenas 500 apps, em poucos meses a App Store já oferecia milhares e milhares. Muitos eram de alta qualidade; alguns foram revelações; muitos, porém, eram irrelevantes.

Para a Apple, o problema estava claro. Ao abrir o desenvolvimento de aplicativos, eles haviam iniciado um tsunami de produtos. Em termos gerais, era bom para os usuários – nunca antes tanta coisa esteve disponível com tanta facilidade. Mas, ao mesmo tempo, a taxa de produção de novos apps ameaçava soterrar bons produtos num mar de inutilidades. Se você não soubesse exatamente o que queria, era impossível encontrar bons aplicativos. Em outras palavras, fazer a App Store funcionar exigia uma curadoria bem equilibrada. Aliás, garantir que o mercado funcionasse, que os usuários tivessem o melhor atendimento possível e que bons apps não se perdessem num espaço de concorrência, tudo isso era uma questão de curadoria.

A Apple colaborou, restringindo a plataforma. Antes de entrar no ar, cada app tem que passar pela aprovação da matriz da Apple. Os porteiros da App Store são rigorosos. O processo e as regras de aprovação foram ajustados constantemente para refletir as prioridades da Apple. Por exemplo: foi proibido lançar muitos apps quando um aplicativo com a possibilidade de compras *in-app* (acréscimo posterior) já fosse suficiente. Não se pode inundar a loja. Especificações técnicas, análise de conteúdo e mudanças nas regras limitaram e afunilaram a criação de apps.

Graças a esse controle rígido, os editores da App Store acompanhavam o processo de perto. Eles viam tudo com antecedência e podiam selecionar os apps promissores. O que constituía um aplicativo promissor era altamente subjetivo, gerido menos por downloads ou por índices de utilização e mais pelo que os editores entendiam como algo que oferecia originalidade e qualidade. A Apple consistentemente toma decisões que não maximizam lucros ou vendas no curto prazo, pois prefere o longo prazo de gerar valor duradouro para os usuários, para os parceiros e para a empresa. A App Store não tem sido exceção.

Acompanhei essa curadoria na prática. Um aplicativo em que trabalhei foi selecionado como Escolha dos Editores, terreno cobiçado na App Store. Posteriormente, o mesmo app foi escolhido como um dos Jogos do Ano da App Store e teve apoio consistente em promoções por muito tempo depois do lançamento. Chamado *80 Days* (80 Dias), ele recontava a *Volta ao mundo em 80 dias* de Júlio Verne numa aventura interativa. Com base em texto, ele foi desenvolvido com orçamento modesto por uma pequena equipe de Cambridge, Inglaterra (o talentosíssimo inkle studios). Misturando ficção *steampunk* com mecânica de tabuleiro, o produto literário sem nenhum apoio de fabricantes de games encontraria dificuldades na maioria dos ambientes de varejo. O que seria uma pena, pois o jogo é genial. Numa das primeiras jogadas, já achei promissor. Ao contrário de tudo com que eu já me deparara, *80 Days* era muito original, cheio de estilo e cativante. A curadoria pragmática da App Store reconheceu tudo isso. Tendo escolhido o jogo ainda no início, a atenção pessoal dos editores da App Store ajudou a transformá-lo num grande sucesso. Apesar do número extraordinário de apps lançados semanalmente, é essa atenção à curadoria que mantém a App Store interessante e permite que obras como *80 Days* – diferentes, mas excepcionais – encontrem seu público.

Com o tempo, a App Store evoluiu ainda mais na curadoria. A Apple entende como nosso comportamento fica limitado a padrões. Baixamos alguns aplicativos, mexemos neles por um tempo e ficamos presos à rotina. Pequenos ajustes no design para garantir a correta distribuição de ícones no app, coleções sob medida, atrações regulares (como Escolha dos Editores ou Novos e Notáveis) e páginas por categoria são pensadas para garantir que isso não aconteça. É certo que, comparada à plataforma Google Play, que é mais aberta e mais fundamentada em algoritmos que a da Apple, a App Store tem um padrão de apps mais alto. Ainda é a plataforma preferencial para lançamento de aplicativos. E ainda é o local para lançar os apps que podem ser considerados mais artesanais – coisas como *80 Days*, *Paper*, *Flipboard*, *Garageband*, *The Room* ou *The Elements*.

Ao selecionar e dispor cuidadosamente os apps, a Apple garantiu que a extraordinária explosão na produção não levasse à sobrecarga. A App Store é uma tecnologia, um *software* e uma loja. Mas seu sucesso está apoiado no foco seguro na curadoria. Se os apps em si são o valor explícito, a curadoria é a soma implícita de valor (voltaremos a esse elemento implícito mais adiante). Prescindindo da curadoria, o mercado dos aplicativos teria dificuldades e não poderia oferecer a mesma qualidade e variedade.

O fato de a Apple reconhecer isso é evidente em suas aquisições e lançamentos. Apesar de suas enormes reservas de capital, a Apple é conhecida por adquirir poucas empresas. Contudo, em 2014 ela comprou a Booklamp, divulgada como o Pandora (rádio *on-line* personalizado e gratuito) para os livros, por mais ou menos 10 milhões de dólares, e a Swell, um serviço de curadoria no rádio, por volta de 30 milhões de dólares – sem falar na aquisição, por 3 bilhões de dólares, da Beats Electronics, não apenas uma marca notória entre os consumidores, mas rival direta de sites de curadoria musical[1]. Embora as quantias que ela pagou pela Booklamp e pela Swell não tenham sido imensas em termos do capital de que dispõe, o fato de que a Apple se preocupa em investir, adquirir e integrar empresas nessas áreas é revelador. Subsequentemente, a Apple Music e a Apple News tornaram-se serviços fundamentais na empresa – e ambos são estruturados em torno de um grande investimento em curadoria. Aliás, quando se fala em Apple e curadoria,

---

1  Jordan Crook, "Apple To Buy Swell For $30 Million, Per Report", *TechCrunch*, 2014, disponível em: <http://techcrunch.com/2014/07/28/apple-to-buy-swell-for-30-million-per-report/>, acesso em: maio 2019.

geralmente é desses serviços que se fala. É de se esperar que muita gente se baseie nas lições desses serviços e faça engenharia reversa para entrar na App Store. Anúncios recentes do iPhone passaram a destacar essa função – o fato de seus apps serem "escolhidos a dedo" é visto explicitamente como argumento de venda.

Mas a batalha contra a sobrecarga de aplicativos não acabou. Muitos programadores e críticos dizem que a Apple não fez o bastante. Mais uma vez, a pergunta pode ser enquadrada de várias maneiras, mas a curadoria está no cerne.

O *Financial Times* informa que 1,6% dos programadores ganha mais dinheiro que os outros 98,4% juntos[2]. É muito dinheiro – em 2015, as receitas chegaram perto de 2 bilhões de dólares por mês. Criadores de jogos viciantes estruturados em torno de astuciosas compras *in-app* – *Candy Crush* ou *Clash of Clans* – colhem os frutos. Todos os outros suam para conseguir vendas escassas. Uma pesquisa da Activate sugere que, embora o número de apps tenha continuado a crescer nos últimos três anos e pouco, o número de downloads permaneceu constante[3]. Em outras palavras, apps são um mercado altamente assimétrico, em que alguns têm vantagens demais e milhares de apps novos que entram no mercado provavelmente vão desaparecer sem deixar rastro. Essa foi minha experiência, em certo sentido. Embora eu tenha visto alguns aplicativos serem muito bem aceitos, outros produtos excelentes passam por grandes dificuldades, apesar de altos orçamentos de marketing.

A pergunta para programadores é: até quando isso será viável? Sim, um programador pode montar um aplicativo de qualidade no seu quarto; mas em geral se necessita de uma equipe cara, que trabalhe sem parar durante meses. Graças à queda do preço dos apps (o grátis virou norma), o especialista em tecnologia Ben Thompson ressalta que usuários se beneficiam de serviços baratos ou gratuitos, mas as empresas por trás desses serviços não têm como captar esse

---

2   Tim Bradshaw, "Apps: Growing pains", *Financial Times*, 19 ago. 2014, disponível em: <http://www.ft.com/cms/s/2/d72f0e14-27ab-11e4-be5a-00144feabdc0.html#axzz3fgNqiHFu>, acesso em: maio 2019.

3   "Despite massive number of available apps, users are downloading and using the same number of apps", disponível em: <http://www.slideshare.net/ActivateInc/activate-tech-and-media-outlook-2016/120-120THE_APP_ECONOMY wwwactivatecomDespite_massive_number>, acesso em: maio 2019.

valor[4]. Ele afirma que a Apple precisa mudar sua App Store, permitindo assinaturas e atualizações pagas no *mix*. Se você conversar com a maioria dos programadores de apps, eles vão reclamar que, apesar de toda a curadoria, a Apple não está fazendo o necessário para incentivar um ecossistema vibrante e estimular a variedade na venda de aplicativos. É claro que isso não está acontecendo – assim que você cai dos altos escalões da lista, as vendas despencam.

A curadoria ajudou a construir a App Store. Mas o trabalho dela não acabou. Se quiser continuar a incentivar bons aplicativos (e não depender de campanhas publicitárias, ingenuidade e expectativa), a Apple precisa garantir que os downloads, a utilização e a receita sejam revertidas para os 98,4%. O gargalo é a App Store; a solução é curadoria de qualidade.

A Apple é curadora. Meu amigo e sua empresa da área médica são curadores. Embora eles nem sempre falem em curadoria, é o que eles fazem. Fazer curadoria significa selecionar. Também significa dispor, refinar, simplificar e contextualizar. Mas o que isso representa na prática e por que essas atividades são tão importantes?

## SELEÇÃO

A Blockbuster não era apenas uma locadora de vídeo; ela fazia parte da rotina do fim de semana, da iconografia da cultura dos Estados Unidos. Apesar de sua imagem suburbana, sempre havia algo de empolgante na Blockbuster. Você chegava lá num sábado cinzento, com aquelas lâmpadas berrantes nas vitrines amplas, o azul e amarelo dos uniformes cheios de promessa. O interior da loja tinha cheiro de cinema: pipoca e balas. Fileiras e fileiras de vídeos esperando que você os descobrisse, as capas chamativas disputando atenção. Levava-se as caixas vazias – eles nunca deixavam as fitas dentro, supondo que seriam roubadas imediatamente – até o balcão, onde eram preenchidas por assistentes entediados (assista ao filme cult *O balconista*). Mas era o fim de semana! Entretenimento! Possibilidades! Hollywood! Na nossa família, alugar fitas fazia parte do

---

4   "Business Models for 2014", *Stratechery*, 13 jan. 2014, disponível em: <https://stratechery.com/2014/business-models-2014/>, acesso em: maio 2019.

ritual do sábado. Nadávamos na piscina, pedíamos comida chinesa, alugávamos uma fita e íamos para casa assistir. O filme inevitavelmente era *mainstream*, para a família, engraçado e repleto de ação. Era o auge da semana e era uma cena que se replicava em milhões de lares mundo afora. Sim, a Blockbuster era uma megacorporação. Mas foi uma daquelas marcas que se tornou parte da nossa vida.

A especialidade da Blockbuster eram... *blockbusters*, é claro. Embora sempre houvesse uma seleção razoável no fundo da loja, a maioria das filiais nunca tinha grande profundidade. Os clientes eram afunilados para as prateleiras dos últimos lançamentos de grande orçamento na frente da loja. Paredes do mesmo filme, pronto para ser servido. Geralmente era difícil encontrar opções de filmes em outra língua que não inglês, cinema de arte ou gêneros que fugissem ao *mainstream*. A Blockbuster tinha como especialidade o aluguel de lançamentos para a massa, em parte porque essa era uma de suas propostas. Não se alugava um vídeo por ser mais barato, mas porque a versão para aluguel era lançada antes da versão para venda. Era o que se tinha de melhor depois do cinema, do cheiro de pipoca e tudo mais. E a locadora também fazia promoção pesada desses títulos por imaginar que eram os desejados pelo público. Por muito tempo, aliás, teve-se a impressão de que eram de fato os que o público queria. Na minha família, o que nos uniu foram os grandes sucessos. Esse *modus operandi* serviu bem à Blockbuster por muitos anos: entupir as lojas com seis ou sete dos últimos lançamentos, um VHS atrás do outro, do mesmo filme, dominando o espaço físico nobre na loja, com um acervo limitado de atrações clássicas escondidas no fundo.

Fundada em Dallas em 1985, a Blockbuster cresceu rápido. No final dos anos 1980, ela desafiou a empresa Nintendo na batalha para oferecer aluguel de fitas de videogame e venceu. Sua expansão se ampliou nos Estados Unidos no início dos anos 1990. Ela comprou as concorrentes numa série de aquisições ambiciosas, antes de a própria ser adquirida pela gigante Viacom em 1993, por 8,4 bilhões de dólares. Como demonstração de autoconfiança, seu quartel-general mudou-se para a ostensiva Renaissance Tower, no centro de Dallas. Abriram-se lojas no exterior. No auge, a Blockbuster empregava mais de 60 mil pessoas em 9 mil lojas; ela estava por toda parte, virou sinônimo de locadora de vídeo. O que poderia dar errado?

Tudo, no caso. Depois do pico em 2004, a queda da Blockbuster foi assustadoramente rápida. Em 23 de setembro de 2010, a empresa pediu falência. As lojas começaram a fechar. Quando ela entrou em *Chapter 11* (primeiro estágio da falência nos EUA), passava por perdas consideráveis e era incapaz de cumprir um pagamento de juros de 42,4 milhões de dólares sobre sua dívida acumulada de 900 milhões de dólares[5]. A Blockbuster perdeu o rumo, apesar de ser a única rede nacional de locadoras de vídeo nos Estados Unidos em 2010. Encontrou-se uma empresa disposta a comprá-la, a rede de TV via satélite Dish Network, mas as lojas continuaram fechando. Aquele império poderoso foi comprado por apenas 233 milhões de dólares e a Dish continuou a fechar centenas de lojas por ano. Em novembro de 2013, o antigo modelo da Blockbuster já não existia. O padrão de aluguel de VHS e DVD que ela representava desapareceu e o nome, a grande instituição cultural, foi aposentado.

A Blockbuster deparou-se com vários obstáculos. Mas seu maior erro ficaria escondido por anos. No ano 2000, ela deixou passar a oportunidade de comprar uma incipiente *start-up* por 50 milhões de dólares. Na época, o negócio podia ser considerado um desperdício de dinheiro pelos executivos da Blockbuster, cujos indicadores estavam todos no positivo. Acontece que a falha em comprar a *start-up* – ou em reconhecer a transformação que ela representava – plantou as sementes do colapso final. A Blockbuster não conseguiu perceber para onde se encaminhava o mercado de mídia e locação. Em 2000, a explosão pontocom estava no fim, mas a internet ainda transformava as experiências e expectativas do público. Dez anos depois, essas mudanças se consolidaram. Quem deu início a tais mudanças? A tal *start-up* incipiente. A Blockbuster, apesar de sua enorme vantagem e seu papel nos lares, não evoluiu e afundou.

Aquela *start-up* chamava-se Netflix.

Fundada apenas 12 anos depois da Blockbuster pelo empreendedor Reed Hastings, a Netflix é o exemplo clássico do que Clayton Christensen, professor titular da Harvard Business School, chama

---

5 Paul Bond, "Blockbuster delays $ 42.4 mil debt payment", *The Hollywood Reporter*, 1º jul. 2010, disponível em: <http://www.hollywoodreporter.com/news/blockbuster-delays-424-mil-debt-25172>, acesso em: maio 2019.

de "inovação disruptiva"[6]. De início, o *establishment* da indústria ignorou e até menosprezou o modelo da Netflix, mas não demoraria e suas curvas de crescimento em forma de taco de hóquei deixariam a velha guarda obsoleta.

Começando pelos DVDs via correio antes de passar ao *streaming* via internet, a proposta da Netflix sustentava-se em vários pilares. Primeiro: era conveniente. Não era preciso ir até a loja. Segundo: era barato. Com um modelo de assinatura e subtraindo os custos operacionais de várias lojas físicas (sobretudo quando se eliminou o custo de envio com a proposta *on-line*), o custo marginal de emprestar determinado filme se aproximava do zero. Terceiro: a Netflix oferecia mais opções. Enquanto a Blockbuster estaria sempre restrita aos limites do que uma loja pode expor, e por isso daria prioridade aos filmes com mais chance de ser alugados, segundo a concepção deles, a Netflix podia ampliar radicalmente o catálogo disponibilizado a cada usuário. Além disso, desde o início a Netflix não se preocupava apenas em ter uma grande quantidade de conteúdo, mas também em oferecer aos usuários o conteúdo que eles queriam. Eles aplicaram os mesmos princípios a programas de TV. Em 1990, aproximadamente cem novos programas de TV roteirizados foram ao ar nos EUA. Em 2015, esse número subiu para mais de quatrocentos[7]. Nas palavras do executivo de uma emissora, "não há mais o que dizer, é tevê demais"[8]. A Netflix não significava apenas mais conteúdo – o que seria contraproducente. Tratava-se de melhor curadoria de conteúdo.

Ao longo dos anos, a Netflix desenvolveu um algoritmo para prever preferências do público, o Cinematch. Eles perceberam que grande parte de sua vantagem competitiva consistia em encontrar filmes que as pessoas gostariam de ver. Para uma empresa da área

---

6   Clayton M. Christensen, *The Innovator's Dilemma: When Technologies Cause Great Firms to Fail*, Boston MA: Harvard Business School Press, 1997 [ed. bras.: *O dilema da inovação: quando as novas tecnologias levam as empresas ao fracasso*, trad. Laura Prades Veiga, São Paulo: MBooks, 2011].
7   Tal Shachar e Matthew Ball, "Age of Abundance: How the Content Explosion Will Invert the Media Industry", *REDEF*, 25 jan. 2016, disponível em: <https://redef.com/original/age-of-abundance-how-the-content-explosion-will-invert-the-media-industry>, acesso em: maio 2019.
8   Cynthia Littleton, "FX Networks Chief John Landgraf: 'There is Simply Too Much Television'", *Variety*, disponível em: <http://variety.com/2015/tv/news/tca-fx-networks-john-landgraf-wall-street-1201559191/>, acesso em: maio 2019.

de tecnologia isso não tem nada de revolucionário, é claro. Mas eles fizeram uma coisa diferente. Em 2007, na tentativa de vencer o próprio algoritmo, lançaram o Prêmio Netflix. Equipes criariam um algoritmo com melhor desempenho para sugerir filmes, com base nas notas de filme na Netflix e em grupos de dados predeterminados de filmes e usuários. O vencedor seria o primeiro que cruzasse um limiar de melhoria de 10% – e receberia 1 milhão de dólares. Até encontrar um grande vencedor, seria entregue um Prêmio de Progresso, de 50 mil dólares, para qualquer melhoria superior a 1%. A Netflix convidava qualquer um com capacidade e determinação a vencer sua curadoria.

Equipes de locais como o AT&T Labs e a Universidade de Toronto aplicaram técnicas sofisticadas de *data science* ao problema. Uma *start-up*, a Kaggle, originou-se dessa ideia[9]. A concorrência era pesada. Ao longo de 2007, ninguém foi premiado, mas a BellKor, equipe da AT&T, ganhou um Prêmio de Progresso. Em 2008, a história foi parecida. Não houve um grande vencedor, apenas um Prêmio de Progresso.

A coisa estava ficando séria. Em 2009, houve um turbilhão de fusões de equipes. A equipe original da AT&T passou por várias fusões, desfusões e substituições, mas, como BellKor's Pragmatic Chaos, acabou apresentando um novo algoritmo. Ele superou o limiar de 10%, ativando um prazo de carência de 30 dias para outras equipes entrarem com propostas antes do resultado final. Outras equipes fusionadas correram para apresentar seus resultados e, depois de testes na grande rival, então conhecida como The Ensemble, a BellKor's Pragmatic Chaos conquistou o prêmio de 1 milhão de dólares em 18 de setembro de 2009.

No fim, mais de 5.169 equipes haviam participado. Foi um jeito novo e revolucionário de selecionar filmes (e de fazer negócios), a 1 milhão de quilômetros de distância da Blockbuster. A Netflix mobilizou a sabedoria coletiva e o trabalho pesado de algumas das melhores mentes e institutos de pesquisa do mundo, só para melhorar a curadoria do seu catálogo de filmes. O mais notável foi que,

---

[9] Sarah Kessler, "How Kaggle Solves Big Problems with Big Data Contests", *Mashable*, 26 mar. 2012, disponível em: <http://mashable.com/2012/03/26/kaggle/>, acesso em: maio 2019.

depois de tanto empenho, de todo o dinheiro do prêmio, da feroz concorrência intelectual e do grande alarde, a Netflix nunca implementou o algoritmo. As coisas haviam mudado. O *streaming* cresceu mais rápido que o esperado e a tecnologia móvel mudou o comportamento dos usuários. Agora a Netflix achava que os resultados não eram bons o bastante. Depois de tentar de tudo para melhorar sua seleção de filmes, de criar um novo método da *data science*, a Netflix estava tão comprometida com os melhores métodos de escolher filmes que deixou tudo de lado.

Outro exemplo do ponto alcançado pela Netflix foi destacado numa investigação do jornalista Alexis Madrigal na revista *The Atlantic*[10]. Assim como muitos clientes, Madrigal notou as categorizações barrocas da Netflix para os filmes: "Documentários antissistema sensíveis" ou "Histórias satânicas estrangeiras dos anos 1980", por exemplo. Os focos eram estranhos. Quantas categorias eram? Com que critérios eles geravam e o que faziam com as categorias? Depois de investigar um pouquinho, Madrigal descobriu que havia exatamente 76.897 categorias individuais na Netflix. Basta dizer que eram mais categorias do que alguém até então se dera ao trabalho de considerar, e explicava por que a Netflix era o destino predileto caso se quisesse "Filmes com bigodes legais" ou "Filmes violentos de férias do terror". A Netflix estava usando seu imenso banco de dados para construir uma ferramenta de recomendação muito superior à concorrência, mais específica e sob medida – de um jeito assustador.

Pronunciando-se oficialmente, o Vice-Presidente de Inovação nos Produtos da Netflix, Todd Yellin, confirmou as categorias e explicou como elas funcionavam. Num padrão curatorial significativo, Yellin combinou sistemas de pontos movidos a algoritmos com um toque humano inconfundível. Foi o que ele chamou de "Teoria Quântica Netflix". Todo filme no acervo da Netflix era assistido por um espectador treinado (o manual tem trinta e seis páginas) e lhe atribuía rótulos com detalhes intrincados. O filme era categorizado instante a instante, geralmente numa escala de

---

10 Citado em Alexis C. Madrigal, "How Netflix Reverse-Engineered Hollywood", *The Atlantic*, 2 jan. 2014, disponível em: <http://www.theatlantic.com/technology/archive/2014/01/how-netflix-reverse-engineered-hollywood/282679/>, acesso em: maio 2019.

cinco pontos. O final era feliz? Se era, era um final feliz sentimental? Tal personagem tinha traços positivos no final (ou, supõe-se, bigode)? Os resultados desse vasto processo de etiquetagem eram então computados com referências a todos os outros filmes para gerar categorias que poderiam ser combinadas com usuários – o que geralmente dizia mais sobre as preferências desses usuários do que eles mesmos supunham.

É um processo complicado, que combina mão de obra intensiva – a *Wired* afirma que mais de mil pessoas trabalham nisso na Netflix – com investimentos significativos em P&D e tecnologia[11]. Não se sabia se o sistema de fato funcionaria. Ainda assim, a Netflix persistiu e agora, de acordo com Madrigal, tem uma das mais sofisticadas ferramentas de recomendação e categorização de mídia já inventadas. Eles podem encontrar seu *Doppelgänger* cinematográfico – a pessoa cujo gosto mais se assemelha ao seu – e sugerir coisas baseadas no gosto dela. Tudo passa por testes A/B sem parar. Tudo para ajudar você a escolher seu próximo filme da noite de sábado. Eles chegaram a usar todos esses dados quando embarcaram na produção – *House of Cards* aconteceu porque eles sabiam que suspenses políticos funcionam bem, que Kevin Spacey era um dos atores mais populares da plataforma e que o público assistia a filmes de David Fincher até o final. *Orange is the New Black* foi contratada porque eles sabiam que o público queria conteúdo LGBT, comédia inteligente e dramas protagonizados por mulheres[12].

O colapso da Blockbuster e a ascensão da Netflix não têm a ver, nem de longe, apenas com duas maneiras de escolher filmes. Mas isso faz parte da história. Analisando esses exemplos em retrospecto, podemos ver que uma maneira de escolher – a da Blockbuster – deu lugar a um método novo e mais poderoso – o da Netflix. Se, no geral, a Blockbuster observava áreas genéricas ou alvos amplos, a Netflix consegue reagir a indivíduos e construir seleções em torno deles. É um padrão que encontramos não apenas em filmes, mas em vários setores. Trata-se de uma mudança radical, que responde ao contexto da sobrecarga.

---

11 James Silver, "Meet Netflix founder Reed Hastings", *Wired*, 5 fev. 2015, disponível em: <https://www.wired.co.uk/article/do-adjust-your-set>, acesso em: maio 2019.
12 *Ibid.*

O modelo antigo é o que podemos chamar de Modelo de Seleção Industrial. Para a maioria dos consumidores, a era moderna foi o domínio do Modelo de Seleção Industrial. Havia opções, mas elas eram restritas. Crescendo nos anos 1950, a geração dos meus pais tinha, na maioria das decisões de consumo, duas ou três opções de xampu, de televisor ou de feijão em lata. Assim que se aperfeiçoou a produção em massa, na segunda Revolução Industrial, achou-se que ele seria suficiente. Henry Ford é o santo padroeiro do Modelo de Seleção Industrial – você pode ter a cor que quiser, desde que seja preto. Aqui, se via um modelo otimizado para um mundo afluente e produtivo – mas não muito afluente nem muito produtivo. Funcionava quando poucas empresas ocidentais dominavam os mercados ou quando categorias de produtos e estilos de consumo eram novos e desconhecidos. Quando o espaço de varejo e estoque era escasso, enquanto a distribuição e a logística ainda se aperfeiçoavam, o Modelo de Seleção Industrial – sim, com opção, mas opção limitada, curadoria limitada, de uma gama de produtores restrita – já bastava.

Em termos gerais, esse era o modelo da Blockbuster: preencher faixas fundamentais com o mesmo filme, geralmente produzido pelos mesmos estúdios de Hollywood. Claro que a gama era maior, mas sua seleção era limitada e na maior parte do tempo a empresa ganhava dinheiro com os poucos grandes sucessos, que estocava em massa. Em outras palavras, o Modelo de Seleção Industrial era o oposto dos negócios de cauda longa.

O Modelo de Seleção Industrial é mais ou menos o que se tem na Figura 6.

É claro que as coisas mudaram. A segunda Revolução Industrial não foi um incidente isolado, mas algo que desencadeou ondas de evolução. Produtividade e crescimento econômico passaram a ser a norma. A tecnologia digital em alta pressão intensificou a expansão de opções e consumo. Novas economias surgiram. O resultado é uma paisagem de consumo que oferece mais opções que as oferecidas a nossos pais em todas as áreas da nossa vida. Os filmes são apenas a prova número um. Essa explosão de opções leva ao que eu chamo de Modelo de Seleção Curatorial. Basicamente, ele significa mais produtores e mais produtos, mas habilmente combinados aos consumidores. Ele evoca Netflix, não Blockbuster, e tem a aparência da Figura 7.

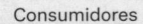

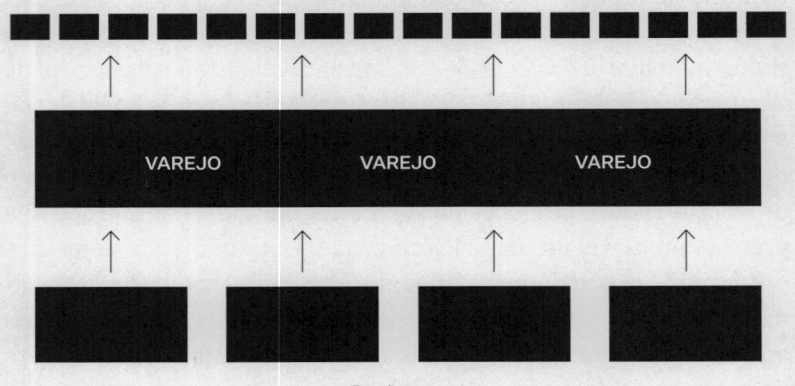

*Figura 6. O modelo de seleção industrial.*

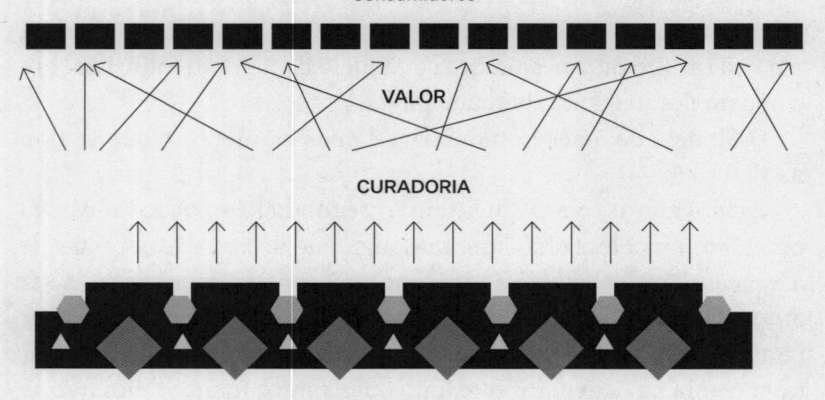

*Figura 7. O modelo de seleção curatorial.*

Devido ao aumento na complexidade, o valor está não apenas no varejo, como no Modelo Industrial, mas também no processo de seleção para cada consumidor. A seleção já não acontece no volume: ela é pensada, trabalhada, constantemente melhorada. A seleção não é apenas parte necessária do negócio: é um bem primário. A seleção não é algo secundário: é a prioridade. Já não é algo derivado de ser varejista: é o motivo para ser varejista. Significa ter equipes altamente qualificadas, com pessoas como Todd Yellin, que trabalham de modo a combinar consumidor e produto.

O Modelo Curatorial descreve uma das maiores transições empresariais da nossa época. Não é uma transição binária, mas uma evolução: geralmente há um espectro, com empresas de varejo que ficam em algum ponto entre o Industrial e o Curatorial. Se o Modelo Industrial é exemplificado por uma loja soviética, que vende um só produto medonho fabricado em massa, o Modelo Curatorial perfeito é o sonho de empresas como Amazon e Google: você sempre tem o produto correto pré-selecionado num catálogo infinito. Entre esses dois há tudo mais, mas as empresas se inclinam para uma ou outra ponta do espectro. O que aconteceu nos últimos vinte anos foi que a tecnologia e o crescimento tornaram o Modelo Curatorial não apenas pragmaticamente viável, mas cada vez mais valioso.

A transição tem consequências imensas para todos os tipos de varejistas. O hipermercado tradicional está em maus lençóis. A Blockbuster é apenas um exemplo desses varejistas falindo à medida que o Modelo Industrial entra em colapso. Nos EUA, pense em impérios eletrônicos que já foram poderosos, como Circuit City ou Radioshack (que entrou em falência em fevereiro de 2015), rebaixados pela concorrência da internet. No Reino Unido, essa mudança vem sendo especialmente marcante. Nomes antes familiares como Woolworth's, Comet, HMV, Borders, Tower Records, MFI, Jessops, Habitat, JJB Sports e Dreams foram a pique ou encolheram drasticamente. Grandes grupos supermercadistas britânicos, como a Tesco, passaram anos com reputação de intocáveis no mercado local. Agora também sofrem[13]. Essas em-

---

13  Joanna Blythman, "No Wonder Superstores Are Dying – We're sick and tired of their culture, *The Guardian*, 26 out. 2014, disponível em: <http://www.theguardian.com/commentisfree/2014/oct/26/supermarkets-reign-is-over-hail-the-independents>, acesso em: maio 2019.

presas estão mais próximas da ponta Industrial do espectro que da Curatorial.

Seria um exagero dizer que o Modelo de Seleção Curatorial acabou com elas – assim como aconteceu com a Netflix e a Blockbuster, conveniência e preço tiveram grande parte no processo. O sucesso contínuo da Costco e do Walmart, ou de mercearias barateiras da Europa continental como Aldi ou Lidl, empresas que são sinônimo do Modelo Industrial, com variedade de produtos que vai e vem conforme a disponibilidade, baseia-se no preço. Embora elas todas invistam muito na seleção, não é esse seu diferencial– o diferencial delas é o preço muito baixo. Independentemente do que acontecer com a seleção, ao que parece, ainda haverá espaço para a pechincha.

Vale enfatizar mais uma vez, todavia, que a transição do Modelo Industrial para o Curatorial acontece em escala, não numa transformação binária. A Blockbuster sempre teve curadoria. Muitas das antigas locadoras já tinham curadoria – e há pontos de nicho e especializados que hoje têm a melhor chance de sobrevivência. Foram os locais onde grandes diretores de cinema tiveram seu aprendizado: Quentin Tarantino e Kevin Smith trabalhavam em locadoras antes de começar a dirigir (assim como livrarias ajudaram pessoas como George Orwell, Patti Smith e Jonathan Lethem a se tornarem os artistas que são). Um ponto como a Rocket Video, na Avenida La Brea, Hollywood, era tanto depósito do cinema *cult* quanto parte da cultura de Hollywood, frequentada pela "Indústria". Assim como várias locadoras *indie*, hoje está fechada, apesar de todo seu empenho. Todos os usuários da Netflix vão perceber que nem seu leque nem sua seleção são perfeitos. Ainda há um longo caminho pela frente.

Mas essa escala móvel vai numa única direção – rumo ao Modelo Curatorial. Assim como a Netflix conseguiu incrementar-se com a abundância de filmes e, ao mesmo tempo, oferecer uma seleção mais personalizada.

A Blockbuster fez parte da nossa cultura, mas essa cultura mudou. A seleção tornou-se mais importante. Passamos a precisar não apenas de mais seleção em termos absolutos, mas também que ela fosse compensada por uma melhor seleção individual. Mais do que nunca, varejo, mídia e consumo passaram a estar relacionados com maneiras sofisticadas de selecionar, e não só entre grupos, mas para cada indivíduo. Tudo isso significou o sucesso dos que estavam prontos para aproveitar a oportunidade. Quando a Blockbuster desistiu da compra, a Netflix ainda lutava para atrair clientes. Em meados da década de 2010, ela contava com mais de 70 milhões de assinantes do Brasil à Alemanha, um estúdio interno que rivalizava com a ousadia produtiva de veteranas aclamadas, como a HBO, e milhões de dólares de receita. Se a Blockbuster foi sinônimo de aluguel de vídeo, a Netflix virou sinônimo de *streaming*. Seleção faz diferença.

## DECISÕES, DECISÕES

Pense nas geleias.

Geleias foram o núcleo de um estudo clássico sobre escolha desenvolvido por Sheena Iyengar, hoje da Universidade de Columbia, e Mark Lepper, de Stanford. O estudo – "Quando a escolha desmotiva" – contesta a ideia de que mais opções são algo positivo. De acordo com a antiga teoria econômica, quanto mais opções houver de encontrar aquilo que você busca, melhor. Assim, supunha-se que, quanto mais opções disponíveis, mais as pessoas comprariam. Uma parte da literatura científica vinculava opções a satisfação na vida. Mais opções não apenas levavam à expansão econômica, mas a possibilidade de fazer mais escolhas representaria mais satisfação com a vida. Não é à toa que durante boa parte do século XX a escolha foi idolatrada, tornando-se um imperativo para governos, empresas e indivíduos.

Iyengar começou a refletir. Será que eventualmente as opções não teriam consequências negativas? Não estaríamos sentindo o que o futurista Alvin Toffler, no início dos anos 1970, já denominara "sobrecarga de escolhas"? Apesar de se contrapor ao conhecimento convencional da Expansão Prolongada, Iyengar acreditava que nosso entendimento do escolher estava errado. O experimento com geleias adveio de sua pesquisa de doutorado sobre crianças e escolhas. Ela descobriu que, ao contrário do que se espera, crianças a quem se dizia para brincar com determinado brinquedo demonstravam mais envolvimento e diversão do que crianças com liberdade para escolher brinquedos.

Aí entra a geleia.

Na primeira parte do estudo, Iyengar foi à filial de um supermercado de alto nível na região de San Francisco, o Draeger's. Fundado por imigrantes da Prússia, o Draeger's orgulha-se das opções oferecidas: 250 tipos de mostarda, 75 tipos de azeite, não menos que 300 variedades de geleia e, em Menlo Park, mais de três mil livros de receitas e 20 mil variedades de vinhos. É o tipo de lugar onde os clientes se dispõem a gastar para experimentar alimentos novos e interessantes. O Draeger's não se limita a oferecer um excesso de opções. O supermercado médio continha 3.750 itens em 1949, vinte e quatro anos depois da inauguração do Draeger's. Em 2010, eram 45 mil itens, enquanto supermercados grandes como os Walmarts de estrada tinham mais de 100 mil[14]. Em fins de semana consecutivos, Iyengar usou diferentes conjuntos de geleias, todas da marca sofisticada Wilkin & Sons (Fornecedores de Sua Majestade a Rainha, nada menos), para investigar diferenças de seleção.

Ao entrar na loja, sempre se encontravam mesas com produtos para os consumidores provarem, destacando a diversidade de alimentos à venda. Iyengar montou duas mesas no espaço de entrada para testar a ideia de que opções em excesso podiam "desmotivar". Os clientes estavam acostumados à ideia de provar novos produtos; era normal entre os moradores de mente aberta e bem-sucedidos de Menlo Park parar numa mesa e experimentar algo novo. Numa das mesas havia seis geleias à mostra para degustação. Outra mesa tinha 24. Nos dois casos, o leque completo de 24 geleias estava à venda no mercado.

O leque maior atraía mais pessoas – 60% dos passantes parava para conferir a mesa com maior variedade de geleias, contra 40% que conferia a de variedade menor. Mas isso não levava as pessoas a provarem mais geleias. Os que provavam tanto da variedade grande quanto da pequena experimentavam o mesmo número de sabores. O comportamento de compra subsequente, porém, alterava-se bastante. Enquanto 30% dos clientes que conferiam seis geleias efetivamente compravam o produto, entre os que conferiam as 24 geleias o número caía para 3%. Em outras palavras, uma variedade quatro

---

14 Sheena Iyengar, *The Art of Choosing*, Londres: Abacus, 2011, p. 187 [ed. bras.: *A arte da escolha*, trad. Miryam Wiley, Belo Horizonte: Unicult, 2015].

vezes maior resultava em apenas um décimo de vendas finais. O resultado foi que "consumidores expostos inicialmente a opções limitadas mostraram-se consideravelmente mais inclinados a comprar o produto que consumidores que se depararam inicialmente com um conjunto de opções muito maior"[15]. Apesar de a loja se orgulhar da variedade, a seleção mais focada resultou em vendas melhores. Pode-se oferecer 300 tipos de geleia aos clientes do Draeger's, mas essa variedade toda os afastava.

Os resultados foram aplicados em outros pontos. Alunos escreviam mais textos eletivos quando lhes ofereciam seis tópicos do que quando lhes eram oferecidos trinta – e os que recebiam menos produziam textos considerados melhores. Os participantes de um estudo sobre chocolate (graduandos da Columbia) dispunham-se mais a comprar com base num conjunto de escolhas menor. Mais uma "prova empírica contundente de que o oferecimento de opções numerosas, embora inicialmente atraente para os decisores, pode no entanto solapar a satisfação e motivação subsequente desses decisores". Desde que o artigo foi publicado, em 2000, outros chegaram à mesma conclusão.

Um exemplo citado pelo acadêmico Barry Schwartz substituiu geleias por canetas[16]. Depois de finalizar um questionário, oferecia-se aos participantes uma gratificação de 1,50 dólar ou uma caneta que valia 2 dólares. Setenta e cinco por cento prontamente ficavam com a caneta. Havendo mais opções, o cálculo mudava. A outro grupo de participantes ofereceu-se ou 1,50 dólar, a caneta de 2 dólares ou duas canetas hidrográficas que valiam aproximadamente 2 dólares se somadas. Quando se incluía essa outra opção, apenas 50% das pessoas aceitavam as canetas, embora elas fossem claramente mais valiosas. A introdução de mais escolhas levava o público a não querer escolher. Em vez de permitir que as pessoas maximizassem os ganhos, como sugere a economia tradicional, a escolha fizera o oposto. É espantoso quando Schwartz cita estudos sobre esse

---

15 Sheena S. Iyengar e Mark R. Lepper, "When Choice is Demotivating: Can One Desire Too Much of a Good Thing?", *Journal of Personality and Social Psychology*, vol. 76, n. 6, American Psychological Association, 2000.
16 Barry Schwartz, *The Paradox of Choice: Why More Is Less: How the Culture of Abundance Robs Us of Satisfaction*, Nova York: Harper Perennial, 2004 [ed. bras.: *O paradoxo da escolha: por que mais é menos*, trad. Fernando Santos. São Paulo: A Girafa, 2007].

mesmo efeito no mercado de atendimento médico. Diante de mais opções de tratamento, os médicos aboliam a escolha. A pesquisa de Iyengar subsequentemente observou que suas conclusões podem ser aplicadas a áreas como aposentadorias ou planos de saúde.

Então, o que está acontecendo? Por que mais geleia atrai mais interesse, mas resulta em menos vendas do produto?

É o que Schwartz chama de "tirania da escolha". Entender essa tirania nos leva a fundo na psicologia e economia comportamental, que desafiam a visão do *Homo economicus* como ser racional.

Para começar, graças à complexidade proveniente da Expansão Prolongada, muitos de nós não temos competência para fazer escolhas. Além disso, nossa capacidade de optar fica mais complicada devido à publicidade, que ativa nossa "heurística de disponibilidade": quanto mais nos deparamos com alguma coisa, mais ela está "disponível" ou mais facilmente é lembrada[17]. Quanto mais disponível algo é, mais significado lhe atribuímos. Quanto mais vemos o celular $x$, mais probabilidade há de escolhermos o celular $x$, independentemente de fazer sentido ou não optar por ele.

Escolhas demais nos oprimem. A responsabilidade de fazer a opção "certa" não demora a se tornar um ônus. Gera conflito e indecisão. A pluralidade de opções nos leva a uma só escolha –: a decisão de não escolher! Sem dúvida, todos já passamos por isso nas gôndolas de supermercado, os olhos fixos no molho picante ou nos refrigerantes, travados, subjugados por uma indecisão trivial. Um dos princípios subjacentes a essa sensação é conhecido como aversão à perda. Sentimos mais fortemente as perdas que os ganhos. Escolher imediatamente abre a possibilidade de perda – a possibilidade de que poderíamos ter escolhido melhor, e por isso perdemos a chance. É melhor não escolher do que fazer a escolha errada.

Escolher nos obriga a fazer permutas. Cada escolha vem acompanhada de um custo de oportunidade, a ideia de que cada opção que tomamos põe fim à possibilidade de todas as outras. Conhecer esses custos de oportunidade afeta nossa capacidade de escolher e nossa satisfação com as opções que tomamos. Por exemplo: vamos

---

17 Resumido magistralmente por Daniel Kahneman, *Thinking, Fast and Slow*, Londres: Penguin, 2011 [ed. bras.: *Rápido e devagar*, trad. Cássio de Arantes Leite, Rio de Janeiro: Objetiva, 2012].

supor que eu escolha o celular $x$ e ele sempre dê problema. Imediatamente me recordo das outras opções e penso em como ficaria menos frustrado se tivesse escolhido outro celular. Em termos psicológicos, quanto mais opções temos, a mais custos de oportunidade ficamos expostos. Não nos arrependemos apenas depois do acontecido – antecipamos o arrependimento. Arruinamos nosso prazer antecipando o arrependimento que podemos sentir pelas outras escolhas que poderíamos ter feito! O que, mais uma vez, frustra nossa capacidade de escolher, inibindo nosso desejo de fazer uma opção desde logo. Isso se transfere para nosso trabalho e para nosso cotidiano – as dezenas, centenas, milhares de *e-mails* sem resposta que temos que processar e priorizar; a lista impossível de tarefas; as opções infinitas não apenas relativas a geleia, mas também a seguros, eletricidade, provedores de internet, educação dos filhos.

Voltando à geleia, se pensarmos que vamos nos arrepender por comprar a Geleia A devido aos custos de oportunidade de não comprar a Geleia B, é mais provável que não compremos geleia alguma. Diante da confluência desse efeito com o crescimento do número de opções e do sistema de mercado, é previsível e compreensível a predominância do Modelo de Seleção Curatorial.

Outra consideração é que a existência de uma gama excessiva de parâmetros para a tomada de decisão também prejudica nossa capacidade de decidir[18]. Suponhamos que vamos comprar um carro. Temos um bom número de parâmetros para ponderar – cor, marca, velocidade máxima, índice de segurança em colisões nas laterais, qualidade da aparelhagem de som e assim por diante. Quando se vai gastar quantias significativas, a maioria acredita que a disponibilidade de mais parâmetros leva a decisões melhores. Imaginamos que mais informação significa mais preparo. Mas isso não é verdade. Depois de pensar em mais ou menos dez parâmetros, nossa capacidade de tomar decisões fica prejudicada. Ficamos confusos e perdemos a noção das prioridades. Dez já é um esforço; muitos psicólogos afirmam que qualquer coisa acima de cinco já está abaixo do ideal. Saturados não apenas de opções, mas também de

---

18 Daniel J. Levitin, *The Organized Mind: Thinking Straight in the Age of Information Overload*, Londres: Penguin Viking, 2015 [ed. bras.: *A mente organizada: como pensar com clareza na era da sobrecarga de informação*, trad. Roberto Grey, Rio de Janeiro: Objetiva, 2015].

informação sobre opções – da economia de combustível do motor ao tamanho do porta-malas –, penamos para entender o que queremos e por que queremos. Ao comprar um carro, não precisamos absorver cada fator – deveríamos escolher cinco e focarmos neles.

Nossas opções nos definem. Do mesmo modo, empresas e organizações são definidas por suas escolhas, que falam com mais clareza que qualquer campanha publicitária. O longo Whitehall Study de Michael Marmot, professor titular da University College de Londres, sugere que é a sensação de ter opções, mais que qualquer outra coisa, que promove o bem-estar[19]. Nosso bem-estar depende da capacidade de exercer a escolha, mas ao escolher demais, o tiro acaba saindo pela culatra. O que queremos é a sensação, não a realidade de ter que escolher.

O papel da curadoria deveria ser claro. Nos mercados ocidentais, temos saturação de escolhas – seja em opções de namoro, de celulares ou de geleias. A antiga teoria dizia que isso era virtuoso: bom para nós, bom para todos. Mas os indícios sugerem que aparece uma questão bastante familiar quando a opção muda de positivo para negativo. Apresentar as seis melhores geleias, ou as seis geleias mais interessantes, leva a mais vendas que uma mesa transbordando de variedade. Pré-selecionar qual informação é importante sobre dado produto nos ajuda a tomar decisões melhores. Para falar francamente, ter geleia, hoje, significa geleia com curadoria.

A solução de Schwartz para o que ele chama de paradoxo da escolha é que nós "aprendemos a amar a restrição". Embora pensemos em restrições como algo negativo, elas podem nos auxiliar, até mesmo nos libertar. A curadoria produz essas limitações. Ela nos limita, mas de modo producente. Restrições arbitrárias e impensadas, ou os tipos de restrições provenientes da escassez, são improdutivas. A curadoria, por outro lado, nos livra da tirania das escolhas – pequenas e grandes. A curadoria nos permite focar no que interessa. Ela nos livra do fardo, mas nos traz benefícios; a seleção curatorial nos dá opções, mas opções melhores. Num mundo com escassez de tempo, ela poupa tempo. Em mercados difíceis, em que

---

19   Erin Wigger, "The Whitehall Study", *UnhealthyWork*, 22 jun. 2011, disponível em: <http://unhealthywork.org/classic-studies/the-whitehall-study/>, acesso em: maio 2019.

80 ou 90% dos produtos fracassam, a curadoria ajuda a focar no que dá certo. É por isso, por exemplo, que empresas como Procter and Gamble estão abandonando a estratégia de longo prazo de criação de produtos para focar num número menor de produtos mais bem definidos, e que a Tesco, quinta maior varejista do mundo, está reduzindo sua variedade de produtos a um terço.

Quando se trata de selecionar, a curadoria é o jeito de ter o melhor de dois mundos. Ela nos permite ter produção sem precedentes e multiplicar as opções sem o nervosismo, a confusão e a sobrecarga em nossos recursos cognitivos que as acompanham. Seleções anteriores – seleções curatoriais – são necessárias. Iyengar conclui que, se continuarmos a ampliar opções, só ficaremos mais desmotivados, tanto no nosso desejo de ver obras-primas em galerias como no de comprar alimentos para o café da manhã.

Sim: seleção é importante.

## A PLATAFORMA TEM A PALAVRA

Durante minhas conversas com curadores, um tópico sempre surgia. Curadores não são apenas selecionadores: são selecionadores competentes, ou peritos. Eles estudaram ou praticaram durante anos para construir aquele acervo de conhecimento. A curadoria que fazem baseia-se nos juízos e instintos aprimorados por uma infinidade de horas de aprendizado e imersão. O bom gosto, uma ideia difusa, mas central às seleções curatoriais, é algo cuidadosamente cultivado.

O valor da curadoria nunca está *apenas* na seleção. Está na seleção bem informada, no conhecimento que não pode ser dissimulado. É essa mestria que torna a curadoria tão significativa. Geralmente, um curador de museu terá diplomas tanto de graduação quanto de pós-graduação, complementados por passagens por museus mundo afora. Mas o fã de *blues* que cuida de um blog amador e coleciona discos antigos provavelmente passou um tempo semelhante imerso nos sons do Delta do Mississippi. Seja como for, vale a pena acompanhar as opções deles em virtude do conhecimento profundo que têm.

É mais fácil comparar quando se tem conhecimento aprofundado. Curadores sabem automaticamente quais características são importantes, quais elementos fundamentais estão em jogo e por quê. Eles separam mais rapidamente a informação irrelevante. Os peritos reduzem as opções a níveis viáveis sem hesitar. Se não tem a competência, a pessoa precisa avaliar detalhes, caso a caso, ao invés de indicar o que importa apenas com uma olhadela. Quando vai comprar o carro, o perito, decidindo entre milhares de critérios, consegue mirar instantaneamente o modelo certo, o que vai lhe poupar meses de estresse.

Mas a competência nunca é estática. Numa era de transformação tecnológica, o que significa ser um perito e o impacto que isso tem na seleção mudam. Isso não significa que as antigas virtudes do conhecimento tenham se tornado irrelevantes. Como veremos, a curadoria transpõe o novo e o velho, um complementando o outro. Mas a questão é a seguinte: na internet, a curadoria automatizada, gerada por máquinas, com base em algoritmos sofisticados e prospecção de dados, cada vez mais substitui a curadoria humana. Será que a competência subjacente à seleção curatorial está mais relacionada com codificação e projeto de *software*s do que com um entendimento mais amplo?

A resposta é sim – e não.

A Amazon é, de certa forma, o análogo livresco da Netflix. Enquanto o comércio de livros sempre esteve mais próximo do Modelo de Seleção Curatorial do que, digamos, a Blockbuster, a Amazon tem um estoque de produtos multiplicado, no mínimo, por dez: enquanto a maior loja física teria como oferecer por volta de 100 mil títulos, desde o princípio a Amazon não teve teto efetivo na variedade. A opção era ilimitada. Como sempre, isso gerou tanto problemas quanto oportunidades.

Dois dos primeiros funcionários da Amazon ilustram as inconstâncias da curadoria automatizada e da humana. Em 1997, Greg Linden tinha 24 anos e era um especialista em inteligência artificial que morava em Seattle. Ele conseguiu emprego na *start-up* local de varejo livreiro. James Marcus era crítico cultural do *Village Voice* – uma pessoa imersa no mundo da cultura livresca[20].

---

20 Discutido em George Packer, "Cheap Words: Amazon is Good for Customers. But is It Good for Books?", *The New Yorker*, 9 fev. 2014, disponível em: <http://www.newyorker.com/magazine/2014/02/17/cheap-words>, acesso em: maio 2019.

Tal como Linden, ele conseguiu um emprego na Amazon, trabalhando como editor do site. Naqueles tempos, a Amazon empregava gente para postar resenhas e fazer recomendações. Gente que, tal como Marcus, tinha formação literária. Marcus escreveu centenas de resenhas e editava a página principal, que atingia milhões de pessoas por dia. Ele tinha uma coluna chamada "Livros prediletos", com a função de encontrar público para livros que valiam a pena. Sua função era encaixar a Amazon no mundo dos livros, passar a sensação de uma livraria independente da sua cidade. Os editores tinham poder real. A curadoria deles seria tudo ou nada para os livros. "O começo da história foi que a Amazon", Linden me conta, "tinha uma voz editorial humana muito forte no início de 1997. Na época ela era apenas livraria e tinha editores e resenhistas que elaboravam a página principal, tal como as resenhas que você encontra ao entrar numa boa livraria pequena de hoje em dia."

Mas o fundador da Amazon, Jeff Bezos, era analista de fundo de investimentos e engenheiro: um homem dos números. Ele se sentia mais à vontade com métricas duras do que com a atmosfera afetada do mundo editorial de Manhattan. Conteúdo escrito, Marcus contou à *New Yorker*, era tratado como "verborreia"[21]. Bezos queria transformar a curadoria do site, desorganizada e subjetiva, à moda do Velho Mundo – a curadoria que atraíra editores como Marcus. Era um clima agitado: "A empresa era caótica e crescia rapidamente, nós mal conseguíamos dar conta", diz Linden. "Nosso trabalho consistia, acima de tudo, em tentar manter a empresa e levá-la a crescer em escala com velocidade, com fortes intenções de expandir para outras linhas (música, filmes) e para o exterior." Apesar do foco da Amazon em coleta de dados, ele me diz, "quaisquer avanços ou inovações em áreas como personalização eram projetos paralelos, totalmente sem planejamento e sem a aprovação da gerência". O pessoal da engenharia não demorou a perceber que o site crescia rápido demais para manter a abordagem prática, especializada. "Com milhões de livros no catálogo, milhões de clientes com gostos variadíssimos, daqui a pouco se abrindo para música, filmes e várias outras categorias de produtos, a aborda-

---

21  *Ibid.*

gem artesanal não se sustentaria." A Amazon sabia quais produtos as pessoas compravam. Não teria como recomendar automaticamente produtos com base nesses dados? O sonho deles, e de engenheiros como Linden, era oferecer aos clientes apenas um livro: o que eles comprariam em seguida.

De início, os sistemas eram rudimentares e não se equiparavam à curadoria humana. Se você comprasse um livro sobre culinária, só recebia mais do mesmo. Não era sutil.

Em 1998, Linden viu uma maneira de usar os dados com mais eficiência. Era o que se chamava de "filtragem colaborativa item a item". Ela só observava a relação entre produtos. A percepção de Linden foi que, se você só comparasse correlações de produtos (ignorando o histórico de aquisições do cliente) – notando que o produto $a$ geralmente era comprado com o produto $b$ – e se tivesse um conjunto de dados com a devida envergadura, o sistema poderia sugerir produtos com uma precisão impressionante. Com o devido número de correlações, seria possível supor com segurança que quase qualquer pessoa que comprasse o produto $a$ também ia querer o produto $b$. Ou seja, você teria como incluir todos os produtos. As relações já estavam estabelecidas. A filtragem notava nuances ocultas sem se distrair com justaposições inusitadas. Linden se deparara com uma nova espécie de varejo, com autocuradoria. Dentro da Amazon o processo era conhecido como "personalização" e logo passou a ter uma equipe dedicada, a P13N.

Eles fizeram os testes para comparar o sistema com o processo de recomendações humanas. O sistema ganhou disparado.

Editores não tinham como competir com algoritmos. Ao contrário dos editores, o sistema não conseguia entender *por que* um livro era desejável. Mas os dados agregados não mentiam: as correlações entre produtos eram úteis aos clientes. Há estimativas de que um terço das compras na Amazon vêm do sistema de recomendação. Os engravatados de MBA venceram os curadores da velha guarda como Marcus. Quando a bolha pontocom acabou, a maioria dos editores do site foi dispensada.

Hoje o processo de refino é constante. A Amazon não consegue depender apenas dos dados que acumula – dados envelhecem. Não é porque os produtos tinham correlação em 2001 que terão 15 ou 20 anos depois. Se as recomendações estiverem erradas, o sistema está debilitado. Por isso há o empenho de equilíbrio constante entre mobilizar dados históricos e descartar o que não for útil. A Amazon criou técnicas sofisticadas para supor a "depreciação" dos dados. A empresa tem sistemas que analisam se os gostos do consumidor mudaram e se as recomendações podem ter perdido a precisão.

Linden, que foi um dos pioneiros da curadoria automatizada, mudou o varejo para sempre. Marcus perdeu o emprego. O próprio Linden situa as recomendações como parte de uma mudança mais ampla na Amazon, mas todas essas mudanças basearam-se em automação e na evidência empírica do tráfego no site: "Os experimentos demonstraram que o conteúdo editorial poderia ser sobrepujado pelo conteúdo automático – recomendações personalizadas, listas *top N*, resenhas por *crowdsourcing* – e logo a página principal e outras páginas do site foram automatizadas".

Desde fins dos anos 1990, a curadoria automatizada, alimentada por conjuntos de dados enormes que brotaram nesse ínterim, cresceu. Empresas como Amazon e Netflix, que dominaram essa mudança, prosperaram. Enquanto isso, pesquisadores da McKinsey estimam que essa personalização aumentou a rentabilidade de cinco a oito vezes[22]. Ficou evidente que o Modelo de Seleção Curatorial seria o domínio, ao menos em parte, dos algoritmos.

Mas a história não acaba por aí. Na App Store, assim como no iBooks, no iTunes, no News e no Music, a Apple não abandonou os curadores humanos. Ao contrário, fortaleceu a área. Enquanto as grandes plataformas cresciam a todo vapor, a ascensão da curadoria acontecia na escala micro. Sites como o Boing Boing não tinham crescimento veloz baseado na aprendizagem automática, mas no gosto editorial. Curadores, individualmente, estavam formando público em milhões de nichos. Até a Amazon acabou mudando de rumo e começou a recontratar editores humanos.

No mais, outros viram a oportunidade de fazer engenharia reversa na seleção humana e transformá-la na antiga garota-propaganda da seleção automatizada. A variedade da Amazon é tão ampla que, embora os sistemas de recomendação sejam essen-

---

22 Matt Ariker *et al.*, "How Marketers Can Personalize at Scale", *Harvard Business Review*, 23 nov. 2105, disponível em: <https://hbr.org/2015/11/how-marketers-can-personalize-at-scale>, acesso em: maio 2015.

ciais, eles estão longe de esgotar o potencial de curadoria no site. A Canopy.co foi montada em torno da Amazon. Tudo à venda na Canopy é fornecido pela Amazon. Aliás, a Canopy existe em cima da Amazon – uma versão em que designers e criadores passam horas ponderando sobre cada produto. Na Amazon você compra o móvel que quiser. Na Canopy você só encontra a peça perfeita, que de outro modo estaria escondida no sistema.

"Todos nós gostávamos de comprar na Amazon", diz um dos fundadores, Brian Armstrong, quando pergunto como eles começaram. "Mas lá não encontrávamos produtos novos. O normal era ficarmos sabendo de bons produtos pelos amigos, pelo boca a boca." Na época funcionário de um estúdio de design, Brian e os outros fundadores decidiram tomar uma atitude. Montaram a Canopy para ser curadores da Amazon usando seu conhecimento de design. "Como designers de produto, sabemos da importância de ter um alto nível de qualidade para mostrar na loja", ele me diz. "A Amazon vende praticamente tudo, mas nem tudo que está no catálogo deles vale a pena."

Pergunto a Brian sobre a posição da curadoria manual num mundo de máquinas e Big Data. Vale a pena citar a íntegra da resposta que ele me deu: "Só vimos o princípio da curadoria automatizada – ainda estamos bem no início do jogo. As pessoas vêm escolhendo a dedo há milhares de anos, em casa e nas lojas, por isso a curadoria humana saiu com grande vantagem. Mesmo que esteja cada vez mais difundida, a curadoria algorítmica ainda é um problema que não se resolveu. A curadoria algorítmica com certeza ficará melhor, mas nunca terá o paladar exigente nem um ponto de vista singular. O público consegue perceber e valorizar a atenção humana que há na curadoria manual. As pessoas captam o tempo e o esforço investidos ali, da mesma maneira que se faz com um objeto bem produzido, em que se veem as impressões digitais de um designer que pensou o problema a fundo e trouxe uma solução singular. É a qualificação humana que também está por trás do apelo de bens e serviços 'artesanais'".

A Canopy voltou à Amazon de James Marcus. A resposta de Armstrong nos diz por quê. Parte do apelo da curadoria está no inconfundível toque pessoal. Uma dimensão qualitativa proveniente do estilo, bom gosto, formação ou opinião de um indivíduo, interessante e útil exatamente em decorrência de peculiaridades e noções que derivam do que torna essa pessoa singular. Curadoria tem a ver, em parte, com o que as máquinas não fazem. Voltemos à Netflix. Embora a empresa use sistemas de processamento de dados, todo filme é assistido, classificado com *tags* e revisado por um cinéfilo. Por quê? Porque eles estão avaliando aspectos como a sensação, o humor e vários outros fatores subjetivos do filme que vão além da capacidade de modelagem do *software*. Se a curadoria automatizada fosse o ápice da seleção, não haveria espaço para um site como o Canopy, ou o Boing Boing, ou o Wanelo, ou infinitas outras empresas com curadoria humana. Demitiríamos todo mundo que trabalha com *merchandising* visual. Nos livraríamos de editores de revista. Exposições de galeria poderiam entrar num app.

Mas não é o que acontece. O público ainda valoriza a experiência da livraria física, em parte por causa da curadoria feita pelos livreiros. Seleção tem a ver com encontrar o que é certo. Definir o que é "certo", em qualquer contexto, não pode se restringir à informação analisada por uma máquina. O que não quer dizer que máquinas não têm valor – elas têm, e serão parte imensa do negócio curatorial ao longo do próximo século.

Mas chegaremos ao equilíbrio.

As curadorias humana e algorítmica atuarão juntas, complementando-se. Linden, o arquiteto da seleção por algoritmos de personalização no varejo, concorda: "Na balança entre seleção algorítmica *versus* seleção humana, a resposta curta é que, com milhões de itens no catálogo e milhões de clientes, você só tem como optar pelo algoritmo. Nada mais dá conta. Nada mais ajudará no crescimento. A resposta mais longa é que os algoritmos dependem totalmente da seleção humana: são os atos humanos de comprar, olhar, procurar e resenhar que os algoritmos trazem à tona para outros humanos para que os ajudem. Ou seja, a realidade é que os algoritmos estão ajudando humanos a ajudar outros humanos, não substituindo humanos".

Com a indexação de buscas, ficamos muitos bons em encontrar aquilo que sabemos que queremos. Geralmente, isso só requer uma pesquisa rápida. Mas diante da abundância – milhões de livros, digamos – geralmente nem sabemos por onde começar. Nas palavras do analista de tecnologia Benedict Evans, "o Google é muito bom em entregar o que você procura, mas nada bom em dizer o que você quer encontrar, quanto menos aquilo que você nem sabia que queria"[23]. Se os algoritmos de busca resolveram o problema de encontrar coisas na internet, a curadoria, em suas diversas formas, é o que ajuda a tratar da última questão: para começo de conversa, o que você quer encontrar? É uma pergunta bem mais sutil e mais nuançada, que joga com nossas incertezas diante da enormidade de opções.

Quer seja realizada por máquinas ou por humanos, a curadoria vai além do "quero isto/preciso disto" e faz perguntas mais embasadas. Se você quer encontrar uma coisa, a busca é fundamental; se você quer *descobrir*, o negócio é curadoria. Essa distinção está no cerne de toda a curadoria na web e já é meio caminho andado para explicar sua potência num mundo onde consumidores estão sobrecarregados de opções.

Embora algoritmos sejam muito bons em analisar algumas coisas, são péssimos em outras. Por exemplo: algoritmos talvez consigam nos dizer que gostaríamos de assistir a um filme específico, ou mesmo se um filme tem chance de sucesso na bilheteria (há uma empresa especializada nisso, aliás) – mas não sabem nos dizer se um filme é bom[24]. Fora das correlações estatísticas, eles não sabem explicar por que vamos gostar daquele título. Eles não conseguem criar ligações aleatórias, perceber sensações tênues. O Prêmio Netflix não ofereceu notas por juízo de qualidade; não havia critério para estética ou bom gosto. Seja com livros, filmes ou o que for, para um algoritmo, tudo são dados. Ninguém tem como negar o poder dos dados – não apenas para ordenar mídias, mas, por exemplo, para encontrar trajetos no mapa, pilotar drones ou mesmo prever ataques terroristas e surtos de doenças –, mas ao mesmo tempo costumamos querer mais. Ainda não temos um algoritmo que entenda de fato o sentido além de um conjunto heurístico, que enxergue além dos dados. Diz-se que a divisão Deepmind do Google está desenvolvendo um *software* de inteligência artificial que será capaz disso (na verdade, de algo parecido com isso), mas,

---

23 Benedict Evans, "Search, Discovery and Marketing", *Search & Discovery*, 24 jun. 2015, disponível em: <http://ben-evans.com/benedictevans/2015/6/24/search-discovery-and-marketing>, acesso em: maio 2015.
24 Luke Dormehl, *The Formula: How Algorithms Solve All Our Problems... And Create More*, Nova York: Perigee, 2014.

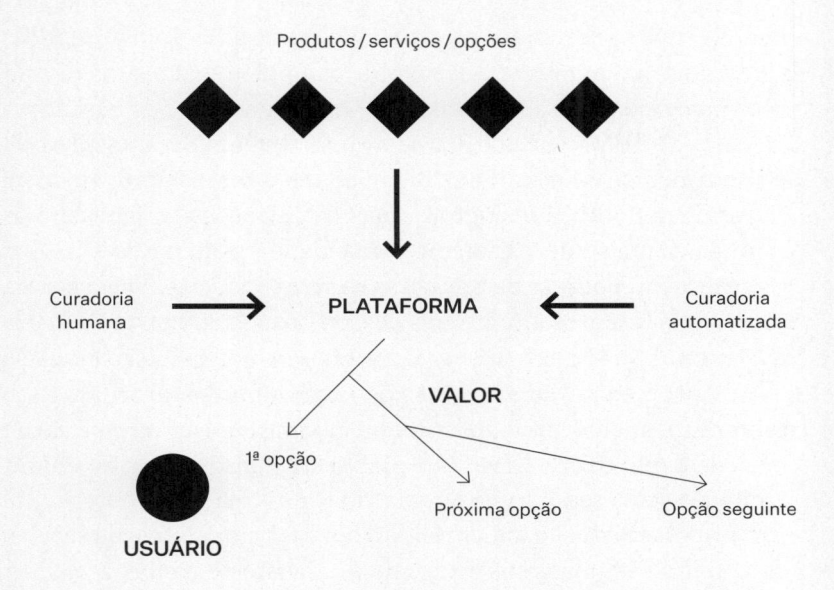

```
                    Produtos / serviços / opções
                    ◆   ◆   ◆   ◆   ◆
                              │
                              ▼
  Curadoria  ──────▶    PLATAFORMA    ◀──────  Curadoria
  humana                                        automatizada
                            VALOR
                       ╱    │    ╲
                     ↙      │      ↘
          1ª opção          │          ↘
    ●                   Próxima opção      Opção seguinte
  USUÁRIO
```

*Figura 8. Como as plataformas fazem curadoria.*

por enquanto, algoritmos não têm a riqueza de significado presente no juízo subjetivo.

Competência, portanto, não é uma questão de o antigo conhecimento dar lugar ao novo: um fortalece o outro. Na era das plataformas web como a Amazon, o processo de seleção pode ser retratado como na Figura 8.

As melhores seleções tiram o máximo proveito da curadoria humana e da curadoria automatizada para oferecer opções sob medida. É assim que o Modelo de Seleção Curatorial vai se desenvolver. É assim que vamos gerenciar a enorme proliferação de opções que está disponível e vamos reduzi-la a um número manejável. As artes dos entendidos não morreram na era da seleção algorítmica – elas foram fortalecidas.

A seleção especializada é um princípio fundamental da curadoria. Os exemplos que dei aqui são sobretudo do varejo e ilustram como a seleção se tornou essencial para consumidores sobrecarregados.

Mas eles não precisam ser do varejo. Voltando à acepção primordial de curadoria, em museus, séculos de acúmulo resultaram em coleções ingovernáveis, que precisam de filtros por parte de curadores.

Se você for passar um fim de semana em Londres, sugiro que visite o British Museum em Bloomsbury e o Museu de História Natural em South Kensington, duas das atrações turísticas mais visitadas e mais impressionantes da cidade – e do mundo. No British Museum, pode-se passar horas por trás da fachada neoclássica conferindo tesouros antigos, desde o friso do Partenon até a Pedra de Rosetta. No total, o British Museum tem uma exibição fabulosa de 80 mil objetos. Mais do que se pode ver numa só tarde. Mas isso representa apenas 1% do patrimônio do museu. De sua coleção de mais de 8 milhões de itens, boa parte está guardada em 194 almoxarifados sob a sede, o que levaria vidas inteiras para conferir. Tal como nossa produção industrial, é a herança cumulativa de séculos de trabalho (e pilhagens). Curadores, peritos em suas áreas, reduzem esses 8 milhões a 80 mil – e depois, aos oitenta objetos que julgam que deveríamos conferir.

Ao chegar sob as torres neogóticas do Museu de História Natural, você se depara, além dos dinossauros, com um processo de seleção ainda mais extraordinário. As coleções de biologia e geociências do Museu de História Natural somam mais de 80 milhões de itens, incluindo uma lula-gigante, espécies de insetos extintas, registros da viagem de Darwin no *Beagle* e mais de 5 mil meteoritos. Há 7 milhões de fósseis, alguns datados de 3,5 bilhões de anos. O mais importante é que o museu guarda mais de 850 mil espécimes "típicos" – o primeiro exemplar identificado de uma espécie e seu ponto de referência daí em diante. Embora alguns espécimes sejam escolhas automáticas, a curadoria dessa imensa coleção exige um enorme processo de seleção, desempenhado por especialistas de renome mundial. Depois de passar um dia nas galerias, pode-se ter uma noção de sua escala e missão.

É claro que tanto o Museu de História Natural quanto o British Museum fazem bem mais que apenas selecionar objetos para expor, assim como a Amazon não se limita a ajudar você a escolher seu próximo livro. Mas, sem seleção séria, tanto a Netflix quanto o Museu de História Natural estariam sobrecarregados há muito tempo só pela quantidade de material que têm. Ambos fazem curadoria, selecionam, escolhem. Como instituições, eles extraem um valor enorme de seu vasto patrimônio. Mas não o fariam se não houvesse um processo experiente e extenso de seleção por trás de tudo. A chance de encontrar aquela peça obrigatória, ou aquele espécime extraordinário, seria infinitamente pequena.

Os mostruários, por sua vez, passam por curadoria e, por esse motivo e por serem selecionados, nos ajudam a navegar pelas coleções. Eles lidam com a superabundância, fazendo-a funcionar a seu favor. Como afirmou o matemático Augustus de Morgan no século XIX: "Pense na biblioteca do British Museum... que chance uma obra tem de se tornar conhecida apenas por estar lá? Caso alguém a queira, pode pedi-la; mas, para que seja requisitada, precisa ser conhecida". Seleção é a diferença entre conhecido e desconhecido, sobrecarga e equilíbrio, caos e valor. Em poucas palavras, quanto mais tivermos em determinada área, mais precisamos da seleção para esse total ser manejável.

Em virtude do crescimento da produtividade e, consequentemente, das opções, há muitas instâncias em que o Modelo de Seleção Industrial está passando por dificuldades. Selecionar deixou de ser uma necessidade comercial sem graça, e passou a ser um argumento de venda importante por si só. Quando isso acontece, passamos ao Modelo de Seleção Curatorial, que oferece opções igualmente mais amplas e mais sob medida, agora, em grande parte, não apenas de museus, mas do ambiente mais vasto de varejo e negócios. Se formos sobrecarregados por muitas opções, a seleção curatorial doma a sobrecarga.

A seleção pode ser um princípio central da curadoria. Mas, como qualquer curador lhe dirá, a seleção ainda é apenas o começo.

## ARRANJO

Um lamento geral se espalhou pelo campus do MIT quando a equipe de demolição entrou. Era o fim de uma era. Frank Gehry, estrela da arquitetura, projetara o novo Stata Center – uma instalação de pesquisa de ponta desenvolvida para traçar a trajetória do MIT no século XXI, com orçamento de 300 milhões de dólares. Investido do estilo marcante de Gehry – janelas salientes e uma mistura de ângulos conflitantes e planos pontiagudos –, o prédio foi descrito por seu arquiteto como uma festa de robôs bêbados reunidos para comemorar. O Stata Center devia mudar a maneira como as pessoas trabalhavam. Ao combinar diferentes disciplinas e laboratórios, a ideia era que ali seriam criadas novas formas de conhecimento. Ao dispor os escritórios, departamentos e espaços de pesquisa de maneira aberta e fluida, seria gerado um novo tipo de pensamento. Ele seria "hackeável", "pós-disciplinar"; inovador por dentro e por fora.

A ironia, e o motivo por trás do lamento geral, era que o prédio que o Stata Center substituiu já fizera tudo isso. O Prédio 20, o bloco longo e possante que até então ocupava aquele espaço, tinha a reputação de ser o espaço mais inovador do planeta. Apelidado de "incubadora mágica", ele demonstrava que às vezes um arranjo diferente era tudo o que bastava.

O Prédio 20, ou Vassar Road nº 18, nunca ganhou nome oficial porque nunca foi feito para durar. Levantado às pressas em 1943, no auge da Segunda Guerra Mundial, ele foi projetado, supostamente numa tarde, para abrigar o Rad Lab – um laboratório de radares que ajudaria os Aliados a identificar aviões nazistas. Espaçosa em seus 25 mil metros quadrados, a estrutura tinha três andares de madeira raquítica (por esse motivo era temporário – os regulamentos de segurança contra incêndio do município não permitiam prédios de madeira com esse tamanho). No auge, o prédio abrigou por volta de 4 mil pesquisadores de radares. O Rad Lab desenvolveu radares não apenas para aviões, mas também para navegação, para estudar meteorologia e para avistar submarinos. Em 1945, o Departamento de Defesa afirmou que o trabalho ali desenvolvido levaria 25 anos em tempos de paz. Assim como outros centros de pesquisa da Segunda Guerra, como Oak Ridge ou Los Alamos, ele continha um misto curioso de personalidades e disciplinas, de matemática, ciência e tecnologia, empiristas e teóricos misturados de qualquer jeito. É justo dizer que, se o radar não foi inventado no Prédio 20, ele foi aperfeiçoado ali.

Depois da guerra, o Prédio 20 estava programado para demolição. Mas apesar – ou por causa – de sua estrutura improvisada, ele se tornou uma das construções mais icônicas não apenas do *campus* do MIT, mas da pesquisa em geral. Depois da guerra, ele passou a abrigar vários departamentos do MIT. Não demoraria para essa mistura de desajustados mudar o mundo.

O primeiro laboratório de pesquisa interdisciplinar no MIT, o Laboratório de Pesquisa em Eletrônica, foi fundado no Prédio 20. Noam Chomsky começou sua pesquisa sobre a estrutura da linguística ali, baseando-se em áreas tão diversas quanto biologia e ciência da computação. A oficina do MIT foi realocada para lá, assim como um acelerador de partículas. Foi lá que Harold Edgerton criou a fotografia subaquática. Os primeiros *hackers*, integrantes do clube Tech Model Railroad, com base na Ala E, encontraram ali seu lar. Empresas como a Digital Equipment Corporation, que já foi uma das principais fabricantes de computadores do mundo, formaram-se ali. A ciência nuclear, o controle de sistemas, a nova eletrônica, a tecnologia acústica avançada (Amar Bose, fundador da fabricante de equipamentos de áudio Bose, brincava ali com alto-falantes), o primeiro relógio atômico e a física de micro-ondas foram incubados naquele espaço. Na Ala C, as paredes foram pintadas com murais chocantes para testar os efeitos do LSD. Havia até uma sala para conserto de pianos.

O Prédio 20 era, em muitos sentidos, inadequado. Feio, inexpressivo e frio, faltava a ele o conforto dos prédios modernos. A umidade lhe rendia cheiro de mofo. Era escuro por dentro. Ele não tinha uma identidade disciplinar. Mas funcionava. Por quê?

Por ser precário e por ter os dias contados, o Prédio 20 era, ao contrário de uma estrutura de tijolos permanente, infinita e facilmente adaptável. Caso se quisesse derrubar uma parede, era só derrubar. Caso se desejasse mais altura, era só tirar o teto. Caso se quisesse conversar com alguém no salão de entrada – praticamente não havia salões de entrada. As pessoas se encontravam de outras maneiras. Não havia sequência evidente na numeração de salas e alas, ou seja, todos se perdiam. Como era um espaço horizontal, ao se perder, a pessoa passava por novos colegas em potencial. Os grupos podiam formar-se e compartilhar informação de formas impossíveis nos escritórios e laboratórios segregados que caracterizavam a maioria dos prédios de pesquisa da época. Departamentos, grupos de pesquisa e esquisitões de todo o *campus* vinham ao Prédio 20 porque não havia outro lugar para ir. Assim que começavam a conversar e pensar juntos, derrubavam paredes.

embarcavam em projetos conjuntos de áreas que até então nunca alguém pensara em combinar. No Prédio 20, estavam livres – livres para mudar o prédio e livres para pensar diferente.

A maioria dos prédios e escritórios restringe o rearranjo. Eles definem as configurações de trabalho literalmente na pedra. Alguns prédios, como depósitos e fábricas antigas, fazem o oposto. Eles permitem um constante rearranjo. É o que os torna mais duráveis e adaptáveis e explica por que, em cidades de todo o mundo, esses espaços que ficaram abandonados se tornaram tão desejáveis. Com sua capacidade inerente de reconfiguração produtiva do espaço, ao contrário da maioria dos escritórios dos anos 1950 cheios de paredes e elevadores, eles saltaram da revolução industrial à digital sem nenhum esforço.

Um comunicado à imprensa do museu do MIT, de 1978, deixa bem claro:

> A flexibilidade incomum tornou o prédio ideal para espaços laboratoriais e de experimentação. Construído para suportar cargas pesadas e construção com madeira, ele possibilitava um uso do espaço que acomodava a ampliação do ambiente de trabalho no sentido horizontal ou vertical. Até o telhado foi usado para estruturas provisórias, que abrigavam equipamentos ou testavam instrumentos. Embora o Prédio 20 tenha sido construído com o objetivo de ser derrubado após o fim da Segunda Guerra Mundial, ele se manteve nestes 35 anos atendendo a uma função especial e conquistando sua própria história e anedotário. Sem ficar limitado a uma só faculdade, departamento ou centro, parece que ele sempre foi espaço para o projeto inicial, para o experimento do pós-graduado, o centro de pesquisa interdisciplinar[25].

O Prédio 20 abalou o reino dos programas de pesquisa planejados, pensados de cima para baixo. Quer pesquisar? Construa um prédio, contrate a equipe, trabalhe. Um processo linear, de acréscimo. O Prédio 20, por sua vez, tomava ativos já existentes da universidade e permitia que eles se rearranjassem de forma flexível. Não era um processo de acréscimo, mas de recombinação. Ao dispor os

---

25 Citado em Stewart Brand, *How Buildings Learn: What Happens After They're Built*, Londres: Phoenix, 1994.

espaços de trabalho de outra forma, o MIT mobilizou mais valor geral do que praticamente qualquer programa de pesquisa na história. Ao criar um espaço capaz de rearranjar não apenas a si próprio mas também às disciplinas e grupos de pesquisa que abrigava, o Stata Center apenas imitava o prédio antigo.

Versados nessas lições, arquitetos e projetistas de escritórios passaram a abordar o arranjo de espaços de outra maneira. Quando a Pixar precisou de uma nova sede, Steve Jobs insistiu que ela teria que unir as pessoas[26]. A mistura de criadores, artistas e tecnólogos, a mistura de mentes, e não apenas contratações a esmo, é o que faria da Pixar um sucesso. Os mesmos princípios estão presentes em novos laboratórios como o Crick Institute de Londres, um instituto de pesquisa médica orçado em 1 bilhão de dólares. Tanto a Pixar quanto o Crick foram construídos em torno de átrios grandes e abertos, pensados para facilitar encontros ao acaso e fomentar relações internas. Eles têm escadarias e pontes abertas, com vários pontos de encontro casual que favorecem conversas fortuitas, "espaços epidêmicos", entradas que todo mundo usa, passagens das galerias em torno do espaço central. Na Pixar, as caixas de correio, o refeitório, a loja de presentes e, o mais importante de tudo, os banheiros, foram todos dispostos no átrio, o que obriga as pessoas a irem até lá. Não há como evitar de ver os colegas, mesmo que se queira. Empresas da área de tecnologia, como Airbnb e Facebook, atualmente projetam suas sedes seguindo esse padrão.

As conexões físicas ainda importam. Nossa interação com o espaço depende de seu arranjo. Depois de processar os dados de vários artigos científicos, Issac Kohane, pesquisador da Harvard Medical School, descobriu que os coautores dos artigos mais citados geralmente trabalhavam a dez metros de distância. Os autores dos menos citados costumavam estar a um quilômetro de distância[27]. Os prédios que realmente funcionam, como o Prédio 20, são os que misturam gente e ideias da melhor maneira possível. Em resumo,

---

26 Ed Catmull e Amy Wallace, *Creativity, Inc.: Overcoming the Unseen Forces That Stand in the Way of True Inspiration*, Londres: Bantam Press, 2014 [ed. bras.: *Criatividade S.A.*, trad. Nivaldo Montingelli Jr., Rio de Janeiro: Rocco, 2014].
27 Mencionado em Jonah Lehrer, "Groupthink: The Brainstorming Myth", *The New Yorker*, 22 jan. 2012, disponível em: <http://www.newyorker.com/magazine/2012/01/30/groupthink>, acesso em: maio 2019.

uma simples questão de arranjo pode mudar tudo. O MIT não precisa do Stata Center para mudar o mundo. Ele só precisava da liberdade e do autoarranjo do Prédio 20.

Se o aspecto central da curadoria é selecionar, o que fazemos com essa seleção – como a dispomos, organizamos, expomos, justapomos e ordenamos – é absolutamente crucial. Como sugere o Prédio 20, algumas formas de arranjo ou organização são mais producentes que outras – às vezes, por ordem de magnitude. No mundo sobrecarregado, em vez de acrescentar de incremento em incremento, talvez devêssemos reexplorar o que já temos e usar melhor. Entender essa recombinação pode ser recriar. Ver e prolongar padrões existentes, amplificá-los e alterá-los geralmente é uma abordagem mais sensata e mais valiosa do que criar mais. Talvez não precisemos de um prédio novo – basta usar o que temos de forma mais inteligente.

Como diz a curadora *on-line* Maria Popova: "A arte da curadoria não tem a ver com cada conteúdo existente, mas com a maneira como cada conteúdo se encaixa, que histórias eles contam ao serem colocados lado a lado, e o que o contexto que eles criam diz a respeito da cultura e do mundo em geral"[28]. Isso, afirma ela, é um processo de "reconhecimento de padrões". Ver como as coisas se encaixam, entender conexões (que se multiplicam num ambiente em rede), mas também – o que é crucial – criar novas conexões ao recombiná-las, é um aspecto de suma importância na curadoria.

O sucesso do Prédio 20 deveu-se a relações entre pessoas e ideias. Ao dispô-las e permitir que elas se combinassem de maneiras inéditas, até então impensadas, produziu-se mais que a soma de suas partes – embora, ao contrário da curadoria, de modo aleatório. Percebemos isso até no nível das relações individuais. O Prédio 20 estava repleto de pessoas incentivando-se reciprocamente, nos chamados "pares criativos"[29]. Relações como a que existiu entre Noam Chomsky e Morris Halles transformaram profundamente ao menos um aspecto do conhecimento, talvez muitos mais. É esse

---

28 Citado em Chris Allison, "The Art of Curation: An Interview with Maria Popova from BrainPickings" *Nebo Agency*, 20 abr. 2010, disponível em: <http://www.neboagency.com/blog/art-curation-interview-maria-popova/>, acesso em: maio 2019.
29 Joshua Wolf Shenk, *Powers of Two: Finding the Essence of Innovation in Creative Pairs*, Londres: John Murray, 2014.

o poder do par criativo, seja na música (Lennon e McCartney), na ciência (Marie e Pierre Curie), nos negócios (Charlie Munger e Warren Buffett) ou na tecnologia (Larry Page e Sergey Brin), uma espécie de relação cujo impacto é imenso.

A vida põe essas coisas no seu lugar. A curadoria as cultiva até virem a existir. O arranjo, e por conseguinte a curadoria, significa transformar o impacto das relações – não apenas entre pessoas, mas entre imagens, palavras, ideias, produtos no supermercado, objetos históricos, o que for. Curadores encontram e estabelecem relações. São casamenteiros, contrastadores, socializadores, identificadores e produtores de padrões – pessoas capazes de ver, entender e interpretar a *gestalt* e, ao fazer isso, criar uma nova.

Depois de selecionar, a pergunta passa a ser outra – o que fazer com essas seleções? Como dispor? Como garantir que teremos o Prédio 20? Como tirar o máximo do que já se tem? O que se desenvolve junto à seleção faz toda a diferença.

## SOMA DAS PARTES

Se os supermercados nos ensinam seleção, também nos falam do poder do arranjo. Brian Wansink, da Universidade Cornell, passou anos estudando o comportamento do consumidor e como nos alimentamos. Suas pesquisas mostram como simples questões de arranjo têm influência extraordinária. Num dos experimentos, ele quis incentivar os alunos a se alimentar de forma mais saudável na cantina da faculdade[30]. Mudar hábitos arraigados é difícil. Os alunos sabiam o que queriam e não eram legumes. Em vez de fazer isso do modo tradicional – mudando o cardápio –, ele queria obter o mesmo efeito simplesmente mudando o arranjo da cantina.

Wansink passou os brócolis para o início da fila. A primeira coisa que os alunos viam deixou de ser *fast-food*. As frutas saíram de recipientes funcionais e foram deixadas num cesto de madeira, mais convidativo. O *buffet* de saladas ficou na frente dos caixas, passando a ter mais destaque, algo que não havia como evitar. O *freezer* de sorvete passou de transparente e convidativo a opaco.

---

30  Phil Barden, *Decoded: The Science Behind Why We Buy*, Chichester: Wiley, 2013.

Comprar sobremesas ricas em açúcar se tornou mais complexo, que exigia cômputos extras. Wansink não havia acrescentado nada, a comida oferecida era a mesma, mas ele mudou o arranjo do processo. Os resultados foram evidentes.

O consumo de brócolis aumentou entre 10 e 15%. As vendas de frutas no cesto de madeira duplicaram. As vendas de salada triplicaram. A porcentagem de alunos que comprava sorvete caiu de 30 para 14%. No geral, a composição das refeições ficou muito mais saudável[31]. O arranjo, sem qualquer outro incentivo, levou a uma alimentação saudável. Wansink estudou outras situações em que a apresentação e o arranjo afetam a relação que temos com a comida. Por exemplo: ficamos saciados mais rápido comendo com pratos pequenos, pois o prato pequeno molda a expectativa para acharmos que comemos o bastante. Até a cor do prato muda a maneira como comemos.

Além de nos dar lições sobre escolhas e seleção, as ciências comportamentais também nos ensinam que arranjos moldam nosso comportamento e o funcionamento de um negócio. Pequenas dicas ou formas de organizar têm consequências notáveis. Faz algum tempo que os supermercados sabem disso. Por isso deixam chocolates no caixa e suas próprias marcas no nível dos olhos. Por isso frutas e legumes costumam ficar perto da entrada. Eles perceberam que mudar o arranjo na loja era mais importante que construir mais lojas. Com risco menor e retorno maior, padronização e *merchandising* passaram a ser uma estratégia fundamental.

Os modelos de negócios antigos eram da expansão feita sem critério algum. Agora a questão era fazer com que os ativos funcionassem com mais inteligência. Tal como no MIT, os supermercados entenderam que dispunham de uma fonte de valor potencialmente muito rica. O que não significa que eles deixaram de buscar o crescimento linear – a maioria tentou e agora atravessam turbulências. Eles buscaram ambas, mas atualmente, em circunstâncias mais arriscadas, trabalhar ao máximo o arranjo será fundamental para ter perspectivas de futuro. Praticamente todo posicionamento dos produtos nos supermercados baseia-se nessas percepções.

---

31  *Ibid.*

Ao notar que consumidores britânicos bebiam bem menos coquetéis que os norte-americanos, a Sainsbury's, segunda ou terceira maior rede de supermercados do Reino Unido, fez uma parceria com a Diageo, gigante das bebidas. Nos supermercados britânicos, guarnições como limão ficavam numa ponta da loja e destilados em outra. Os consumidores não pensavam em coquetéis porque os ingredientes ficavam dispersos. Quando a pessoa chegava aos destilados, não queria fazer todo o percurso para voltar ao limão. Ao inserir um novo espaço na seção de destilados para vender gelo, frutas e *mixers*, eles elevaram as vendas de destilados em 9%[32]. Produtos complementares puderam complementar-se.

A Unilever estava decepcionada com as vendas da marca Peperami. Depois de garantir espaço ao lado do caixa, eles esperavam que venderiam. Não deu certo. Então, a Unilever descobriu que as vendas de Peperami aumentavam quando o produto ficava na seção de aperitivos frios. O fato de ele não precisar de refrigeração deveria ser uma vantagem, mas, para os consumidores, aperitivos com carne deveriam ficar na geladeira, e por isso, fora do contexto esperado, eles não compravam nem notavam a presença do Peperami. Qualquer pessoa no mercado de FMCG (bens de consumo de giro rápido) terá uma história parecida para contar.

O modo como as coisas compõem sequências e o modo como são enquadradas influenciam nossas decisões. Se estamos com fome e vemos brócolis antes de outras coisas, queremos brócolis. Se maçãs parecem mais apetitosas dentro do cesto, queremos maçãs.

A ciência da decisão costuma basear-se em disposições – e essa é uma ferramenta fundamental para guiar pessoas em contextos de sobrecarga. O princípio aqui é conhecido como enquadramento. Não abordamos as coisas com neutralidade. Tudo aquilo com que nos deparamos e que sentimos é, de uma forma ou de outra, moldado pelo que está ao redor. Nosso comportamento e o modo como entendemos o mundo são resultantes de como o mundo é moldado para nós. Quando os pratos são menores, eles enquadram o tamanho da porção para nos fazer comer menos. Quando a fruta aparece numa bela travessa, sua moldura, contexto e situação fazem-nos querer comê-la.

---

32 Ibid.

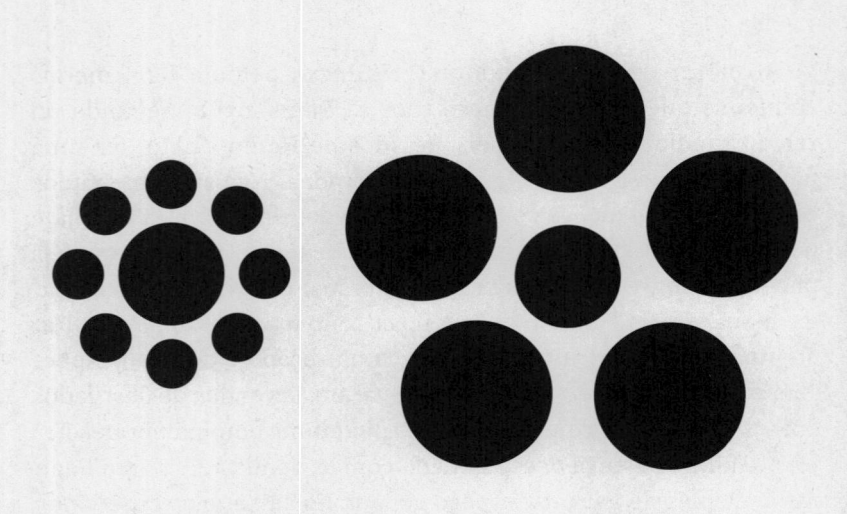

**Figura 9.** *Qual ponto central é maior?*

A Figura 9 ilustra como essa questão é simples, mas contundente. Ao ver os dois pontos centrais, a maioria imediatamente afirma que o ponto central da esquerda é maior que o da direita. Mas claro que não é. Eles são do mesmo tamanho. Nosso cérebro processa o tamanho dos círculos centrais em contraste com os círculos ao redor. É esse contraste, esse enquadramento, que nos faz julgar o tamanho. Isso vale também para propriedades como cor – a cor parece mudar dependendo de quais cores aparecem ao seu redor.

É por isso que gastamos uma dinheirama em garrafas de água mineral com formato esquisito. E por isso que gastamos ainda mais numa garrafa de vidro de água mineral com letras grandes. O produto é o mesmo, mas o enquadramento – a embalagem, no caso – molda nossa expectativa. Os ilusionistas Penn e Teller, certa vez, montaram um espetáculo chamado *Bullshit!* [Papo furado]. Uma das atrações era um passeio que eles fizeram por Nova York testando garrafinhas d'água no qual descobriram que, num "teste de sabor" de água, 75% das pessoas prefeririam o gosto refinadíssimo da... água da torneira. Fizeram o mesmo truque num restaurante fino, usando nomes chiques, benefícios teóricos à saúde e um "garçom da água" exclusivo. Era, mais uma vez, água da torneira. Somos uns otários. Se o produto for enquadrado do jeito certo, nos dispomos a pagar milhares de vezes mais por ele.

Como os círculos demonstram, enquadrar está longe de ser algo limitado a transações comerciais – tudo, desde nossas relações cotidianas até os desafios mais complicados da vida, é enquadrado, e esse enquadramento molda nossa maneira de lidar com tudo isso.

Um aspecto do enquadramento, mais uma vez discutido por cientistas e economistas comportamentais (Kahneman e Tversky são os principais), é a ancoragem. Se entrarmos num supermercado barateiro e virmos um pão à venda por 2 libras esterlinas, o acharemos caro se comparado aos pães ao redor, que custam 1 libra. Aqueles pães baratos enquadram o de 2 libras e, ao serem vendidos por metade do preço, "ancoram" nossas expectativas quanto ao custo do pão no nível mais baixo. De modo similar, se entrarmos na padaria "artesanal" mais próxima, aquele pão de 2 libras vai parecer barato perto do que leva fermento natural e sai por 5 libras. A ancoragem de nossas expectativas subiu. É por isso que, numa negociação, os que chegam primeiro levam vantagem – eles ancoram as expectativas sobre o acordo final.

O preço, tanto quanto qualquer processo racional ou ideia de "valor real", depende do contexto. O valor acumula por contraste, por comparação imediata; está implícito em certos contextos e enquadramentos, não está dado. Ao mudar o enquadramento, muda-se a proposição de valor.

A curadoria utiliza todas essas técnicas. Obras do século XX, de um artista como Matisse, podem parecer radicais, ousadas e anticonvencionais quando são apresentadas numa galeria de obras-primas do Renascimento. Elas se destacam e quebram as regras. Mas se os mesmos Matisses forem colocados numa sala cheia de vitrinas de Damien Hirst ou ao lado de uma performance de Marina Abramović, eles começam a parecer muito tradicionais. Ainda são pinturas, ainda retratam a forma humana. Os curadores jogam com esses efeitos, contrastando obras, moldando e perturbando nossas expectativas. Assim como preço e valor são produtos do enquadramento e da ancoragem, a vanguarda é uma expressão de arranjo. Nenhuma arte é vanguarda, do mesmo modo que nenhuma garrafa de água mineral *vale* 20 dólares; nos dois casos, o contexto comunica a propriedade.

De Denon no Louvre até Bode e Hultén, os curadores não apenas selecionam quais obras expor: eles também as penduram, ajudando a explicar e valorizar a obra ou desafiar e provocar o observador. Se a neurociência e a economia comportamental já são bem conhecidas, a relação que elas têm com a prática curatorial ainda não é tão discutida. As mesmas técnicas estão presentes no trabalho de Wansink e no de Hans Ulrich Obrist. Não falamos muito sobre curadoria de supermercado porque parece ridículo. Mas ambos usam o arranjo para alcançar metas determinadas. Enquanto o curador de arte pode, digamos, mudar nossa opinião sobre um aspecto da cultura visual, uma loja pode nos levar a comprar mais feijão em lata; ambos alcançam isso por meio do enquadramento.

Enquadramentos são potentes porque sua existência nem sempre nos é clara. Ao se dirigir para a cantina da faculdade, a maioria dos estudantes não pensou na maneira como a comida estaria apresentada. Eles estavam com fome e encheram o prato com o que parecia mais fácil. Se não formos peritos sérios, tenderemos a não pensar na maneira como as pinturas estão penduradas na exposição – limitamo-nos a aceitar o que está lá. E não pensamos no modo como as empresas nos conduzem a suas lojas, ou nas técnicas cada vez mais sofisticadas de marketing que jogam com tais percepções.

Um estudo realizado pela Universidade de Newcastle mostra como isso funciona[33]. A partir de uma amostra aleatória de alunos, os pesquisadores queriam ver se eles depositariam dinheiro numa "caixinha da honestidade" ao pegar chá ou café. Os alunos receberam e-mails lembrando-os de pagar e havia um aviso a postos para relembrá-los. Em semanas alternadas, os pesquisadores trocavam o cartaz pendurado na sala – uma imagem de controle ou um par de olhos. Era muito sutil: nos dois casos, havia apenas uma imagem fotocopiada. Ninguém, de fato, ficava por perto vigiando. Mas, nas semanas em que o cartaz trazia a imagem dos olhos, eram recolhidos em média 2,76 vezes mais pagamentos do que na presença da imagem de controle. O estudo concluiu que "as imagens exerciam na percepção dos participantes um efeito automático e inconsciente de que estavam sendo observados". Em outras palavras, mesmo que

---

33 Melissa Bateson, Daniel Nettle e Gilbert Roberts, "Cues of being watched enhance cooperation in a real-world setting", *Biology Letters*, The Royal Society, 2006.

os alunos não tivessem consciência dos olhos na sala, o cartaz alterava seu comportamento ao reenquadrar uma atividade privada como se fosse pública. Seja numa loja de roupas, num cruzeiro ou num livro escolar, nossa experiência é condicionada por molduras cuidadosamente construídas, cuja existência nos passa despercebida. Quanto mais entendermos como isso funciona, melhor poderemos entender nossas interações com o mundo.

Disposições nunca são *apenas* pano de fundo. Ou melhor: o pano de fundo cria o primeiro plano. A maneira como as coisas são dispostas muda nossas atitudes. Ela nos leva a comer de outra maneira, a gastar mais dinheiro ou a ver a arte com outros olhos. No MIT, uma nova abordagem da pesquisa produziu revoluções na ciência e na tecnologia.

Tal como a seleção é o contrapeso óbvio para a sobrecarga de escolhas, o arranjo e a padronização tiram o máximo proveito do que já temos. Curadores arranjam, enquadram, criam contexto através do contraste. Graças aos resultados da Expansão Prolongada, num mundo sobrecarregado, e devido a certas propriedades profundas do nosso cérebro, selecionar e arranjar são uma maneira de reinventar nossa cultura, nossa mídia e nossos negócios para o século XXI.

Portanto, arranjo não é apenas para floristas ou compositores. É uma das ferramentas mais poderosas de que dispomos.

## ARRANJOS ASTUCIOSOS

Durante a maior parte da história humana, a informação registrada foi escassa. Na antiga Mesopotâmia, isso mudou com o advento de uma tecnologia revolucionária, utilizada para registrar dívidas: a escrita. A disponibilidade crescente de informação é uma das vigas mestras da Expansão Prolongada e chave para a sobrecarga pela qual passamos atualmente. Do princípio da abundância textual na esteira da prensa de Gutenberg até sua concretização plena nas grandes gráficas e na mídia de massa do século XX, culminando na abundância sem precedentes da era digital, a informação tornou-se mais difusa e disponível praticamente a cada um dos últimos quinhentos anos. Em tempos recentes, graças à adoção em massa de mídias digitais como *smartphones*, isso se tornou verdade numa escala impressionante.

A sobrecarga de informação é algo que se aceita normalmente. A pergunta não é se ela existe (dado que nosso cérebro consciente consegue processar algo em torno de 60 bits por vez e a quantidade de informação disponível hoje tem tal magnitude que, em 2011, cada norte-americano consumiu o equivalente a 175 jornais por dia[34]) mas, sim, qual a melhor maneira de lidar com a sobrecarga. Informação é uma coisa boa; a questão é garantir que ela continue a sê-lo numa era de sobrecarga. A seleção, é claro, será muito relevante nesse aspecto. Escolher a informação certa, a peça crítica no quebra-cabeça que faz a diferença entre lucro e prejuízo, vitória e derrota, tem enorme significado. Mas a seleção, por si só, não é suficiente. A maneira de organizar a informação também é importante. À medida que ela se tornou abundante, a necessidade de organizá-la passou a ser premente.

Hoje existe uma indústria inteira dedicada à apresentação, ao visual e à organização de dados. Designers de informação criam novas maneiras de nos apresentar a informação. Cientistas de dados ajudam a processar pacotes de dados de modo a gerar entendimentos aplicáveis. O modo como arranjamos e consumimos informação tornou-se um grande negócio. Mas essa indústria é mais antiga do que imaginamos.

Charles Joseph Minard (1781-1870), de Dijon, França, foi um dos primeiros a aperfeiçoar a visualização de dados: a arte de representar o mundo em abstrato. Engenheiro civil, ele mudou a forma como enxergamos a informação – e, portanto, como entendemos o mundo. Com uma longa carreira dedicada à construção de pontes e represas, ele abordava a informação do mesmo modo, como fluxos que podiam ser representados visualmente. Sua imagem intitulada *Carte figurative des pertes successives en hommes de l'Armée Française dans la campagne de Russie 1812-1813* (ver Figura 10) foi considerada o melhor gráfico estatístico de todos os tempos por designers de informação atuais[35].

O mapa de Minard retrata a desastrosa campanha russa de Napoleão em 1812. A Grande Armée partiu para Moscou como uma

---

34 Daniel J. Levitin, *The Organized Mind*, op. cit. p. 6.
35 As imagens de Minard estão disponíveis em: <http://www.edwardtufte.com/tufte/posters> e <http://www.edwardtufte.com/tufte/minard>, acesso em: maio 2019.

das maiores e mais bem-sucedidas forças já constituídas – 442 mil homens, com uma sucessão de vitórias famosas atrás de si. As nações caíam aos pés de Napoleão à medida que sua atenção se voltava para a vasta potência no flanco oriental da Europa. Seria sua coroação. Mas aí, a história interveio: o inverno russo, o tamanho descomunal do país, o enorme exército russo e a política de terra arrasada transformaram a invasão numa derrota de proporções épicas.

O mapa de Minard deixa bem clara a escala da catástrofe de Napoleão. A faixa mais clara representa o exército, numericamente, rumando para o leste. À medida que fica mais fina, mostra-se a drástica redução do contingente. A faixa preta é a retirada de Moscou devido ao inverno russo. No total, o mapa condensa, numa imagem simples e de duas dimensões, seis métricas: o tamanho numérico do exército; a distância e a rota que percorreram; a temperatura; latitude e longitude; e a localização por data, incluindo cidades e características geográficas. Quando tomaram as ruínas abandonadas, ainda fumegantes, de Moscou, as forças de Napoleão estavam reduzidas a 100 mil homens. Quando deixaram a Rússia, eram 10 mil. Em dado momento, a linha preta abruptamente se reduz à metade: quando o exército é atacado ao cruzar o rio Berezina. Perderam-se mais de 20 mil soldados.

Entender a escala do que aconteceu com a Grande Armée é difícil. Muitos na França ficaram chocados, debatendo-se durante anos para compreender a calamidade histórica dessa força aparentemente invencível. Ela envolve números e distâncias imensas, que transcorrem ao longo de um prazo extenso. Os pontos de aferição são vários, é difícil dar conta de todos ao mesmo tempo. A complexidade da guerra, tanto ontem quanto hoje, é desafiadora. Ao organizar a informação graficamente – e é, de fato, um arranjo –, Minard revelou o desastre com extraordinária clareza. Basta um relance para nos levar a compreender. Tabelas de dados seriam uma sobrecarga de informação; uma imagem bem-executada é aperfeiçoamento de informação. Organizar a informação muda nossa maneira de ver o mundo; molda nossa compreensão, aprofunda nossa experiência, revela tendências e inclinações que de outro modo deixaríamos passar. Minard não era artista no sentido tradicional. Ele fazia arranjo de dados.

Aquilo em que Minard (e outros) foram pioneiros no século XIX agora passou a ser rotina. Os jornais têm departamentos inteiros cuja função é produzir diagramas como esse. Empresas de informação trabalham com clientes corporativos para produzir gráficos, animações e vídeos para ajudá-los a entender a si próprios, resumindo a confusão dos negócios modernos em pacotes digeríveis. Já trabalhei com animadores cuja especialidade é a comunicação interna das grandes empresas –as organizações multinacionais, com suas múltiplas camadas, são tão complexas que precisam ser reinterpretadas graficamente para os próprios executivos. Quem trabalhou numa organização de certo porte poderá atestar a natureza sufocante das estruturas corporativas. Gerentes de projeto criam diagramas de Gantt ou usam ferramentas como o Trello para mapear e dispor os fluxos de trabalho. Projetos complexos que empregam vários funcionários, dependências e processos ficam visíveis a partir do arranjo visual claro. Visualizar (e organizar) dados em todos os sentidos é uma parte imensa do nosso mundo, desde a Classificação Decimal de Dewey às ontologias de programação de computador.

Se há uma empresa que exemplifica essa tendência é o Google, o negócio da informação *par excellence*. Dada sua missão de catalogar a informação mundial, a proposta óbvia do Google é a seleção: fornecemos os melhores resultados possíveis para sua busca. Reduzimos o turbilhão da informação a respostas precisas e manejáveis. O tão comentado algoritmo do Google, com suas centenas de variáveis e parâmetros em constante mutação, é acima de tudo a ferramenta de seleção mais valiosa do mundo. Mas o Google é mais do que apenas um selecionador. O próprio Eric Schmidt o reconhece no livro de sua coautoria, *Como o Google funciona*, quando diz que o Google faz "curadoria" da internet[36]. Se é na curadoria que a seleção e o arranjo somam valor, então a forma como o Google dispõe a informação deve ter grande papel na proposta que faz ao usuário. Quando o Google foi fundado, em 1998, ferramentas de busca como AltaVista e Excite já faziam sucesso. O Google era o novato na briga. A ferramenta da empresa venceu a batalha das buscas por dois motivos. Primeiro, porque as outras ferramentas

---

36 Eric Schmidt, Jonathan Rosenberg e Alan Eagle, *How Google Works*, Londres: John Murray, 2014 [ed. bras.: *Como o Google funciona*, trad. André Gordirro, Rio de Janeiro: Intrínseca, 2014].

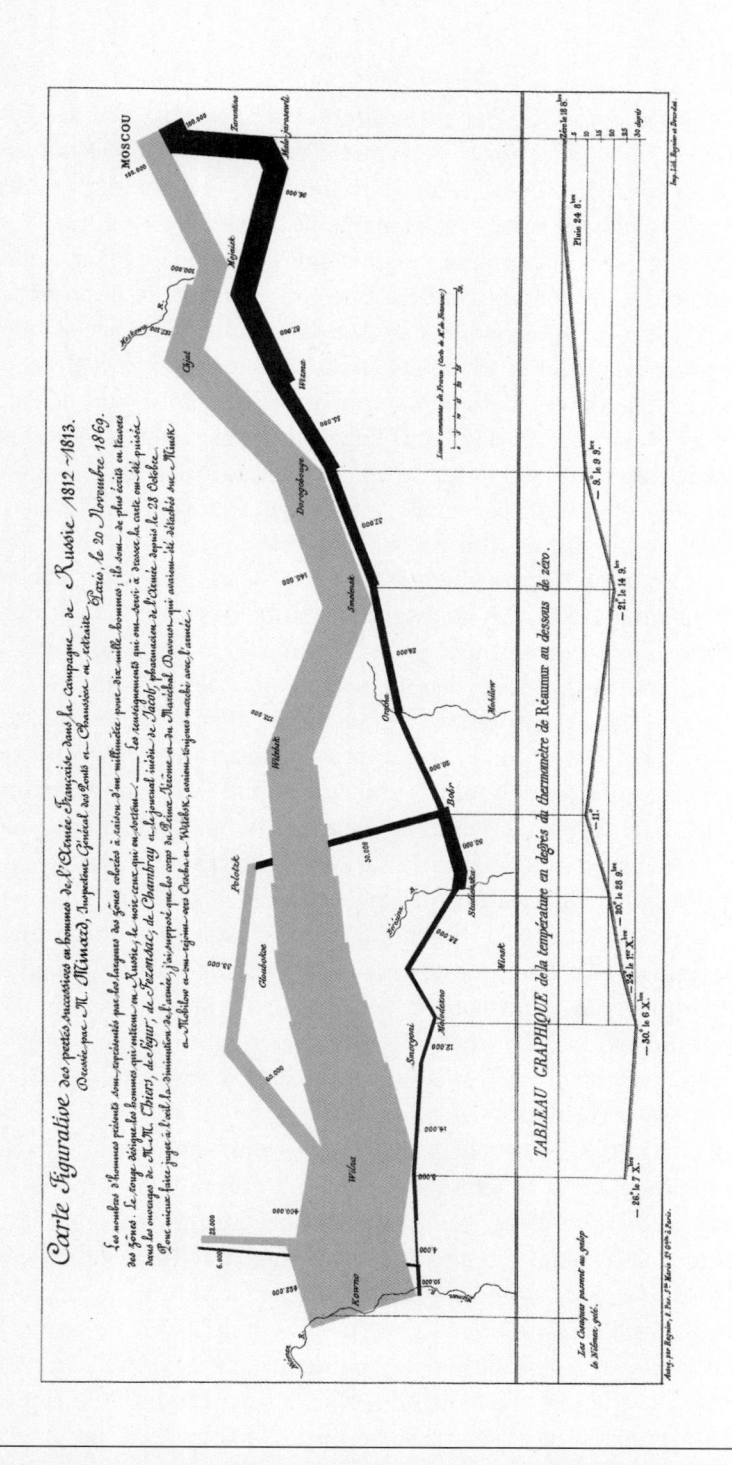

**Figura 10.** O mapa de Minard da campanha russa de Napoleão em 1812.

geravam resultados a partir da inferência bayesiana simples: conferiam a frequência dos termos de busca. O Google deu um passo à frente com seu sistema PageRank (obra de seu cofundador Larry Page). O Google ia além da densidade de palavras e conferia os links que direcionavam para aquele site. Além de analisar a quantidade desses links, ele também fazia um ranking de importância deles. O link de um site que fosse ligado a muitos outros valia mais que o link de um site com poucos links direcionados para ele. Cada link de chegada era visto como uma espécie de voto para a importância do conteúdo da página. O PageRank foi um sucesso imediato. Embora não exista um jeito "certo" de dar as cartas na internet, os resultados do Google pareciam relevantes e inteligentes. Com o PageRank, o Google acertou em cheio na seleção.

Em segundo lugar, o Google mudou o design das interfaces do mecanismo de busca. A concorrência tinha páginas de busca e resultados confusos, entupidos de informação e notícias. O design estilo GeoCities pode ser legal para um site; para um mecanismo de busca, não. O Google foi minimalista: a barra de pesquisa, o logo e uma lista de links. O número de palavras na primeira tela era e continua sendo monitorado com rigor. O design era amigável, uma tentativa de passar informação bem selecionada e nada mais. Quando o Google foi inaugurado, deu mais destaque ao aviso de propriedade intelectual no fim da tela para os usuários saberem que a página já tinha carregado. O público estava tão acostumado a páginas abarrotadas que não conseguia acreditar na simplicidade da página de início do Google. É basicamente uma barra, ou parte do campo URL – mais simples que praticamente qualquer outra interface. Dar um arranjo eficiente e limpo à informação requisitada sempre foi prioridade do design.

E continua a ser. O Knowledge Graph, por exemplo, foi lançado em maio de 2012. Mais uma vez, ele não tem a ver com seleção, mas com arranjo. Reformulação substancial do conceito básico de pesquisa, as caixas de informação diferenciam o Knowledge Graph do corpo da pesquisa. Elas agrupam informações que incluem imagens, links e trechos numa hierarquia bem definida. As caixas de informação servem como páginas de busca dentro da página de busca. Com uma espiada rápida, elas já transmitem uma riqueza de informações. Se procuro um produto, há links para comprar, resenhas e informações sobre produtos relacionados. Se procuro uma pessoa, elas têm biografia e data de nascimento. Se procuro uma empresa, elas têm um perfil do negócio e o valor de mercado atual. São pensadas apenas como uma introdução, mas complementam os resultados principais, servindo de porta de entrada. A caixa em si separa e ressalta a informação digerida.

No mais, a Figura 11 mostra como o Google evoluiu. Sabendo que Oxford é um lugar, ele separa notícias e artigos mais extensos ("Principais notícias" e "Em profundidade", respectivamente). Estes são inseridos na página de resultados do mecanismo de busca (ou SERP) e mostram rapidamente a variedade de informação disponível, disposta segundo a relevância e, nessas seções, também segundo a atualidade. No geral, ela mostra como o Google constantemente altera o arranjo de suas páginas. A seleção é o diferencial do Google. Mas o modo como as seleções são arranjadas na página é a fonte oculta do sucesso do Google e o motivo pelo qual a empresa investe em novos programas e ideias de design como o Knowledge Graph. Toda a informação está no sistema, mas o arranjo a torna duplamente útil. Com seu design de interface, o Google acertou em cheio no arranjo.

Como diz o próprio Schmidt, o PageRank e o design *clean* têm a ver com a curadoria da internet. O que Minard fez pelas campanhas na Rússia, o Google faz em escala macro na web. Ambos apanham um grande volume de informação e, com o devido arranjo, dominam a sobrecarga. Assim como os supermercados entendem que seleção e arranjo são fundamentais em merca-

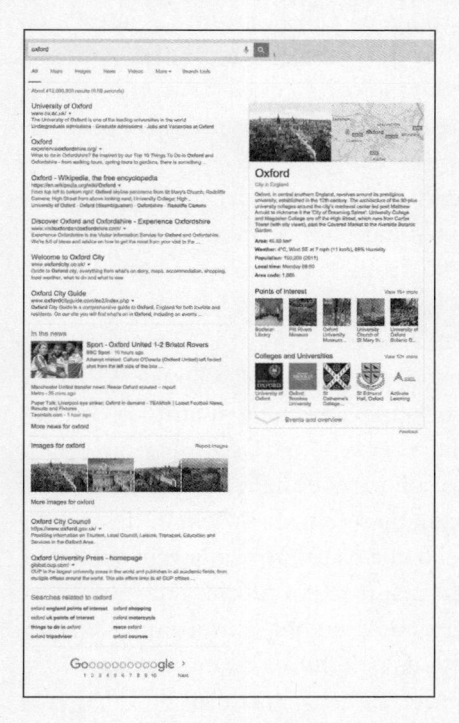

*Figura 11. Uma SERP do Google sobre Oxford no início de 2015.*

dos concorridos, o Google entendeu que eles seriam vantagens decisivas no mundo digital.

A seleção funciona por remoção. O arranjo é uma variação mais sutil: ele faz o máximo com o que se tem. Com exceção do Qatar, a maioria das galerias de arte não tem como comprar qualquer pintura de que necessita para preencher lacunas na coleção. Elas têm que contar histórias usando o que já possuem. Penduram-se os quadros aproveitando-se o máximo do acervo. No mundo digital, em que não somos limitados por inconvenientes átomos, podemos ir além. O que David Weinberger chama de organização mista (coisas como *tagging*) possibilita – ao contrário de pinturas numa galeria, que só podem ter um arranjo de cada vez – uma recombinação quase infinita e produtiva. Podemos arranjar e catalogar coisas de múltiplas maneiras simultaneamente. O escopo e a força dos arranjos aumentam ao mesmo tempo.

O novo valor é, em quase todos os casos, latente – já está lá, esperando para ser liberado. Arranjar exige que mudemos nossa visão. Que entendamos as molduras ocultas que estruturam nosso mundo. Que passemos do específico para o geral. Que nos tornemos detectores e criadores de padrões.

Não existe um jeito ideal para se fazer um arranjo. O que funciona com o Google não vai funcionar com o Walmart, ou com Minard, ou com o MoMA. O desafio da curadoria não está apenas em formar competências para escolher bem, mas em construir o entendimento do arranjo na tarefa que se tem à frente. Não existe manual. Curadoria é trabalho duro. Nem todos serão bons curadores em determinada área. Tanto os supermercados quanto o Google estão investindo em equipes de percepção para garantir que os arranjos se baseiem em princípios sólidos e tenham o impacto exigido.

Os resultados de busca baseiam-se em decisões no design de sistemas. Selecione a informação que os usuários querem e deixe o arranjo legível. Em outras palavras: faça curadoria. E o valor? Em 2015, a empresa-mãe do Google, a Alphabet, tinha capitalização de mercado superior a 525 bilhões de dólares, sem falar no valor, financeiro ou não, gerado com seus serviços gratuitos.

Um pequeno exemplo de como o arranjo muda tudo. Um clássico na área de experiência do usuário (UX). Jared Spool, especialista em UX, trabalhava para um cliente de *e-commerce* cujo negócio vinha passando por dificuldades[37]. Depois de pesquisar o problema e observar como usuários interagiam com o site em seu laboratório, Spool pensou ter encontrado a resposta.

Estava tudo num formulário *on-line*. Tudo que ele precisava eram dois campos – o de e-mail e o de senha – e dois botões – Entrar e Inscrever-se. Mais um link Esqueci minha Senha. Era isso. O padrão.

Os usuários entravam no site e faziam suas compras como sempre, enchendo uma cestinha de produtos. Quando acabavam, depois de passar um tempo escolhendo o que queriam, apertavam Concluir a Compra. Aí, vinha o formulário. Em teoria, aquilo era bom para o cliente. Se ele criasse uma conta, suas próximas compras seriam mais fáceis. Para os iniciantes, seria um pequeno inconveniente que, no futuro, facilitaria a vida. Parecia uma boa ideia e, na época, era o procedimento padrão.

A análise de Spool mostrou, porém, que o formulário era um problemão. Alguns clientes não lembravam se era a primeira vez deles na loja. Outros digitavam a senha errada e desistiam por frustração. Quase todos viam a inscrição como um fardo desnecessário. Alguns clientes não queriam fornecer dados pessoais. Aliás, a análise de Spool mostrou que 45% dos clientes tinham várias inscrições e alguns tinham até dez contas. Dos que pediam lembretes de senha, 75% nunca concluíam a compra.

A solução foi simples – retirou-se o botão Inscreva-se. Em seu lugar, ficou o Prossiga, com a mensagem "Você não precisa criar uma conta para comprar no nosso site. Basta clicar Prossiga para fechar a compra. Para suas futuras compras ficarem mais rápidas, você pode criar uma conta durante o pagamento". As compras deram um salto de 45%. Na primeira semana, foram 6 milhões de dólares de lucro extra. No primeiro ano, a empresa lucrou mais 300 milhões de dólares. Tudo que fizeram foi rearranjar o processo. O Prossiga agora é chamado de botão de 300 milhões de dólares. Uma pequena mudança no arranjo da nossa interação com um único site valeu 300 milhões de dólares.

---

[37] Para mais detalhes, ver Jared M. Spool, "The $300 Million Button", *Uie*, 14 jan. 2009, disponível em: <https://articles.uie.com/three_hund_million_button/>, acesso em: maio 2019.

A maneira como arranjamos as coisas – experiências, mercadorias nas lojas, formulários, exposições em galerias, páginas da web, informação, comida no prato – faz muita diferença. Isso vale até no nível mais profundo. Nas palavras do teórico da informação César Hidalgo, "Nosso mundo difere do mundo dos primeiros hominídeos apenas no arranjo dos átomos"[38]. Ou pense nas inúmeras formas resultantes da recombinação de filamentos de DNA. O arranjo ou organização bem-feito também faz parte do espírito do *curare* – que significa tirar o proveito máximo do que se tem.

Curadoria é o melhor termo guarda-chuva de que dispomos para designar a seleção e o arranjo. Não é à toa que a arte do arranjo como disciplina profissional começou em museus e galerias, onde as coisas exigem arranjos segundo esquemas complexos. Hoje, porém, o arranjo é necessário em qualquer lugar. Temos tantas coisas que, assim como precisamos selecioná-las, precisamos dotá-las de um arranjo mais efetivo e mais eficiente.

A seleção e o arranjo são dois princípios centrais da curadoria. Eles chegaram a outros setores de várias maneiras e encontraram milhões de outros pontos de aplicação. Mas são apenas o início.

---

38 César Hidalgo, *Why Information Grows: The Evolution of Order, from Atoms to Economies*, Londres: Allen Lane, 2015, p. 178.

# 6

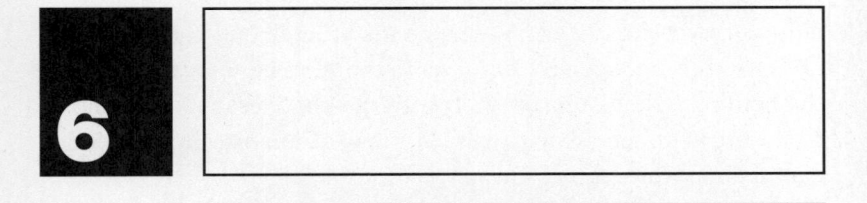

## Os efeitos da curadoria

Curadoria pode ser algo difícil de apreender porque suas fronteiras são difusas e mutáveis. Nunca fica bem claro o que é ou não é curadoria, o que passou ou não passou por curadoria. Pode ser apenas um amontoado de coisas; pode ter sido meticulosamente arranjado. No meio disso há uma área cinzenta, na qual nem sempre é fácil determinar o que passou por curadoria e encontrar o valor extra. Esse é um dos motivos pelos quais é fácil menosprezar a curadoria. É algo muito tênue, muito vago para organizações que necessitam de resultados rápidos e tangíveis.

Mas esse também é um dos pontos fortes.

Deixar a seleção e o arranjo no centro da curadoria nos fornece uma base facilmente identificável para a atividade curatorial. Em torno dela há uma penumbra, flexível, mas potente, do que eu chamo de *efeitos da curadoria* – simultaneamente, princípios e efeitos colaterais da curadoria, cujo impacto, quando bem entendido e visto no quadro maior da curadoria e da sobrecarga, pode ser imenso. Eles alcançam setores e problemas geralmente considerados distantes da curadoria, tomando ideias e técnicas de empréstimo como bem entendem. Eles somam valor, tanto para escolher nosso plano de aposentadoria quanto para organizar nossa casa. Os efeitos da curadoria são o ponto no qual a curadoria coincide com outras técnicas, estratégias e disciplinas que vão do design de produtos à edição de texto, da taxonomia biológica à boa e velha contação de histórias. As fronteiras entre esses fenômenos e a curadoria nunca ficam claras. Mas é exatamente essa qualidade camaleônica que torna a curadoria tão útil.

Os efeitos da curadoria são as externalidades positivas ou os efeitos colaterais benéficos que advêm de sermos curadores. Mas também são princípios para serem aplicados à curadoria. Uma coisa é dizer que devemos selecionar e organizar – dizer *como* e *por que* deveríamos selecionar e organizar é outra. Os efeitos da curadoria são os resultados a que queremos chegar, as metas da curadoria; mas também a motivação, o trajeto e o cruzamento com outras áreas. Tanto o motivo pelo qual selecionamos quanto o que acontece quando se seleciona.

Esses efeitos da curadoria não são exaustivos, de modo algum. Em certo sentido, cada curador vai buscar seu próprio subgrupo de efeitos da curadoria. O que se segue são alguns exemplos dos efeitos e por que eles são mais importantes do que nunca.

## REDUZIR E REFINAR

Lembre-se que, na coleção do British Museum, há aproximadamente 8 milhões de objetos, dos quais aproximadamente 80.000 estão em exposição de cada vez. É evidente que ver 8 milhões de objetos está fora de cogitação, mesmo durante uma vida inteira. Mas, para o visitante médio, apreciar 80.000 objetos já é uma possibilidade remota. Nas suas férias em Londres, se você passar míseros dez segundos conferindo cada item em exposição, vai levar 222 horas. Imagina-se que até o museófilo mais entusiasmado ficaria exausto. Por isso, o processo de seleção que chega a 80.000 objetos é incompleto. Aliás, o visitante médio provavelmente quer ter contato significativo com algo em torno de oitenta peças por visita. Mas os visitantes não querem só ver oitenta objetos – geralmente, querem ver os oitenta melhores, os oitenta mais importantes, os oitenta mais famosos, os oitenta mais exemplares e raros na coleção (concordar em relação a quais são e por que é a parte complicada).

Aqui residem um princípio e um efeito fundamentais na seleção. Ao selecionar, automaticamente reduzimos. Abreviamos, excluímos, dizemos não. O essencial é que esse não é um processo sem rumo. Ao reduzir, deixamos os objetos melhores. Fazer seleções com curadoria nunca significa apenas reduzir – também tem a ver com refinar.

Todos nos acostumamos ao mantra do menos é mais. Livros de negócios, matérias de revista, congressos e simpósios nos dizem que um processo vital do mundo moderno é fazer menos. Este livro concorda. Mas menos, por si só, não é necessariamente melhor. É apenas com um processo como a curadoria, envolto em refino através de seleção, que se pode garantir que menos é mais. Não vale a pena incitar o mundo a ficar com menos se não pensarmos em que este menos deve consistir. Há pouco sentido em reduzir se também não refinarmos. Como a curadoria se constrói em torno da seleção competente com metas concretas, ela garante que a redução e o refino aconteçam no mesmo compasso.

Menos não é só mais. A curadoria *faz* o menos ser mais.

Os curadores do British Museum usam sua competência para dizer que, se vamos conferir oitenta, ou mesmo oito itens, que sejam as peças que não se encontram em outro lugar: mostruários que nos encantam ou ativam nossa imaginação. Aqui estão os maiores exemplos desse tipo. Não liguem para aquelas lasquinhas de cerâmica presentes em toda a Europa – vejam, isto sim, uma estátua da Ilha da Páscoa ou o Xadrez de Lewis. Os curadores não fazem seleção apenas para a coleção ser manejável. Eles são pura e simplesmente reducionistas. O processo consiste numa enorme destilação, um processo árduo e minucioso de filtrar o que vai definir a experiência do visitante.

Hoje não apenas os curadores de museu se guiam por esses princípios. Quando as equipes por trás da câmera Flip ou do iPhone projetaram os aparelhos, passaram meses eliminando botões. Qual é, elas se perguntaram, o menor número de botões que um aparelho pode ter? Reduzir esse número facilita o uso. Não se trata apenas de se livrar dos botões apenas por se livrar. Ambos os aparelhos fizeram refinos revolucionários na experiência do usuário em categorias cujas interfaces costumavam ser de difícil navegação e tradicionalmente desanimavam muitos clientes em potencial. Retirar foi criar mercado – gerar demanda por esses produtos.

A curadoria insere-se num padrão econômico mais amplo, que tem a ver com reduzir e refinar. Nas últimas décadas, começamos a valorizar e construir negócios em torno do que não existe. Na Califórnia, por exemplo, o mercado de energia foi reprojetado para calcular a energia não utilizada – os "negawatts" – como incentivo. Acumulam-se negawatts quando cada casa instala lâmpadas econômicas, por exemplo. A maioria das empresas da área de eletricidade obtém lucro com o aumento de consumo, por isso elas incentivam maior utilização da rede. Os negawatts viram a equação do avesso, recompensando essas empresas pela eletricidade que poupam. Com uma solução elegante, o mercado de energia californiano, assim como mercados do Texas, Connecticut e Georgia, recompensam tanto consumidores quanto empresas do setor de energia pela contenção. Começamos a medir melhor a energia pelo que não está lá para melhorar nosso uso da eletricidade.

Os proprietários de marcas de luxo adquiriram mais consciência de como o valor dessas marcas está atrelado à exclusividade. Correr atrás do crescimento de receita é uma tentação constante. Vender mais bolsas e sapatos dá mais dinheiro. Mas, caso se exagere, esse modelo se torna um veneno. As marcas passam do desejável ao onipresente. De repente, deixam de ser desejáveis. Para as marcas mais elitizadas, cada produto que deixa de ser feito tem valor por sustentar a imagem da marca. É por isso, por exemplo, que uma empresa como a Ferrari reduziu deliberadamente a produção. Quando seu presidente, Luca di Montezemolo, anunciou em 2013 que a fábrica reduziria a produção de 7.318 unidades por ano para menos de 7 mil, fez o oposto de todo executivo automobilístico. Ele esclareceu seu raciocínio para os jornalistas: "A exclusividade da Ferrari é fundamental para o valor dos nossos produtos. Não vendemos um produto normal. Vendemos um sonho"[1]. E esse sonho baseia-se em carros que nunca vão existir.

Um de meus exemplos preferidos desse princípio vem das pastilhas de lava-louça. Antigamente, comprávamos caixas de detergente em pó para a lava-louça. Aí os designers de produto vieram

---

1 Andrew Trotman, "Ferrari tries to cut car sales to protect brand exclusivity", *The Telegraph*, 8 maio 2013, disponível em: <http://www.telegraph.co.uk/finance/newsbysector/transport/10044827/Ferrari-tries-to-cut-car-sales-to-protect-brandexclusivity.html>, acesso em: maio 2019.

com toda sua esperteza. Em vez de vender o pó, colocaram-no em pastilhas pequenas, separadas em duas camadas de cor, sendo que cada cor fazia um serviço. Para arrematar, deixaram um pontinho vermelho no alto da pastilha. O resultado: começaram a vender bem menos produto por mais dinheiro. Ao reacondicionar essa quantidade reduzida de matéria-prima, deixaram-na mais cara. Vender menos começou a valer mais, mesmo em algo tão funcional e longe de ser atraente como lavar louça. Essas táticas e inovações são instrutivas.

A curadoria faz parte da economia do menos. O refino através da redução geralmente implica alguma forma de curadoria. Quer seja motivada pelo impulso para a sustentabilidade, pelo desejo de exclusividade, pela simples eficiência ou pela busca incansável pelo melhor, reduzir e refinar é uma característica dos negócios modernos impossível de ignorar.

Como editor de livros, todos os dias vejo o valor em reduzir e refinar. É o que chamamos de edição. Há um número infinito de livros que chega com potencial incrível. Mas eles podem ser mais longos do que deveriam, verborrágicos, repletos de apartes desnecessários (neste momento, um pedido de desculpas ao meu editor...). O valor do editor está no que ele tira do livro. Livros geralmente não exigem reescrita nem um remanejo grande – só precisam ser descascados até chegar no que têm de bom. É quase impossível para o próprio autor ter a objetividade de ver o que precisa ser feito. É aí que entram os editores. No mais, editar é uma habilidade que requer tempo para ser aperfeiçoada. Não existe atalho – editores têm que fixar toda a atenção no texto, lê-lo várias vezes, pensar e saber lidar, ao mesmo tempo, com as questões estruturais macro e com a mecânica minuciosa de uma frase ou expressão.

Hoje a indústria editorial está diante do imenso desafio da publicação independente e da internet. Aliás, com a internet pode-se ludibriar as editoras através de canais como o Kindle Direct Publishing da Amazon – ainda em 2013, um quarto dos *best-sellers* na plataforma já aparentavam ser publicações independentes. Embora já não controlem o acesso ao mercado, as editoras têm uma carta na manga: editores com experiência e competência. Até o momento, ninguém encontrou uma maneira de replicar essa relação. Editores de confiança são os que matam seus personagens mais queridos. Eles sabem quais cortes vão deixar o livro melhor, quais vão prejudicar. Se ser editor no sentido geral tem a ver com a curadoria de gerir uma lista, com transformar o catálogo em afirmação, então editar no sentido particular é uma espécie de microcuradoria, de selecionar trechos que vão cair, de refinar o livro, de dispor o que resta para impacto máximo. A edição talvez seja prima da curadoria, a que costuma aparecer para bater um papo.

Editar é uma indústria por si só. Além dos *free-lancers* e dos negócios editoriais profissionais, um novo tipo de empresa como a GetAbstract e a Blinkist baseia-se em reduzir livros (e outras mídias) à sua essência. A Blinkist decompõe livros para leituras de 15 minutos. Veja o caso de *O Capital no século XXI*, de Thomas Piketty: segundo os dados da Amazon, mais que em qualquer outro livro, a maioria dos leitores não conseguiu terminar a obra pioneira da área de economia. Embora o livro de Piketty tenha mudado percepções sobre desigualdade e riqueza, os dados sugerem que a maioria dos leitores interrompe a leitura por volta da página 26 das 700[2]. Apenas 2,4% chegam ao final. A equipe de leitores capacitados da Blinkist digere a informação e a transforma numa saraivada curta, uma experiência de 15 minutos que reduz essas 700 páginas a suas mensagens principais. Pode ser um truque, mas é inestimável para os leitores do Blinkist que não dispõem de tempo. Eles produzem centenas de resumos por ano, que são empacotados num serviço por assinatura na web ou em apps de celular. Eles afirmam que os usuários já baixaram milhões de resumos desde o lançamento e que têm planos ambiciosos para crescer. Séries de estudo como a CliffsNotes entendem esse modelo há muito tempo.

Saindo da indústria do livro, começam-se a industrializar outros tipos de edição. Nos arredores de Manila, Filipinas, blocos de escritórios anônimos abrigam milhares de operários que observam imagens insalubres por horas a fio. Eles veem o que a humanidade tem de pior. Não apenas um pouquinho de pornografia, mas imagens perturbadoras de violência e sanguinolência extrema, que eles não têm como saber se são verdadeiras ou falsas. Eles esquadrinham o

---

2   Jordan Ellenberg, "The Summer's Most Unread Book Is...", *The Wall Street Journal*, 3 jul. 2014, disponível em: <http://www.wsj.com/articles/the-summers-most-unread-book-is-1404417569>, acesso em: maio 2019.

conteúdo racista, incendiário e abusivo, trabalhando longas horas por um salário irrisório para os padrões ocidentais – de 300 a 500 dólares por mês. Esses operários são editores. Empregados, conforme a *Wired*, pelas grandes redes sociais – incluindo Facebook, YouTube, Twitter e Instagram – para garantir que o conteúdo dos uploads continue obedecendo às regras do serviço[3].

Ao passar de uma imagem a outra – que são entregues a eles em tempo real –, os operários, que falam inglês e têm sensibilidade ocidental, identificam e removem imagens consideradas impróprias. Tudo, desde nudez ocasional a execuções públicas e filmes *snuff*, pode ser marcado como ofensivo por usuários do mundo inteiro. Os resultados são entregues a "moderadores de conteúdo" filipinos que, em longos turnos, têm que avaliar o que respeita e o que desrespeita o regulamento. Geralmente, não fica claro. Mas também pode ser bastante claro e muito além do chocante. É um trabalho implacável que dessensibiliza a pessoa. Eles têm que pensar no contexto e na intenção de casos marginais para ver se cumprem o regulamento. O Facebook, por exemplo, atraiu críticas por remover imagens de mães amamentando (eles têm uma rígida regra antimamilos, bastante discutida). Apesar do ônus, os empregos são considerados desejáveis.

Para as redes sociais, esse policiamento representa um custo alto devido ao volume de material envolvido, mas é essencial. Sites não são definidos apenas pelo conteúdo, mas também pelo que é cortado. Pais têm que confiar que seus filhos não vão encontrar imagens perturbadoras ou lascivas no Facebook. Se isso acontecesse com regularidade, o Facebook perderia a confiança, as crianças seriam retiradas do site, a base de usuários seria prejudicada. Tirar, reduzir e refinar é tão importante para o YouTube quanto é para uma editora de livros. Assim como as empresas ocidentais mandam trabalho desagradável para o exterior, desde descarte de lixo à confecção de vestuário, fazem o mesmo com a edição industrializada e angustiante. Embora pareça que aqueles parques de escritórios tropicais estão a um mundo de distância do escritório

---

3   Adrian Chen, "The Laborers Who Keep Dick Picks and Beheadings Out of Your Facebook Feed", *Wired*, 23 out. 2014, disponível em: <http://www.wired.com/2014/10/content-moderation/#slide-id-1593139&sref=https://delicious.com/ajaxlogos/search/wired>, acesso em: maio 2019.

forrado de livros de um editor, a proposta de valor deles é incrivelmente similar. Negócios ágeis de crescimento acelerado como o Instagram são geralmente contrastados com firmas esclerosadas da "mídia antiquada" como editoras, mas ambos ainda têm que ser curadores e editores. Nos dois casos, cria-se valor a partir do que se tira.

O público quer saber que a seleção que recebe foi trabalhada. Que os milhões foram reduzidos a dezenas; que as dezenas foram reduzidas a esta seleção; que o que é apresentado envolveu empenho e conhecimento. Além disso, não se trata apenas de um efeito colateral: para quem faz isso direito, é uma grande vantagem competitiva. Selecionar e organizar também significa reduzir e refinar. Fazer menos é insignificante se não for, também, fazer melhor. Isso acontece graças à curadoria bem-feita.

**SIMPLIFICAR**

Uma maneira de descrever a Expansão Prolongada, assim como o próprio desenvolvimento da civilização, seria em termos de aumento da complexidade. A complexidade é um bom indicador de desenvolvimento. Para coisas grandes, novas e complicadas acontecerem, a complexidade tende a ser pré-requisito. Não teríamos carros, nem comida congelada, nem férias nas Maldivas, nem submarinos nucleares, nem arte contemporânea sem uma boa dose de complexidade. Contanto que nos dê o que queremos, a complexidade é boa e necessária.

Ao longo de décadas recentes, porém, passamos a entender tanto os custos quanto os benefícios da complexidade. Começamos a ver como a complexidade conduz à sobrecarga. A teoria da complexidade nos diz que a sobrecarga de complexidade não apenas é desvantajosa, mas potencialmente catastrófica. Veja os maias, uma sociedade estudada por um dos pioneiros da teoria da complexidade, o antropólogo Joseph Tainter.

Tendo deixado monumentos e cidades inteiras de pé nas selvas da península do Yucatán, no México, e do Petén, no norte da Guatemala, os maias clássicos das Planícies do Sul são uma das civilizações mais antigas a entrar em colapso – outros exemplos incluem a antiga Mesopotâmia, os minoicos, os hititas, o Império Chou na China e, é claro, os romanos.

Começando com vilarejos, os maias passaram a formar agrupamentos maiores, como cidades-Estado e potências regionais. Durante aproximadamente um milênio, até por volta do ano 800 d.C., a população maia cresceu. Suas cidades expandiram-se e eles construíram grandes templos e palácios. Seu conhecimento aumentou – a agricultura e as artes tornaram-se mais sofisticadas e intensivas, o que estimulou o crescimento populacional, o que, por sua vez, exigiu reforço na agricultura. Alguns indícios sugerem que as Planícies do Sul estavam entre as regiões de maior densidade populacional no mundo pré-industrial[4]. Os maias criaram um sistema de astronomia e ciência e uma escrita logográfica avançada, até o momento o único alfabeto mesoamericano decifrado (algo recente, dos anos 1970 e 1980). Eles realizavam cerimônias elaboradas, seguindo um calendário complexo. Construíram pirâmides portentosas, assim como fizeram canais, camalhões, terraceamento, fortificações militares e reservatórios. As escavações arqueológicas revelam uma sociedade que passou a se nortear mais pelo *status* e pela hierarquia: elites e sacerdotes governantes tinham o apoio de burocratas e artesãos. No interior de cada classe havia várias outras gradações. Emergiu um sistema de cidades escalonado, no qual grandes centros administrativos eram cercados por pontos de segundo escalão em agrupamentos uniformemente espaçados.

Porém, em pouco tempo, um período tão rápido que Tainter caracteriza como "chocante", a civilização veio abaixo. Em 75 anos, a população caiu de aproximadamente 3 milhões para 450 mil. Numa das maiores cidades, Tikal, estima-se que 90% ou mais da população foi dizimada. Perderam-se sistemas de escrita e calendário. As construções de templos e monumentos ficaram pela metade. O que aconteceu?

Os maias não tinham energia para sustentar a complexidade que haviam criado. Manter uma sociedade complexa exige energia. A densidade populacional e agricultura intensiva, os altos custos das cerimônias e burocracias, as construções – tudo gerava com-

---

4  Joseph A. Tainter, *The Collapse of Complex Societies*, Cambridge: Cambridge University Press, 1988, p. 160.

plexidade que sugava recursos escassos sem uma contraparte. Se o uso de energia não se sustenta, a sociedade fica vulnerável a choques externos como invasores, doenças ou desastres naturais:

> As sociedades mais complexas são de manutenção mais custosa do que as simples, pois exigem maior sustentação *per capita*. À medida que as sociedades adquirem mais complexidade, mais redes se criam entre indivíduos, mais controles hierárquicos são gerados para regular essas redes, mais informação se processa, há mais centralização do fluxo de informação, há uma necessidade crescente de sustentar especialistas que não têm envolvimento direto na produção de recursos e coisas assim. Toda essa complexidade torna-se dependente do fluxo de energia[5].

O ponto fundamental do colapso é que "o investimento em complexidade sociopolítica como reação para resolver problemas geralmente atinge um ponto de retorno marginal decrescente"[6]. Isso vale para o processamento de informação na maioria das sociedades – quanto mais informação há, mais se veem os retornos marginais decrescentes no processamento e uso daquela informação, sendo que tudo isso exige energia e aumenta a complexidade, o que, por sua vez, exige mais energia.

Chega-se a um ponto em que os custos da complexidade superam os benefícios, e foi o que aconteceu com os maias. No ambiente da floresta tropical, qualquer baixa na produtividade não podia ser resolvida facilmente – na verdade, acabava levando a uma concorrência cruel pelos recursos. Isso criou um ciclo de realimentação entre produtividade, concorrência e complexidade, em que cada uma tinha que crescer para manter alguma dose de equilíbrio. Esculturas, monumentos e exércitos de prontidão eram sintomas da batalha por prestígio e dominação, para dissuadir vizinhos bélicos, atrair aliados e garantir servos. As construções e a sofisticação cultural não rendiam mais alimento; ao contrário, consumiam bastante. A população não tinha tamanho nem recursos abundantes para sustentar a estrutura social construída para garantir recursos. Guerras e desastres que a sociedade normalmente ignora torna-

---

5   *Ibid.*, p. 91.
6   *Ibid.*, p. 93.

ram-se críticos. Tudo o que esse investimento tardio conseguiu foi retorno marginal decrescente.

A teoria da complexidade é o ramo das ciências exatas e ciências sociais que tenta entender o impacto da complexidade em qualquer sistema ou situação. Da meteorologia aos mercados financeiros, todos sentimos os sistemas complexos nas nossas interações diárias com o mundo. A Expansão Prolongada e a sobrecarga podem ser vistas sob essa perspectiva.

Duas perguntas saltam à mente. Já não superamos esse tipo de coisa? E que diabos os maias têm a ver com curadoria? O *crash* financeiro e a Grande Recessão de 2008 mostram como tudo se encaixa.

Se pensávamos ter dominado a complexidade, o *crash* foi um alerta. Nos anos que levaram à quebra, o sistema financeiro global corria possante como um touro, rendendo dividendos enormes para quem estava em atividade nos pregões de Londres e Nova York. Boa parte disso baseava-se no campo emergente dos derivativos de crédito – instrumentos financeiros muito próximos da atividade econômica primária. Mesmo nas condições mais benéficas, a economia mundial é um sistema extraordinariamente complexo, muito distante da potência de modelagem de qualquer computador. A variedade de insumos possíveis e fatores causais em cada estágio engloba, basicamente, a soma das possibilidades existentes no mundo. Os derivativos pegaram essa complexidade e deram uma carga de reforço. Eles vinham com uma enxurrada de siglas: obrigações da dívida colateralizada (*collateralised debt obligations*, ou CDO), títulos baseados em hipotecas (*mortgage-based securities*, ou MBS), *swaps* de crédito (*credit default swaps*, ou CDS) ou, na China, os "produtos de gestão de ativos" (*wealth management products*, ou WMP). As dívidas eram recicladas e recondicionadas, "titularizadas", para produzir derivativos, que por sua vez produziam mais opacidade e complexidade no sistema financeiro. Apesar da quebra, eles ainda são um vasto mercado – os derivativos em circulação valem 650 trilhões de dólares, ou nove vezes o PIB global[7].

---

7   Segundo estimativas mais recentes, o mercado de derivativos sofreu leve queda e, no fim do primeiro semestre de 2018, valia em torno de 595 trilhões de dólares (https://www.bis.org/publ/otc_hy1810.htm), ou sete vezes e meia o PIB global aproximado de 80 trilhões de dólares (https://www.weforum.org/agenda/2018/10/the-80-trillion-world-economy-in-one-chart/). [N.T.]

Com tanta complexidade e opacidade, fazendo eco aos maias, todo o sistema estava vulnerável quando sobreveio o choque. Choques com os quais normalmente seria difícil lidar – como a baixa na demanda de imóveis no Cinturão do Sol, o gatilho da crise de 2008 nos EUA – se tornaram críticos. O sistema era muito complexo para a capacidade de previsão e gestão dos *"quants"* e dos PhDs em economia. Assim como foi com os maias, uma superestrutura complexa oscilava sobre uma base incapaz de sustentá-la. A complexidade, que trouxera recompensas exorbitantes para banqueiros e gerentes de fundos de risco, transformou-se em inimiga. Graças a um sistema mal regulamentado, misturado à opacidade de instrumentos financeiros e ao sistema *offshore* do *shadow banking*, ou sistema bancário paralelo, a epidemia financeira espalhou-se para a economia real de salários, empregos e declarações de renda. No fim das contas, a complexidade e o endividamento excessivo fizeram com o Lehman Brothers o que fizeram com os maias. Por mais espertos que nos consideremos, não venceremos a complexidade. Bem pelo contrário.

Havia outra maneira. O Canadá foi a primeira nação do G7 a evitar o resgate emergencial do setor financeiro por parte do governo. Como uma autoridade de Ottawa disse ao *Financial Times*, os banqueiros canadenses são "enfadonhos, mas no bom sentido"[8] (sem piadas, por favor). Os banqueiros na Bay Street de Toronto ativeram-se aos modelos testados e aprovados. Aderiu-se ao gerenciamento de risco, não à produção de complexidade. Compare Wall Street ou os bancos da City de Londres com o maior do Canadá em termos de capitalização, o TD Bank. Enquanto o TD Bank saiu da crise sem desastre, muitos de seus sósias anglo-americanos foram a pique. Enquanto o Royal Bank of Scotland exigiu um resgate sem precedentes do governo britânico, o Royal Bank of Canada simplesmente continuou sua vida.

Ed Clark, o presidente sem papas na língua do TD (que disse em público que banqueiros ganhavam demais), tinha uma regra para vender produtos financeiros: você os venderia a sua sogra? O teste da sogra remontava a outra era, mas ajudou a manter a solvência do

---

8 http://www.ft.com/cms/s/0/db2b340a-0a1b-11df-8b23-00144feabdc0.html#ixzz3V8OJ6Oaa

banco. Qualquer coisa suspeita ou difícil de entender era excluída. Ao contrário dos bancos dos EUA, os bancos canadenses tinham regras firmes. As exigências de capital (7% de fundos próprios de categoria 1 em ações ordinárias) e os índices de alavancagem (1 a 20, enquanto os do Bear Stearns e do Morgan Stanley estavam acima de 1 para 30) eram pesados. Ou seja, eles não tinham como se entregar às táticas de cassino de outros centros financeiros. Além disso, o mercado de hipotecas era bem regulamentado. As hipotecas não eram tão titularizadas quanto nos EUA – em 2007, apenas 27% das hipotecas canadenses eram titularizadas, contra 67% nos EUA. Havia menos complexidade no sistema.

No geral, isso significa que os bancos canadenses eram obrigados a ter modelos de negócios mais simples, porém mais robustos. Tinham que escolher com mais cuidado o que iam fazer. Por outro lado, o ambiente legislativo era simples e transparente para o entendimento dos envolvidos na atividade financeira. Fica claro que resolver a charada da complexidade é um dos desafios mais importantes com que nos deparamos hoje. Mas como a curadoria entra aí?

Primeiro, sejamos sinceros. A curadoria, por si só, não vai salvar o mundo dos perigos da complexidade. Sinceramente, a complexidade vai exigir tudo de nós. Ou seja, não é que curadoria teria salvado os maias – é óbvio que não. A questão é que precisamos de múltiplas maneiras de gerenciar a complexidade; a curadoria é outra arma no arsenal da simplicidade, um dos elementos do antídoto contra a complexidade. Quanto mais complexidade encontramos, mais é importante a simplificação. Ao selecionar e arranjar, a curadoria pega o que é complexo e, apesar de manter os elementos essenciais, deixa o todo mais simples. Este é o equilibrismo da curadoria: manter o que é importante e valioso da complexidade, sem seus aspectos esmagadores, superalavancados e sobrecarregados.

Se o sistema bancário antes da quebra é excelente exemplo de um sistema complexo sobrecarregado, o sistema bancário canadense era uma versão com melhor curadoria. Ele mantinha vários elementos fundamentais, mas dispensava muitos elementos ruins. Os canadenses tinham uma abordagem curatorial do dinheiro, no sentido de que selecionavam melhor os investimentos e os arranjavam melhor (com todas as regras sobre capital). Seu elemento de supervisão continuou fiel ao espírito do *curare*. E o modo como abordavam clientes também tinha melhor curadoria. Um processo rigoroso de seleção decidia quais produtos seriam vendidos pelo banco (o teste da sogra). É válido dizer que não havia muitos bancos em Wall Street que filtravam seus produtos com um teste da sogra. Curadoria bancária? Não é uma expressão já empregada e não vou sugeri-la. A questão é que precisamos de organizações e modelos comerciais que atuem voltados para a simplicidade, não o inverso. Que, por exemplo, selecionem apenas investimentos apropriados e os organizem de maneira estável. Iyengar, Schwartz e outros já estudaram como a escolha afeta nossa postura no sistema bancário. Como vimos, quanto mais escolhas – mais opções de investimento, digamos –, menos somos capazes de tomar decisões sensatas ou sequer decidir.

Esse raciocínio pode ser ampliado, e muito. A complexidade causa problemas generalizados e uma nova onda de negócios está descobrindo como combatê-la. As cadeias logísticas globais *just-in-time* entram em colapso se um elemento falha. Agora uma nova geração de peritos em processo está relocalizando e trazendo a produção para perto (*onshoring*) para eliminar a complexidade da cadeia logística. A cada ano que passa, produtos específicos, desde farmacêuticos até máquinas-ferramentas, se tornam mais complexos em termos de operação e produção. Mas isso também significa que, quando algo falha, é um pesadelo. A complexidade extra recai nos custos. Em reação, o novo movimento da inovação frugal – aplicada a tudo, desde carros até tecnologia médica – mantém os benefícios da tecnologia avançada, mas, voltando aos primeiros princípios, exclui a complexidade, deixando os produtos mais robustos, mais fáceis de operar e mais baratos.

Com o passar dos anos, os *cockpits* dos aviões começaram a ficar abarrotados de tecnologia. Por fim, a complexidade operacional tornou-se um risco até para pilotos experientes. A resposta foi o "*cockpit* de vidro", uma reformulação da interface de bordo para simplificar – escolher as peças mais importantes do painel e arranjá-las de forma intuitiva. À medida que os dados passaram a ser uma das peças mais comuns do ambiente corporativo, proliferaram os painéis gerenciais. A Procter & Gamble, por exemplo, tem um "*cockpit*" análogo ao *cockpit* de vidro dos aviões, projetado para racionalizar as tomadas de decisão. De modo similar, com o passar dos anos, a documentação jurídica ficou mais longa e mais difícil de entender. Alan Siegel, pioneiro da simplificação dos negócios, reescreveu vários desses documentos, selecionando os pontos mais relevantes, recompondo o texto de maneira direta e rediagramando o contrato[9]. Acordos jurídicos complexos são reduzidos a uma só página, prontamente inteligível. Pode-se dizer que o WhatsApp tornou-se tão valioso em tão pouco tempo porque eliminou tudo o que lhe era alheio. Ele retornou ao que há de mais fundamental na comunicação.

No mesmo instante em que construímos uma economia baseada no que não existe, com o aumento da complexidade estamos construindo uma economia para simplificar as coisas. A seleção reduz o número de elementos em jogo. Há menos atores e menos relações. O arranjo torna os elementos mais transparentes e mais fáceis de usar. Combinações competentes de seleção e arranjo, mesmo em áreas vastas como produtos financeiros, nos ajudam a manter os benefícios da complexidade e, ao mesmo tempo, atenuam os riscos. Na maior parte do tempo, a curadoria ajuda a simplificar na escala micro – em nossas transações e encontros cotidianos. Com o aumento da complexidade, tudo o que ajuda, por menor que seja, deveria ganhar espaço.

Como disse o pintor inglês Joshua Reynolds, do século XVIII: "Simplicidade é o exato ponto médio entre o pouco e o muito". A curadoria ajuda a garantir esse exato ponto médio.

## CATEGORIZAR

Carlos Lineu (1707-1778) é um dos maiores cientistas da história. Ele não descobriu uma nova lei. Não criou novas teorias. Não é conhecido por um experimento revolucionário nem por construir novas tecnologias. Ainda assim, tal como tantos outros, Lineu transformou a ciência. Como?

Rotulando, nomeando e, acima de tudo, categorizando. A biologia moderna baseia-se na categorização.

---

9 Alan Siegel e Irene Etzkorn, *Simple: Conquering the Crisis of Complexity*, Londres: Random House Business Books, 2014.

Filho de um botânico e pastor da Suécia, o pequeno Lineu demonstrou interesse precoce pela diversidade das espécies. Na época, não havia maneira de catalogá-las. A biologia era uma confusão. Durante seus estudos, Lineu percebeu que, sem o entendimento comum das espécies e suas distinções, quem discutia o estudo da vida sempre falaria de descoordenação. Não haveria fundamento disciplinar. Decidido a mudar a situação, ele escreveu o *Systema Naturae* (publicado pela primeira vez em 1735 e revisado diversas vezes). Ao fazer isso, criou o sistema da "nomenclatura binomial", que ainda regulamenta a maneira como damos nomes às espécies na biologia.

O programa de Lineu dividiu o mundo em três reinos (animal, vegetal, mineral). Esses reinos ainda foram subdivididos em classes, seguidas de ordens, famílias, gêneros e, por fim, espécies. Embora tenha sido revisado desde então – para englobar, por exemplo, o entendimento da evolução, da genética ou a inclusão de novos reinos como o *fungi* (e a exclusão dos minerais) –, o sistema criou o arcabouço que possibilitou esse entendimento. Assim, por exemplo, humanos são categorizados na nomenclatura binomial como *Homo sapiens*, seu identificador binomial exclusivo. *Homo* é o gênero, *sapiens* é a espécie. Os neandertais chamam-se *Homo neanderthalensis*, pois compartilham o gênero dos seres humanos, mas são uma espécie diferente.

O trabalho de Lineu não apenas deu a cada espécie um nome único, mas, por funcionar, era estável e facilitava a troca de informação. Com a categorização, todos falariam da mesma flor do mesmo modo. Antes de Lineu, aprender o nome das espécies, sobretudo plantas, era um processo longo e difícil. No colégio, Lineu fez questão de memorizar o máximo que podia, mas posteriormente suas categorias facilitaram o trabalho. A classificação não foi inventada por Lineu, tampouco se manteve. Mas foi a primeira a levar em consideração a biodiversidade – Lineu, por si só, categorizou 12 mil espécies de plantas e animais[10]. Uma classificação clara, hierárquica, tornou a biologia inteligível, trazendo ordem ao caos da natureza. A biologia apoia-se no processo de categorização – que, por sua vez, trata de selecionar e arranjar com base num con-

---

10 *Who was Linnaeus?*, The Linnean Society of London, disponível em: <https://www.linnean.org/learning/who-was-linnaeus>, acesso em: maio 2019.

junto de características. Ainda em vida, Lineu foi festejado pelos intelectuais da Europa como arauto de uma revolução; em nossa época, a *Time* o saudou como o quinto cientista mais influente da história. Nada mal para um categorizador.

Lineu nos lembra como a categorização é importante. Sem categorias, temos dificuldades. Quando selecionamos, selecionamos para algo. Selecionamos dentro de algo. Nos primeiros tempos da curadoria, boa parte do que o curador fazia era categorizar. Categorias ainda eram criadas e compreendidas. Que tipo de pintura era essa? Que tipo de fóssil? Ao usar sua competência para posicionar os objetos em categorias ainda em formulação, os curadores ajudaram a construir nossa compreensão do mundo. Assim como a biologia necessitava de categorias, toda área de conhecimento e atividade – desde a história da arte à assinatura de filmes e à venda de seguros médicos – exige um processo prévio de categorização. Imagine tentar se orientar por uma biblioteca sem a Classificação Decimal de Dewey ou um equivalente. Seria impossível.

Curadores criam, gerenciam e separam categorias. Facetas e características que você ou eu não percebemos são claras para um curador familiarizado com a área. As categorias nos dizem o que os especialistas consideram características importantes, relevantes ou úteis.

A categorização amplia nossas mentes. É a competência terceirizada e armazenada. A classificação de Lineu é o conhecimento que ele tinha de biologia consolidado e compartilhável. Mas também funciona no âmbito local. Classificamos cozinhas e nossos arquivos do computador em categorias para não termos que lembrar onde está tudo – só as categorias. Não saímos procurando facas e garfos por todos os lados – temos uma categoria, talheres, e uma gaveta de talheres que representa essa categoria, que externaliza nossa organização mental. Quanto mais temos para lembrar, mais precisamos externalizar. Para isso, temos que criar categorias. Até mesmo o arranjo de espaços como nossos lares baseia-se numa série de categorias implícitas sem as quais teríamos dificuldades para viver (coisas usadas para cozinhar, roupas para ocasiões especiais). Fazer da nossa casa um local de categorias físicas é utilizar o que o psicólogo e neurocientista Daniel Levitin chama de "próteses cognitivas"[11].

---

11   Daniel J. Levitin, *The Organized Mind*, op. cit.

Categorias simplificam o mundo ao separá-lo em porções significativas e úteis – não enxergamos cada folha do gramado, só a categoria geral que chamamos de grama.

Como vimos, a forma como as lojas são organizadas e o que elas selecionam é uma parte imensa e muitas vezes crucial do seu sucesso. A rede varejista norte-americana Ace Hardware especializa-se em categorização que facilita a vida e é mais manejável para os consumidores. Seu CEO John Venhuizen estuda como nosso cérebro cria categorias para aperfeiçoar tanto a seleção quanto o arranjo. A rede armazena 83 mil itens e qualquer loja dispõe de 20 mil a 30 mil itens. É uma quantidade imensa, tanto para a empresa quanto para o cliente processar. Aí entra um departamento dedicado à gestão das categorias, cuja função é racionalizar a gama de produtos de tal maneira que as categorias sejam lógicas e naturais para a maioria dos consumidores.

Parte disso implica criar sistemas hierárquicos normais. Partindo de Jardinagem, você passa para Adubos, e daí para as várias marcas de Adubo. Mas isso também inclui pensar como as pessoas interagem com produtos. Se vamos construir um armário, por exemplo, talvez precisemos de furadeiras, pregos, madeira e puxadores no mesmo lugar. Ou, se quisermos adubo, talvez precisemos de ferramentas de jardinagem por perto. Não se trata apenas de ter os eletrônicos como categoria – é pensar no uso dos itens no interior da categoria. Então, não encontramos apenas furadeiras – encontramos uma seção para montar prateleiras. Quando se tem tantos produtos, eles deveriam estar incluídos em múltiplas categorias para permitir que nos localizemos mais facilmente. O departamento faz curadoria tanto das categorias quanto das coisas que elas contêm para que a navegação entre esses 30 mil itens seja impecável.

Tendemos a tomar as categorias como algo natural – por exemplo, em lojas de vestuário, as roupas tendem a ser organizadas por tipo e não por tamanho. Poderia ser o contrário. Eu poderia entrar numa seção que contivesse todos os itens do meu tamanho. É algo que poderia poupar tempo e facilitar a comparação. Curadores criam novas categorias que tornam o mundo compreensível – coisas que nos fazem sorrir, pessoas que chamamos de amigos, livros com finais melancólicos, ferramentas para montar prateleiras, tipos de fungos. Novas categorias criam novos ângulos do mundo. Entender, construir e utilizar exige criatividade e imaginação.

Curadores, portanto, não apenas selecionam. Eles selecionam para algo e dentro de algo. A Netflix não apenas seleciona para você – primeiro, ela cria categorias com nomes bem longos. Melvil Dewey sabia que, para as bibliotecas darem certo, os bibliotecários precisavam de um sistema padronizado para encaixar os livros. Lineu não escolheu espécies arbitrariamente. Ele as selecionou no interior de um arcabouço de conhecimento que não somente foi produzido por seleção, mas também auxiliou naquela seleção mais adiante.

Reduzir, refinar, simplificar e categorizar são efeitos da curadoria: princípios e subprodutos da curadoria. Todos têm valor crescente. Mas não precisamos parar por aí – poderíamos ter tratado de:

- **Exposição e apresentação:** o elemento visual ou performático sempre esteve no cerne da curadoria. É montar o espetáculo. A curadoria tem um longo histórico com o visual. Isso continua a acontecer hoje, não apenas em virtude da predominância da cultura visual. Além disso, o *"design thinking"* conseguiu saltar do explicitamente visual para todas as áreas das nossas vidas. Designers de experiência, por exemplo, pensam em como interagimos com tudo, desde um parque temático até nosso escritório. Ter noção de apresentação e compreensão das nuances internas é importante não só para galeristas, mas para qualquer pessoa que organiza um congresso ou espetáculo, faz uma apresentação (quanto mais um *TED talk*) ou constrói um ambiente focado no consumidor. O visual faz diferença.

- **Explicação e contação de histórias:** tudo e todos, das grandes religiões e Estados-nações até os indivíduos, sentem a necessidade de uma história que os defina. Selecionar e organizar sempre vai dar origem a uma história, seja implícita ou explícita, um contexto ou explicação. Alguma variável desse tema esteve presente em praticamente todas as minhas conversas com curadores. Os curadores têm uma capacidade de identificação de padrões altamente desenvolvida, e trabalham precisamente com essa capacidade não apenas de identificar, mas de extrair esses padrões, torná-los compreensíveis e acentuar seus aspectos importantes. Ao montar uma exposição, o curador geralmente conta a história de um período, uma cultura, um artista, tanto quanto apresenta suas obras. As empresas percebem esse poder. Não é à toa, por exemplo, que corporações como a Budweiser ou a varejista britânica John Lewis abandonaram os anúncios tradicionais para dar preferência a mininarrativas – geralmente envolvendo animais como os cavalos da raça Clydesdale, ursos, lebres e pinguins. Para contrabalançar a saturação na mídia, os anunciantes tornaram-se contadores de histórias. Estamos sobrecarregados de anúncios. Não nos lembramos deles nem ligamos para eles. Vamos ser sinceros: eles são muito chatos. Budweiser, John Lewis e suas agências usam as narrativas para superar o tédio, dissipando a neblina midiática para se conectar com os públicos. As narrativas captam e retêm a atenção que se perdeu no dilúvio. Como afirma Peter Guber, ex-CEO da Sony Motion Pictures e um dos executivos com mais contatos nos Estados Unidos: "Durante muito tempo o mundo dos negócios ignorou ou menosprezou as narrativas, dando preferência a frios *slides* do PowerPoint, a números e dados. Mas, à medida que o nível de ruído da vida moderna se transformou em cacofonia, a capacidade de contar uma história com propósito, uma história que consegue ser *ouvida*, tem demanda cada vez maior"[12].

• **Preservar e proteger:** nos museus, curadores são encarregados de cuidar de suas peças, sejam fósseis do Cretáceo, frágeis resmas de papiros ou a cama de Tracey Emin. Eles precisam armazenar, preservar e documentar essas coleções com todo o cuidado. Esse elemento de administração geralmente se perde no mundo frenético da curadoria digital, mas não deveria; como veremos mais adiante, ter alguma ideia de preservação ou proteção é o que impedirá a curadoria de sucumbir à sua autoindulgência. Quando perguntei a Oriole Cullen, curadora do Victoria and Albert Museum, o que ela fazia, a resposta foi clara: "Nos museus, nós cuidamos das coleções. Isso implica catalogar, elaborar o banco de dados, ter o cuidado físico com as coleções,

---

12 Peter Guber, *Tell to Win: Connect, Persuade, and Triumph with the Hidden Power of Story*, Londres: Profile Books, 2011, p. ix [ed. bras.: *Contar histórias para vencer: conectar, persuadir e triunfar com o poder secreto da história*, trad. Flávia Mesquita, Rio de Janeiro: Alta Books, 2013].

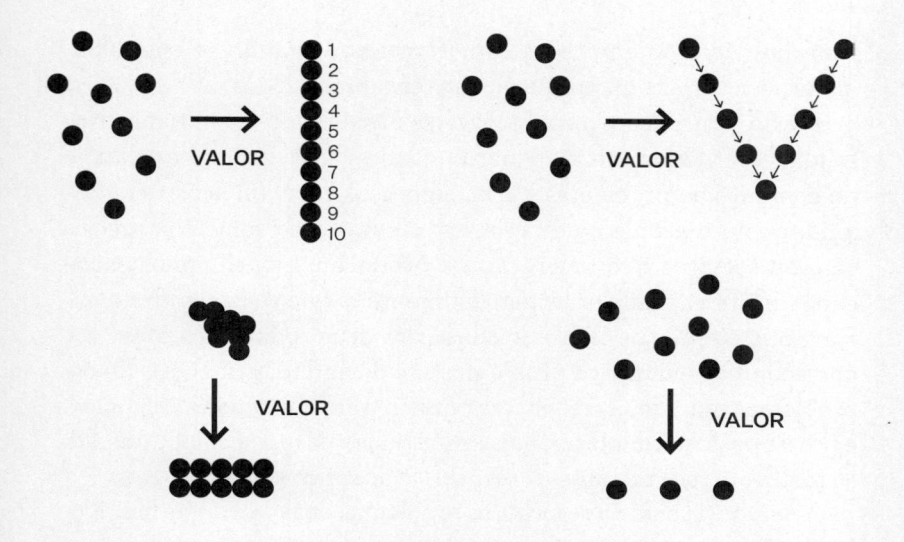

*Figura 12. Abordagens da curadoria.*

incrementá-las, torná-las acessíveis e montar exposições". Cuidar ainda era o mais relevante. Essa sensação de cuidado, não apenas de escolher, ajuda a explicar por que a curadoria tem um papel tão importante hoje – mas geralmente é deixada de lado no sentido mais novo da palavra.

Poderíamos continuar com destilação, justaposição, esclarecimento, narração, contextualização, filtragem, conexão, exaltação... Os efeitos da curadoria são difusos e potentes. Eles se conectam conosco num nível mais profundo – gostamos de ordem, narrativa, cuidado, clareza e facilidade. Se o Buzzfeed nos ensinou alguma coisa, é que temos predisposição para listas. Quanto mais entendermos como a curadoria é coerente com uma rede de novas habilidades, estratégias e capacidades, mais estaremos preparados para prosperar na era do excesso que vem mudando nossa maneira de viver e trabalhar. Não existe uma única maneira de fazer curadoria, nem um único conjunto de efeitos que possa ser aplicado mecanicamente. Ao invés disso, a curadoria é uma cesta de abordagens que podemos selecionar, como ilustrado na Figura 12.

Negócios resolvem problemas. Ao resolver problemas, eles geram dinheiro. As empresas cometem erros quando se enganam quanto à natureza do problema que tentam solucionar.

A esta altura, com a sobrecarga se espalhando e o mito da criatividade perdendo força, começamos a ver uma grande mudança no conjunto de problemas. Se as empresas estavam acostumadas a lidar com o problema da escassez tendo como solução a produção, ou serviços que favoreciam a produção, os princípios esboçados neste capítulo – primordialmente a seleção, mas também o arranjo e todos os efeitos secundários de curadoria – tratam do que acontece quando os problemas são de abundância. Quando os problemas mudam, as respostas também têm que mudar. Negócios e pressupostos organizacionais apropriados para o século XX estão se tornando redundantes. A resposta é adaptar-se.

A curadoria ajuda a resolver os problemas de hoje e do futuro. É o fornecimento em massa da competência necessária para navegar e compreender os mercados saturados e complexos do século XXI.

Não existe receita. Não podemos pegar um negócio ou um setor e dizer que ele precisa de curadoria deste, daquele ou de outro jeito. Em vez disso, precisamos lidar com os princípios e pensá-los a fundo em cada conjuntura. Como a seleção resolve problemas? Será que uma mudança de arranjo não seria melhor? No capítulo a seguir, veremos como curadores já reagem a essa mudança, melhorando vidas, modificando negócios e alterando pressupostos. Eles realizam isso ao perceber que os princípios da curadoria ajudam a (por exemplo):

- **Poupar tempo**. Lembre-se do estudo de Oxford sobre pressa. Seleção e arranjo podem liberar tempo para focar no que queremos.

- **Liberar recursos cognitivos**. O excesso de escolhas e a necessidade de pesquisar sobre essas escolhas sugam nossa energia mental. Quanto mais temos que decidir, menos conseguimos decidir. Ao terceirizar esses processos, a curadoria nos permite retornar ao que interessa.

- **Poupar-nos da ansiedade**. Quanto mais temos que fazer, e mais caóticas são as nossas vidas, mais estressados ficamos. A curadoria pode oferecer um antídoto, desde tornar mais agradável uma ida ao supermercado até criar um sistema bancário mais estável.

- **Maximizar a utilidade.** Pense na crise hídrica em regiões como a Califórnia. Isso nunca é enquadrado na linguagem da curadoria. Mas resolver o problema dependerá de selecionar melhor onde se utiliza a água e gerenciar melhor os recursos hídricos existentes. A crise hídrica é parecida com uma série de problemas que consideramos próximos da curadoria. Nos dois casos, maximizar a utilidade do que já está lá e alocar recursos com sensatez é algo que a curadoria possibilita.

- **Reduzir a complexidade.** Tanto nos níveis macro quanto micro, a complexidade é um problema. Ter menos elementos em jogo faz uma diferença crucial.

- **Descobrir qualidade.** Nunca foi tão importante separar o joio do trigo, pois nunca houve tanto joio.

- **Superar a sobrecarga de informação.** Seleção é mais que filtragem. É a filtragem pró-ativa, inteligente, competente – ingrediente essencial para solucionar o problema fundamental da era da informação.

- **Criar contrastes.** Homogeneidade é um subproduto do excesso; a curadoria pode fazer o mundo voltar a ser interessante.

- **Redefinir a criatividade.** Quanto mais valorizamos as habilidades e a personalidade por trás de uma boa curadoria, mais vamos superar a ideia romântica e ultrapassada do que pode ser a criatividade.

- **Canalizar atenção.** A mídia e os bens são onipresentes; a atenção humana é finita. O poder já passou para aqueles que conseguem mediar atenção (veja o valor das empresas de tecnologia). É o que os curadores fazem: eles dizem para olharmos para uma coisa e não para outra.

- **Dar contexto**. Exposições nos levam a entender uma pintura ao situá-la no contexto da vida do pintor, no período em que foi realizada ou mesmo no tema trans-histórico do qual trata. Uma lista de músicas nos ajuda a entender uma música. Curadores, através do arranjo inteligente, nos ajudam a encontrar sentido nas coisas quando isso se torna mais difícil.

- **Superar a superprodução**. A curadoria não apenas tira o máximo proveito dos recursos existentes, mas confere um novo paradigma para gerar riqueza e não simplesmente ter mais de tudo (sejam mais telefones celulares ou mais dívidas).

A curadoria é parte da resposta para a pergunta: como vamos viver e trabalhar hoje?

De volta às margens do Tâmisa, discutindo curadoria e a empresa do meu amigo, pedi mais uma rodada e me acomodei. O mundo dos negócios é mesmo implacável, os e-mails não param de chegar, o conteúdo precisava ser discutido, mas, por algumas horas, aquilo teria de esperar. Para meu amigo, levantar as informações mais importantes na área da medicina e organizá-las da maneira mais eficiente e mais clara é o fundamento de um negócio que vale centenas de milhões. Eles nunca haviam pensado naquilo como curadoria; pensavam como serviço, como ser a melhor empresa que podiam ser. No futuro, em vez de apenas conferir as métricas do mais, eles também poderiam conferir as métricas do menos – tanto quanto qualquer indicador de crescimento, esse é um sinal de que o serviço funcionava.

"Então, se somos curadores, quer dizer que todo mundo é curador?", ele perguntou.

"Bem", eu respondi, "talvez você se surpreenda".

**PARTE III**

# A realidade

# 7

# A curadoria do mundo

**CONSTRUINDO A ECONOMIA DA CURADORIA**

Uma nova cidade se ergue na costa de Abu Dhabi. Ambiciosa, até mesmo para os padrões de grandiosidade dos megaprojetos encontrados no Oriente Médio. A ilha de Saadiyat tem 27 quilômetros quadrados. A ponte que a liga ao continente, a ponte Xeique Khalifa, é um dos maiores projetos de infraestrutura do mundo: 1,4 quilômetros de extensão, dez faixas de largura, construída com 15.500 toneladas de aço reforçado[1]. Depois de concluída, a ilha de Saadiyat será lar de pelo menos 150 mil moradores, que vão habitar num ambiente verde, quase um oásis, a minutos de um dos desertos mais penosos do mundo. Dividida em "distritos" – um distrito de praia, um distrito de marina e assim por diante –, a ilha é muito bem aparelhada com as facilidades da vida moderna, de hotéis cinco estrelas a um *campus* completo da New York University. Haverá escolas e parques, centros de música e de ciências, um teatro, shopping centers. Ao contrário de muitos projetos similares, eles serão construídos em es-

---

1 Todos os números vêm do comunicado à imprensa da Secretaria de Turismo e Cultura de Abu Dhabi e entrevista.

cala humana – a meta é criar vizinhanças genuínas de prédios baixos e *villas* em vez das fileiras de arranha-céus tão comuns nas cidades prósperas e aceleradas da economia global.

Abu Dhabi quer ser incluída na primeira divisão; quer se tornar, nos termos de sua campanha promocional, "núcleo da cultura global". A cidade fez parceria com alguns dos museus mais famosos do mundo para construir um novo e amplo Distrito Cultural de Saadiyat, "uma nova paisagem urbana composta por *arquiesculturas*, características do diálogo entre a arquitetura e a escultura". Haverá, por exemplo, o Museu Xeique Zayed, projetado por Norman Foster. Com mais de 66 mil metros quadrados de área e em parceria com o British Museum, ele abordará temas que incluem meio ambiente, patrimônio e educação. Haverá também o Guggenheim Abu Dhabi, projeto imenso de outro grupo de museus importantes, que dará prioridade à arte do século XX e contemporânea, com foco especial em artes visuais do Oriente Médio. Maior que o Museu Xeique Zayed, espera-se que ele faça a ponte entre as práticas artísticas ocidental e islâmica.

Talvez a maior das proezas seja que Abu Dhabi inaugurará o primeiro Louvre estrangeiro, uma versão do museu mais visitado e talvez de maior acervo no mundo. Projetado como um vasto domo pelo arquiteto Jean Nouvel, vencedor do Prêmio Pritzker, é uma parceria não apenas com o Musée du Louvre, mas com a Agence France-Muséums, agência do governo responsável por museus em toda a França, incluindo o Musée d'Orsay, o Centre Pompidou e a Bibliothèque Nationale. No primeiro ano, o Louvre emprestará ao primo dos Emirados 300 obras, muitas das quais estão entre as suas obras mais preciosas – expostas no Oriente Médio, ou até fora da Europa, pela primeira vez. Em sua maior parte, porém, o Louvre Abu Dhabi exporá obras que ele mesmo adquiriu. Durante anos, Abu Dhabi, como seu vizinho Qatar, amealhou uma coleção permanente de monta, que será a peça central do museu: uma exposição deslumbrante da cultura mundial, que será o cerne desse grande teatro de infraestrutura que o *Wall Street Journal* já chamou, mesmo antes de pronto, de um dos dez maiores pontos turísticos do mundo. Pelo menos nesse ponto o comunicado à imprensa não exagera quando afirma que o Distrito Cultural de Saadiyat é "sem precedentes em termos de tamanho e escopo".

Boas-vindas à economia da curadoria.

Em certo nível, essa mudança é superficial: um exemplo clássico de curadoria como leve camada de verniz sobre a economia real; um joguete para bilionários e caçadores de tendências, enquanto o trabalho duro vai para outro lugar. Em parte, é verdade. A curadoria muitas vezes não é essencial para a economia e tem impacto limitado, geralmente circunscrito às elites culturais em áreas de significância duvidosa. Por isso é fácil zombar da curadoria: aplique-a no que quiser, mas na verdade não importa. A curadoria, no entanto, vai bem mais fundo. Padrões de seleção e arranjo começam a ter impacto fundamental nos negócios mundiais, e a curadoria pode mudar até mesmo nossa maneira de trabalhar a cadeia de valor. Nossa tendência é pensar que a curadoria só acontece em pontos isolados como o Louvre Abu Dhabi, onde dinheiro não é problema e a cultura é um brinquedo do Estado. Errado. É também um engano quanto ao que se passa no Golfo Pérsico.

O Distrito Cultural de Saadiyat só pode ser devidamente compreendido no contexto regional mais amplo. Abu Dhabi faz parte dos Emirados Árabes Unidos, um grupo de Estados que, juntos, têm o tamanho da Irlanda. Até pouco tempo, era um lugar difícil. O emirado vizinho de Abu Dhabi, Dubai, só teve a primeira rua iluminada e pavimentada em 1961. O antigo protetorado britânico era um rincão perdido no deserto. Tribos beduínas levavam uma vida de austeridade atemporal. Então, Abu Dhabi descobriu petróleo. Sob as dunas estão 9% das reservas de petróleo comprovadas do mundo, por volta de 98 bilhões de barris, que valem trilhões de dólares[2]. Como a população de emiradenses nativos é minúscula, cada cidadão de Abu Dhabi é, em teoria, multibilionário. Mas os xeiques Nahyan de Abu Dhabi foram conservadores durante muitos anos. Os adereços da vida moderna chegaram tarde. O xeique Zayed, governante de longa data, era uma figura amada, carismática e generosa, mas tradicional – cavalgava um garanhão branco, praticava atividades beduínas tradicionais, como falcoaria e vagar pelo deserto. Enquanto as coisas avançavam e o lucro continuava a aumentar tranquilamente, a atenção global recaía sobre seus vizinhos, os Maktoum de Dubai.

---

2   Jim Krane, *Dubai: The Story of the World's Fastest City*, Londres: Atlantic Books, 2009.

Pouco após a descoberta do petróleo, o xeique Rashid de Dubai percebeu que seus recursos secariam antes dos de Abu Dhabi. Ele e os filhos adotaram uma estratégia diferente da de Zayed – crescimento e desenvolvimento agressivos. Construíram portos num ritmo alucinante, mesmo quando todos os consideravam insensatos. Construíram grandes hotéis de luxo, abrindo o país para turistas e empresários ocidentais, para imigrantes iranianos e para comerciantes e trabalhadores do subcontinente indiano. Transformaram Dubai no ponto mais cosmopolita do Golfo e em entreposto aéreo, logístico, financeiro e comercial da região. Acima de tudo, os Maktoum, com suas pistas de esqui no deserto, arranha-céus flutuantes, prédios que batiam recordes, novos distritos e arquipélagos falsos, inseriram Dubai no mapa.

Um exemplo clássico dessa postura faraônica foi o primeiro arranha-céu da região, o Dubai World Trade Center, construído numa área deserta em 1978. Era especulativo, ousado e visto como uma loucura – até que deu certo. O porto de Jebel Ali foi ainda mais ambicioso: com 66 embarcadouros, maior porto seco do mundo e, hoje, o maior cais artificial do mundo, ele originalmente foi considerado um tresloucado projeto narcisista. A estratégia de Dubai era construir em grande escala e arriscar. Tem dado mais ou menos certo – se esquecermos o regime autocrata, o meio ambiente, as condições de trabalho terríveis para os operários e algumas regras de crédito irregulares. Dubai subiu na cadeia de valor. Enquanto Abu Dhabi ou a Arábia Saudita baseavam-se em exportações de petróleo cru, Dubai construiu uma economia moderna que incluiu pontos fortes em aviação, sistema bancário e (cada vez mais) indústrias criativas.

Os Maktoum apostaram seus dirrãs em escala épica; os Nahyan reforçaram a aposta nos poços. Dubai, com recursos naturais limitados, transformou-se num protagonista sofisticado. Abu Dhabi enchia barris. Tal como outros países ricos em recursos, era uma economia unidimensional. Então o xeique Khalifa, governante de Abu Dhabi, decidiu copiar Dubai. Isso tem acontecido com ondas de investimento em hotéis como o Emirates Palace, que custou 6 bilhões de dólares, um acordo com a NYU, um circuito de Fórmula 1 e um parque temático da Ferrari, o projeto ambiental Masdar no deserto e, acima de tudo, a ilha de Saadiyat. E a ilha de Saadiyat mostra que Abu Dhabi está mirando ainda mais alto na cadeia de valor que Dubai. Se Dubai quer brilho, Abu Dhabi quer classe. O contexto do Distrito Cultural é duplo – num nível, como o assessor de imprensa me disse, tem a ver com construir "um museu universal no Oriente Médio que traduza o espírito de abertura e diálogo entre as culturas". Mas, segundo o assessor, ele também sugere uma ambição maior:

> A ilha de Saadiyat em Abu Dhabi cria o ponto perfeito para o cruzamento natural entre história, arte, turismo, desenvolvimento e uma população diversa. Construir um ecossistema cultural é essencial para as ambições culturais de Abu Dhabi: com programação cultural rica, que inclui exposições, oficinas, plataformas de palestras, uma feira de artes anual e iniciativas sob medida para estudantes, colecionadores e turistas. São iniciativas que atraem uma gama de visitantes de todas as idades e origens, do mundo inteiro.

Em outras palavras, o Distrito Cultural é a ponta de lança da entrada de Abu Dhabi em setores de valor mais elevado; a curadoria redireciona Abu Dhabi. Construir museus e fazer curadoria de exposições sem precedentes, angariadas por uma imensa riqueza, na verdade faz parte de uma programação mais ampla que visa construir uma economia diversificada, pós-petróleo. A curadoria não é apenas uma exibição superficial de pompa, é mais refletida e formidável. Sim, é um estratagema antigo. Conhece-se bem o efeito Bilbao, no qual um exuberante museu leva à regeneração urbana. Mas poucas vezes foi testado nessa escala, e poucas vezes a curadoria foi tão fundamental. No material de divulgação, a ênfase está em pontos curatoriais específicos – o que foi adquirido e como, onde e quando será exposto, o que essas mostras, galerias e exposições querem alcançar.

Abu Dhabi, um dos Estados mais ricos do mundo, está mergulhando na curadoria. Faz isso no interior de uma corrida regional para se desenvolver. E a prática curatorial está no cerne desse desenvolvimento.

## OPERÁRIOS DE COLARINHO DOURADO

Os economistas tradicionalmente dividem a atividade econômica em setores fundamentais. Na base estão as atividades primárias, as que dependem dos recursos naturais, como a agricultura. Antes de mais nada, precisamos nos alimentar. O setor primário foi dominante durante boa parte da história; a maioria da população trabalhava nas lavouras e quase toda a riqueza estava ligada à propriedade de terras para cultivo. Isso se estendia ao aproveitamento de matéria-prima, como minérios. Mas também pode-se dizer que englobava caça, coleta, pesca, silvicultura e mineração.

Depois vinham as atividades secundárias, sobretudo a indústria: os clássicos empregos de "colarinho azul". A matéria-prima extraída pela atividade primária era transformada, acrescida, empacotada, montada e processada. Da BMW ao ferreiro, todos faziam parte da economia secundária.

Depois deste havia o setor terciário, mais conhecido como setor de serviços: os empregos de colarinho branco. Facilitar trocas ou comunicação são atividades terciárias, assim como transporte, turismo, escritórios e serviços jurídicos. Encanadores, cabeleireiros e contadores não produzem nada material: produzem um serviço. A partir daqui, a direção geral fica clara: com os ganhos de produtividade mobilizados pela tecnologia, os setores primário e secundário se tornam mais eficientes e encolhem em termos de sua proporção global na economia. Paralelamente, o setor terciário infla. A gestão pública entende isso como algo bom – empregos no setor terciário geralmente rendem mais, dão mais *status* e são vistos como "melhores" por governos, empresas e pelos próprios empregados.

Porém, o tamanho e a diversidade do setor terciário são tão grandes que os economistas fizeram dois acréscimos que nos levam um ponto acima na cadeia de valor: o setor quaternário e o setor quinário. É aqui que encontramos a curadoria. O setor quaternário relaciona-se ao conhecimento, ou aos serviços intelectuais. O quadro de funcionários de uma universidade seria um bom exemplo, assim como consultores de negócios ou empresas de tecnologia e TI. Quando uma empresa farmacêutica investe na pesquisa de um novo medicamento, na criação dos motores do lucro futuro, tem-se trabalho quaternário.

Passando o quaternário, temos o nível quinário: os chamados "operários de colarinho dourado", os "que fazem acontecer", as estrelas do conhecimento, as figuras influentes da economia. Nos termos de um artigo, os que têm a ver com "a criação, o rearranjo e a interpretação de ideias novas e existentes"[3]. Os operários quinários são tomadores de decisão nos centros de comando do comércio global, equivalentes ao que o economista italiano Vilfredo Pareto chamou de "poucos e vitais". Eles trabalham em diversas disciplinas em campos transnacionais, conectando áreas díspares para se transformarem em pontos nodais de nosso sistema em rede. Do governo à mídia, são eles que ditam a moda, são os grandes influenciadores, paladinos do trabalho intelectual ou do "infocapitalismo", as formas mais avançadas de valor agregado existentes.

A curadoria situa-se nos campos quaternário e quinário, nos quais conhecimento e experiência mobilizam decisões, seleções e arranjos de bens, ideias e capital. Ela está bem longe do trabalho primário e secundário, o que explica em parte por que nem sempre temos a sensação tangível de que contribui com alguma coisa. Consultores empresariais vão reconhecer o problema. Mas variações no nível quinário têm ramificações que chegam a provocar grandes alterações no setor primário (que ainda é dominante em vastas regiões do mundo).

À medida que reconfiguram suas economias, as nações procuram se expandir para níveis mais elevados. Economias primárias, como as exportadoras de matéria-prima da África, querem construir uma base secundária; economias secundárias como a China querem uma indústria de conhecimento intensivo. E economias desenvolvidas como os Estados Unidos tentam encontrar maneiras de apoiar os setores primários e facilitar seu crescimento. Associações regionais como a ANSEA, o Mercosul e a UE, por exemplo, concentram-se, em grande parte, em tentar impulsionar coletivamente suas regiões para subir na cadeia. Todos procuram turbinar o avanço da história subindo nas engrenagens da economia.

Na Rússia, o governo está construindo um grande complexo de pesquisa e desenvolvimento chamado Skolkovo, em parceria com

---

3 Alex Andrews George, "Sectors of Economy: Primary, Secondary, Tertiary, Quaternary and Quinary", *ClearIAS*, disponível em: <http://www.clearias.com/sectors-of-economy-primary-secondary-tertiary-quaternary-quinary/>, acesso em: maio 2019.

empresas que incluem Microsoft, Siemens e EADS. Dividido em grandes agrupamentos, com arquitetura grandiosa, isenção de visto para funcionários essenciais e um expressivo orçamento fornecido pelo governo federal, Skolkovo faz parte da estratégia do Kremlin de impulsionar a economia russa. Extremamente dependente de matéria-prima, sobretudo de energia, a Rússia quer progredir no conhecimento intensivo. Na Coreia do Sul, o governo apoiou o desenvolvimento da indústria, ajudando a formar fábricas gigantes como Daewoo, Hyundai e Samsung – as *chaebols*. Mas, diante da temível competição da China, o governo passou a apoiar produtos culturais, transferindo sua política industrial de sucesso do setor secundário para o terciário. Hoje as novelas coreanas têm audiência de centenas de milhões e o fenômeno musical do K-pop explodiu.

A estratégia de Abu Dhabi pode ser entendida nesse contexto. Ao promover como carro-chefe um projeto de Distrito Cultural ao invés de, digamos, um complexo de entretenimento, como o construído em Dubai, Abu Dhabi tem como alvo os setores quaternário e quinário. Se Dubai alcançou o feito incomum de saltar de economia primária para terciária, Abu Dhabi, como sempre, quer dar um passo a mais.

As políticas econômica e industrial destinam-se, substancialmente, a alocar a atividade industrial em áreas nas quais atividades no estilo da curadoria têm papel significativo. Governos provavelmente não sabem disto e é improvável que o admitam, mas eles adoram fazer curadoria!

O lento colapso do Modelo de Seleção Industrial e a ascensão do Modelo Curatorial também fazem parte do panorama. As preferências de consumo, a mecânica do varejo, o macropanorama da geração de valor – tudo está em movimento, e tudo na direção que indica a necessidade de melhor seleção e arranjo.

Uma das maneiras de pensar nessa mudança, bem demonstrada no caso da ilha de Saadiyat, é ver a curadoria como algo bipartido. Temos a curadoria *explícita* e a curadoria *implícita*.

- **Curadoria explícita:** a curadoria de galerias de arte, bienais e museus. A que tem a ver com vidro escuro grosso e cubos brancos, com a multiplicação de pós-graduações em curadoria. Suas raízes estão nos grandes museus dos séculos XVIII, XIX e XX. Mas também é a curadoria centrada nas capitais mundiais da moda e da tecnologia; de celebridades que fazem curadoria de Instagrams e festivais de música; de lojas *pop-up* e blogs de moda. É quando um amigo faz curadoria de uma *playlist*. É um termo da moda, um fenômeno de destaque; mas também é meio piada, um tanto frívolo, que aplica a seriedade sem graça da arte contemporânea aos nossos problemas menos prementes e aparentemente superficiais. A curadoria explícita deixa a web mais interessante e nossa noite mais divertida – mas também está sujeita a paródias como a do *Daily Mash*, que vimos na Introdução. A curadoria explícita oscila entre criar novas formas de valor e resvalar para, bem... bobagem. A ilha de Saadiyat é um exemplo claro de curadoria explícita, no sentido de que Abu Dhabi investe na prática curatorial clássica.

- **Curadoria implícita**: na qual padrões de seleção e arranjo lentamente reorganizam indústrias. Já vimos isso acontecer no último capítulo. Está relacionada com novos serviços de luxo. É conhecimento intensivo que exige competência profunda. Responde à pluralidade, ao excesso de opções. Tem a ver com uma economia pós-industrial e com um novo tipo de modelo de varejo, no qual bases de ativos consistem em conhecimento, gosto e competência em vez de bens tangíveis; tem a ver com reposicionar as atividades de margem maior como crescimentos de produtividade subjacentes. É o macro em relação ao micro da curadoria explícita. Ao construir a ilha de Saadiyat, Abu Dhabi quer incentivar esse tipo de curadoria. Ter grandes museus, obviamente, é uma meta digna e uma boa maneira de atrair turistas. Mas fazer a economia subir de nível é o grande benefício.

Encontra-se curadoria explícita e curadoria implícita com frequência em áreas parecidas. Mas é fácil não perceber a curadoria implícita, pois estamos muito ocupados rindo das peripécias dos curadores "explícitos" e seus bigodes. Os blogs de design nos distraem e não nos deixam ver que, hoje, compradores do varejo, investidores e corretores de imóveis, por exemplo, precisam ser curadores. Como veremos no próximo capítulo, a curadoria explícita está transformando a cultura. Mas a ascensão da curadoria implícita, essa tendência subjacente exemplificada nos passos de Abu Dhabi, significa que não estamos apenas curando galerias – estamos fazendo curadoria do mundo. E isso é duradouro. Na linguagem da política econômica, a mudança é estrutural, não cíclica.

Como foi discutido na Parte I, desde os anos 1970 e 1980 o valor das exportações dos Estados Unidos teve um crescimento enorme, segundo o Departamento de Comércio do país: de 364 bilhões de dólares em 1989 para 1.579 bilhões de dólares em 2013[4]. O peso físico dessas exportações, contudo, não aumentou nem um pouco. Já em 1973 o lendário sociólogo Daniel Bell falava da sociedade "pós-industrial", ou do que foi apelidado de "capitalismo cognitivo". Para economias como os Estados Unidos e o Reino Unido a ideia de que o conhecimento leva ao crescimento já é considerada natural – a tecnologia avançada, a propriedade intelectual e os serviços criativos e competentes são o que define valor. A curadoria faz parte dessa mudança, que alguns pensadores veem como algo similar à transição do modelo agrário para o industrial. Mais importante ainda, ela faz parte da próxima evolução do trabalho pós-industrial, de onde virão os próximos trinta anos de crescimento. Como as *commodities* passam por um abrandamento, é um lembrete de que fontes de valor mudam e se deslocam. A mensagem, tanto para negócios pequenos quanto para os grandes, é clara: siga o valor, encontre a curadoria.

Até no nível mais básico a curadoria transforma o mundo com os bens mais necessários: comida e bebida.

## A CADEIA ALIMENTAR DO FUTURO

Para Carlo Petrini, foi a gota d'água: um McDonald's acabara de abrir ao lado da icônica Piazza di Spagna, em Roma. Ativista e revolucionário tarimbado, Petrini viu o triunfo do *fast-food* e não gostou nem um pouquinho. Cansado de ver seu amado patrimônio gastronômico ficar à margem, ele decidiu tomar uma atitude – e criou o movimento Slow Food. Como sugere o nome, o Slow Food foi concebido para ser tudo que o *fast-food* não é. Local, artesanal,

---

[4] Dados disponíveis em: <http://www.census.gov/foreign-trade/index.html>, acesso em: maio 2019.

natural, arraigado à tradição, o Slow Food é contra a monocultura, a homogeneidade e o uso extensivo de produtos químicos. Oscar Farinetti, piemontês como Petrini, viria a levar o conceito às massas quase vinte anos após o início do Slow Food.

Farinetti não era o candidato mais óbvio. Tendo herdado o supermercado de seu pai, ele o transformou numa rede de eletrônicos, a UniEuro. Fez sucesso, mesmo que numa área inexpressiva. Farinetti não é nem um pouco inexpressivo – ele é carismático, enxerga à frente, sempre soube que queria ser mais que um vendedor de eletrodomésticos. Seu pai, afinal de contas, não fora só empreendedor – tinha sido também um *partigiano* que enfrentou os nazistas na Segunda Guerra Mundial. Será, pensou Farinetti, que eu também deveria ter uma missão? Seria esta?

Farinetti acabou vendendo a UniEuro por quase meio bilhão de euros e encontrou sua missão no Slow Food. Viu a oportunidade de reconstruir a ideia de supermercado; encurtar radicalmente o tempo que os hortifrútis passam no trânsito entre a fazenda e o varejo; construir relações entre os melhores produtores, empenhando-se para encontrá-los; criar um ponto de venda que misturasse mercados de alimentos, como o La Boqueria de Barcelona, com um complexo de restaurantes, adega de vinhos e instituto de formação, todos se abastecendo dos melhores hortifrútis, vendidos a preços sensatos. Localismo e ambientalismo finalmente passariam a ser divertidos. O Eataly, que ele fundou em 2004, seria esse lugar, e sua primeira loja abriu em 2007.

Se você quer ver onde começou o supermercado do futuro, vá a Turim. Ao pegar o Linea 1 até Lingotto, fui ao primeiro Eataly num dia de tempestade e chuvas torrenciais. Aninhada no sopé dos maciços alpinos, Turim já foi o lar da indústria automotiva italiana. O Eataly localiza-se numa antiga fábrica de vermute, bem em frente à massa colossal da antiga fábrica da Fiat, que já foi a maior do planeta. Uma volta por sua famosa pista no telhado é uma das experiências inesquecíveis da manufatura do século XX. Agora, numa ilustração eloquente da transição das indústrias secundárias para as terciárias, muitas vezes dolorida, a fábrica foi convertida em complexo de shopping center, lazer e exposições. Tal como sua irmã norte-americana, Detroit, Turim está tendo que construir uma nova identidade pós-industrial, e seu epítome é o Eataly.

Para um *gourmet*, o Eataly é emocionante. As lojas são espaços gigantes, tais como um bazar oriental – a loja de Turim tem 11 mil metros quadrados. A de Roma, num terminal aéreo abandonado, chega a 15,8 mil metros quadrados e inclui uma torrefação de café, uma cervejaria, 18 restaurantes e até uma agência de viagens para reservar feriados gastronômicos. Tudo é leve, espaçoso, cuidadosamente projetado, nem o pastiche histórico *kitsch* nem a modernidade *echt*. Antes de mais nada, tudo é meticulosamente selecionado e disposto.

Na Salumeria (seção de embutidos), há fileiras de presunto de Parma pendurado, enquanto no andar de baixo outras fileiras maturam. Ao lado delas, maturam também grandes rodas de Parmigiano Reggiano. Debaixo dos presuntos ficam pilhas de *salumi*, cortado e curado no local. Há o Salumi Nostrano Lodigiano, o mais fino dos Gran Bresaola, a 43,90 euros o quilo, o *prosciutto* San Daniele do *prosciuttificio* Dok Dall'ava, de Friuli, e o picante *nduja di spilinga*, do produtor Luigi Caccamo, de Monte Poro, Calábria. A seção de queijos tem cunhas grossas do Gorgonzola Dolce DOP, derretendo-se, cortes generosos de Cremonese Gran Padano, Parmigiano Reggiano que maturou no mínimo 15 meses, a maioria mais de trinta (menos que isso seria infanticídio, diz o rótulo), e tubos de *burattina* do produtor Domenico Romagnuolo, da Campânia, feito à maneira tradicional, com leite de búfala puro. Caso você queira tomates, pode escolher os Piccadilly, os *grappolo*, os *allungato* e os *marinda* – todos parecem sensacionais. O Eataly conhece cada produtor desses alimentos. Todos são artesanais, examinados com todo o cuidado para serem os melhores exemplares daquele produto.

Com a dedicação que Farinetti tem para encontrar os melhores ingredientes (assim como seus bolsos fundos), ele chegou a comprar as empresas de alguns produtores. No Eataly encontra-se facilmente a Pasta Artigianale Gragnano (Gragnano, na Campânia, com seu microclima perfeito de ar marítimo e das montanhas, séculos de experiência e farinha finíssima, é a região conhecida pelas melhores massas secas da Itália). Há produtos do Pastificio Afeltra, que data de 1848. Farinetti gostou tanto do macarrão que comprou a empresa. Seu prédio imponente, na rua que sempre foi o centro da produção de massas, combina o melhor da artesania tradicional com tecnologia de ponta. Feita com a semolina do trigo durum 100% orgânico mais refinado, toda massa Afeltra é lentamente extrusada no bronze, o que lhe dá a porosidade e a aspereza corretas; depois é secada em nichos de madeira e conferida regularmente em tudo, desde umidade até qualidade microbiológica. No total, o Eataly armazena mais de 200 tipos de massas, incluindo *paccheri*, *vesuvio*, *bucatini*, *casarecce* e *calamari*, assim como os *penne* e espaguetes mais comuns – cada um deles selecionado minuciosamente, com a devida competência.

O Eataly também é repleto de restaurantes. O arranjo deles e de todos os produtos é bem pensado e, apesar da profusão, nunca nos sobrecarrega. Os *antipasti* ficam um perto do outro, na outra ponta da loja em relação ao balcão de sorvetes e à cafeteria. Há uma ordem natural que enfatiza os ritmos clássicos da *cucina italiana*. Há uma grande livraria à direita, logo na entrada. Informações sobre *slow food*, alimentos sazonais, ingredientes e técnicas são integradas ao espaço com acuidade.

O Eataly oferece milhares de itens e serve um vasto cardápio em seus restaurantes. Mas o cuidado com o qual eles são selecionados é extraordinário. Todos os fornecedores seguem padrões rigorosos. Tudo é escolhido para ser o melhor exemplar possível. Tudo tem a ver com curadoria do patrimônio rico, local e complexo da cozinha e dos ingredientes italianos. O Eataly contém muito – mas é uma fração minúscula dos hortifrútis possíveis e é militantemente filtrado. Até os sabonetes líquidos nos banheiros são selecionados. A água Lurisia, que é gratuita nos restaurantes, também é controlada por Farinetti. As garrafas são de vidro porque Farinetti acredita que o gosto fica melhor.

O Eataly é curadoria do princípio ao fim. Não há grandes marcas, não há produtos industrializados, não há cadeias logísticas complexas. A comida é destacada como algo que vem de fazendas, cooperativas e até lavouras individualizadas. O Eataly representa opção – mesmo que aquela infinidade de molhos de tomate já tenha passado por um amplo processo de pré-seleção. Eles são o ápice, a melhor opção possível. Na medida em que representa o futuro do varejo alimentício – e é difícil não torcer para haver aí um elemento de verdade –, a atenção do Eataly para a seleção e o arranjo é essencial. Mario Batali, um dos principais investidores na filial de Nova York, disse ao *New York Times*: "Os clientes creem que recebem algo que passou por finíssima edição"[5].

Batali afirmou que o Eataly não é uma loja de tudo. Ela é parte supermercado, parte praça de alimentação; mas, complementou, "tudo se integra". Não é um restaurante nem um conjunto de restaurantes; não é uma loja nem um conjunto de lojas. Não é um mercado, nem um instituto, nem uma escola de culinária, nem filosofia de produção, de varejo e de alimentação: é tudo isso ao mesmo tempo, fundamentado no foco infalível na seleção que possibilita uma nova forma de crescer, o Slow Food. O Eataly é o antídoto curatorial ao agronegócio; é onde a curadoria interfere em aspectos da produção primária. O Eataly mostra não apenas como o futuro do varejo alimentício terá, provavelmente, mais curadoria, mas como o futuro tem impactos diretos na cadeia logística para os agricultores.

Nada disso custou pouco. A loja de Turim exigiu, no mínimo, 20 milhões de euros de investimento de Farinetti. Em Nova York talvez ainda mais. Mas os resultados são surpreendentes. O prefeito Michael Bloomberg esteve na inauguração em Nova York, onde se registraram filas durante semanas. Dois anos depois, o Eataly NY cobrava 1.700 dólares por pé quadrado por ano, comparado a uma faixa de 350 a 500 dólares nos shopping centers mais rentáveis. Com 8 a 13 mil visitantes por dia, pode-se dizer que é a terceira atração turística mais popular de Nova York, depois da Estátua da Liberdade e do Empire State Building[6]. O Eataly ampliou-se para locais como Chicago, Istambul e Tóquio, sem sacrificar seus valores, visão e proposta curatorial. Há planos em andamento para a nova onda de expansão, que chegará a cidades como Boston, Moscou, Munique e Sydney[7].

A agricultura é a indústria mais fundamental existente. A produção de alimentos, quase como todo o resto, continuou a crescer.

---

5   Glenn Collins, "At Eataly, the Ovens and the Cash Registers are Hot", *The New York Times*, 28 ago. 2012, disponível em: <https://www.nytimes.com/2012/08/29/dining/eataly-exceeds-revenue-predictions.html?_r=0>, acesso em: maio 2019.

6   Jason Ankeny, "Eataly Elevates Food Retail, Tastes Success. What's Next?", *Entrepreneur*, 30 out. 2014, disponível em: <http://www.entrepreneur.com/article/238389>, acesso em: maio 2019.

7   A rede Eataly abriu unidades em São Paulo, Munique, Seul (2015), Boston, Copenhague (2016), Los Angeles, Moscou, Emirados Árabes Unidos (2017), Las Vegas e Estocolmo (2018), entre outras. [N.T.]

Hoje 40% da superfície terrestre é ocupada pela agricultura. A "Revolução Verde" dos anos 1950 e 1960 garantiu que, mesmo com a explosão da população global, houvesse também um aumento da oferta de alimento. Pesticidas, herbicidas, nitratos, fertilizantes e procriação mantiveram o crescimento da produtividade, embora hoje muitos especialistas temam que passemos a sofrer consequências adversas. A mistura de mudança climática, degradação do solo e escassez hídrica dificultará a produção de alimento. Por enquanto, o problema é administrável. Segundo estimativas conservadoras da Oxfam, o mundo produz 17% a mais de alimento *per capita* do que há trinta anos. Temos alimento suficiente e até em excesso – só não é distribuído de forma igualitária. Os alimentos estão tão integrados à abundância da nossa era quanto a maioria dos bens.

No entanto, a alimentação também é algo complexo. O Eataly consegue condensar a enorme complexidade da comida da Itália, onde cada vilarejo tem uma tradição culinária diferente, com suas variações de ingredientes e receitas, numa única loja, que cobre toda a extensão da produção agrícola e da cozinha das montanhas da Lombardia até a costa da Sicília.

Vinho é um bom exemplo. Só a Borgonha tem 4.300 viticultores, a maioria com menos de 10 hectares de parreiras. Embora represente 3% da produção francesa, a região concentra quase um quinto das *Appellations d'Origine Contrôlée*, que regulamentam rigorosamente a identidade regional do vinho francês. Até enólogos experientes consideram um desafio dominar os meandros da Borgonha. Ao longo dos séculos, a viticultura abrangeu um desconcertante leque de variedades de uva e condições de cultivo. Isso explica por que o vinho passa por curadoria há tanto tempo, por que sempre houve *sommeliers* nos restaurantes e comerciantes de vinho locais que ajudam consumidores casuais a escolher o que beber.

Então, fazemos curadoria de vinho. Sou membro de uma organização enóloga sem fins lucrativos, The Wine Society, constituída em torno de uma equipe de compradores competentes, muitos dos quais têm o raro título de Mestre do Vinho. A proposta dessa organização é a seleção excepcional para o consumidor comum. Em Londres, bebo num bar chamado Sager + Wilde, cuja seleção de vinhos é sempre impecável. Agora eles começaram a fazer curadoria de vinhos para outros restaurantes. Se não fizéssemos curadoria de vinho, não poderíamos ter o mercado global diferenciado de vinhos de que desfrutamos atualmente, um mercado que apoia uma impressionante quantidade de pequenos produtores, do Vale do Napa até o Cabo Ocidental.

A curadoria não é apenas um bom acréscimo ao mercado de vinho global: curadoria é uma necessidade estrutural. Quanto mais vinho temos, quanto mais países, *châteaux* e viticultores o produzem, maior a inovação, mais duradouro e mais rico o legado dos clássicos do Velho Mundo, mais complexo o negócio e maior o valor da curadoria comparado ao valor de produzir outra garrafa.

Você pode achar que isso tudo é muito simpático, mas não tem consequências econômicas sérias (apesar de a indústria do vinho valer bilhões, a Wine Society estar crescendo mais rapidamente que nunca em seus 141 anos de história e a Sager + Wilde estar se expandindo para outros bares). Porém, há ramificações enormes. O vinho pode ter um mercado grande, mas o do café é maior. A cada dia, são consumidas mais de 2,1 bilhões de xícaras de café no mundo[8]. Depois do petróleo, o café é a *commodity* mais comercializada no planeta, o que significa que, para grandes produtores como Brasil, Colômbia, Vietnã e Indonésia, é um produto de exportação de importância fundamental. Por isso, qualquer tendência significativa terá repercussões sérias para milhões de produtores. E, das muitas tendências do café, nenhuma é mais significativa que a "terceira onda".

Nos Estados Unidos, a primeira onda do café remonta ao século XIX. Grandes marcas como a Folgers, fundada em 1850, levaram a bebida às massas. Dos anos 1960 aos 1980, houve uma mudança na cultura do café – as cafeterias, representadas pela marca clássica da segunda onda, a Starbucks, mudaram a maneira como as pessoas bebem café. Depois, nos anos 1990 e início dos anos 2000, surgiu a terceira onda. Empresas como a Stumptown Coffee Roasters, de Portland, Oregon, e a Counter Culture Coffee de Durham, Carolina do Norte, começaram a produzir café com propósito renovado. O café precisava ser tratado com maior reverência, tal como o

---

[8] The British Coffee Association, "Coffee is the most popular drink worldwide with around two billion cups", disponível em: http://www.britishcoffeeassociation.org/about_coffee/coffee_facts/, acesso em: jun. 2019.

vinho, com métodos de preparo, cultivo e procedência corretos. No Reino Unido, uma nação que tradicionalmente bebe chá, as ondas chegaram mais tarde. O café popularizou-se nos anos 1960, com a adoção mais ampla do café solúvel. A segunda onda chegou nos anos 1990 – a Starbucks espalhou-se em centros urbanos ao lado de marcas britânicas como Costa e Nero. Em fins dos anos 2000, partindo de Londres, mas ramificando-se por todo o país, chegou a terceira onda.

O café da terceira onda é selecionado com muito mais atenção que os anteriores. Torrefadores e baristas passam literalmente horas observando, testando e pensando nos grãos. A terceira onda está relacionada com o cultivo. Está relacionada com elevação, solos, tradições nacionais e locais de cultivo de café. Além da seleção, o foco está em aprimorar técnicas de torrefação e atribuir valor especial à arte do café.

Grande parte do café da terceira onda está não apenas na abordagem científica da produção e na seleção competente, mas naquela conexão, como o Slow Food, entre fornecedor e varejista final. Geralmente, o melhor café vem de microempresas, lugares com, ousemos dizer, *terroir*. Esses cafés exigem intenso emprego de mão de obra, em geral quatro vezes mais na colheita a mão, pois os grãos amadurecem em momentos distintos. No entanto, isso só é possível quando se focalizam os detalhes da seleção; os que compram por volume e sem atenção nunca conseguirão fazer essa ligação. A curadoria do produto aproxima o primário e o quinário.

James Simmons, da loja da Stumptown Coffee em Greenwich Village, me fala do processo de compra: "Há uma dose considerável de curadoria. Todo o café que nossos "Compradores Verdes" [assim chamados porque os grãos são comprados ainda verdes, direto da lavoura] nos garantem provém de relações próximas com produtores cultivadas ao longo de anos, com muito empenho". Ele menciona a atenção dada à qualidade: "Nossa qualidade é indissociável da maneira como gerimos nosso negócio e não teríamos café de alta qualidade se nossos Compradores Verdes não tivessem um relacionamento direto com os produtores". Ele cita o exemplo da relação de longa data da Stumptown com a família Aguirre, na Guatemala, que não apenas cultiva um dos melhores cafés do mundo, mas apoia efetivamente sua comunidade[9]. Nas palavras de Simmons, só compradores "com altíssimo nível de competência na indústria de café" podem identificar e construir essas relações.

Em Londres, visitei uma cafeteria da terceira onda que tem o apropriado nome de Curators Coffee [Café dos Curadores]. Um espaço moderno, refinado, parte cafeteria, parte butique de moda recatada, parte laboratório, é um dos vários estabelecimentos da terceira onda em meio à nova cultura do café na cidade. Compartilhando uma xícara de café delicado, quase floral, Catherine Seay, a cofundadora, conversou comigo sobre a abordagem desenvolvida por eles.

"Em termos de comida e cafeterias", ela disse, "você pode entrar nas grandes lojas da rua mais famosa, pedir qualquer coisa e eles vão dar conta. As pessoas não estão interessadas nem querem olhar o cardápio em lugares como esses. Elas pedem um chá Earl Grey e são atendidas. Mas talvez tenhamos um Darjeeling de origem única em nosso cardápio de chás. De minha parte, quero alguém que elimine as coisas que não são interessantes, para apresentar poucas opções que chamem a atenção". É uma abordagem em que cada uma das coisas na loja é cuidadosamente selecionada. Eles garantem que, dos poucos itens que vendem, só têm os melhores, produzidos segundo o padrão mais elevado. No Curators Coffee, a bebida se parece mais com vinho requintado do que com o lamacento combustível de trabalho que todos conhecemos (e, bem, adoramos).

Mas essa é uma estratégia comercial. Segundo o *Financial Times*, as vendas de café especializado subiram 300% desde 2002[10]. Seay sabe que o Curators Coffee, que está em expansão, constrói a lealdade do consumidor por meio da curadoria: "Quando se trata de novos cafés, levamos os consumidores a confiar em nós – complementamos o cardápio de cafés com o sabor do mês, e os clientes vêm acompanhar. Eles vêm especificamente para provar a nova combinação". Às vezes, clientes querem apenas uma xícara de café e mais nada – e tudo bem para Seay, pois é o que vão ter, sem questionamento. Devido à seleção, eles sabem que será um bom café.

---

9 Stumptown Coffee Roasters, "Arturo Aguirre Sr. and Arturo Aguirre Jr.", disponível em: <https://www.stumptowncoffee.com/producers/arturo-aguirre-sr-and--jr>, acesso em: jun. 2019.
10 http://www.ft.com/cms/s/0/bfce2878-c691-11e5-b3b1-7b2481276e45.html

Mas se quiserem passar meia hora discutindo procedência, permacultura, grãos cultivados à sombra, temperatura de fervura e tudo o mais, ótimo.

Pensando nos perigos da curadoria explícita, pergunto a Seay se isso poderia ir longe demais. Não estaríamos complicando demais as coisas, preocupando-nos com bobagens? Sua resposta chega ao centro da boa curadoria: "No futuro, talvez tenhamos alguns negócios alimentícios com curadoria descabida. Mas espero que não se caia tanto no ridículo. O essencial é o domínio do ofício. É isso que o curador traz: conhecimento. Quanto mais descubro sobre café, melhor posso escolher".

Explicitamente, o café da terceira onda envolve especialistas na área conversando sobre notas de mirtilo e baunilha no seu *flat white* de proveniência exclusiva. Mas isso muda como o café é cultivado, distribuído, preparado e consumido. Para aquele produtor específico, vender esse café em vez de vender no atacado é a diferença entre preço bom e preço ruim; é a diferença, tanto para eles quanto para quem bebe, entre um produto de massa e um item apurado. Em termos estéticos, assim como econômicos, é outro mundo. E eis a surpresa: a versão com curadoria rende mais dinheiro, para quem planta, para o distribuidor e até para a loja. As pessoas pagam pela experiência com curadoria. Sem curadoria – aquele foco novo na seleção – elas teriam só mais um café sem graça e insípido.

Em vez disso, empreendedores como Seay crescem ao oferecer opções com curadoria. Então, seus fornecedores dobram a aposta ao fazer o melhor produto possível. Novas empresas, como a Pact Coffee, ampliam o modelo ao fornecer café com curadoria a domicílio. A Starbucks já começou a perceber que necessita de mais opções. Mesmo voltando à primeira onda, opções como o Nespresso são mais seletas que um pote de café solúvel genérico. A terceira onda pode ser elitista e efêmera – mas é a ponta de lança de uma transformação maior no modo como bebemos *e* produzimos nossos 2,1 bilhões de xícaras diárias. Se um bom número de pessoas optar pela terceira onda, como têm feito, as ramificações se espalharão por toda a cadeia logística.

Esse é o padrão nos setores de comida e bebida. Há uma nova abordagem no nível explícito. Os cardápios encolhem – agora é perfeitamente normal, até sofisticado, os restaurantes terem três entradas e três pratos principais. Aliás, muitos restaurantes passaram a se especializar numa única coisa. Essa sempre foi a regra em Tóquio, onde o *restaurateur* escolhia um prato que sabia cozinhar extraordinariamente bem, mas é cada vez mais comum no Ocidente. Quando saímos para jantar não queremos opções em excesso; queremos uma experiência curatorial.

Assim, no nível implícito, vemos uma nova abordagem do negócio como um todo. A rede do Slow Food e seus varejistas têm o cuidado de escolher qual comida vai para onde. A ascensão das feiras direto do produtor é um fenômeno correlato. No Reino Unido, serviços como Abel & Cole e, nos Estados Unidos, a Community Supported Agriculture [Agricultura com Apoio da Comunidade] entregam na sua porta alimentos pré-selecionados, sazonais e locais. Há uma lista de serviços fundados há pouco tempo que fazem o mesmo: selecionam e entregam não apenas legumes, mas também cerveja, vinho, café, até bacon (é sério). O Blue Apron não só lhe envia os alimentos toda semana, mas também as receitas. O diferencial dessas empresas não é o preço: elas costumam ser caras. Elas têm a ver, isso sim, com escolher o melhor numa área complexa. Se quero cerveja genérica, é mais barato comprar no supermercado; se quero cerveja artesanal escolhida a dedo, vou ao DeskBeers. Por trás disso há mudanças no modo como fornecedores e varejistas fazem negócio. Eles são obrigados a reagir, a fazer uma curadoria mais pró-ativa de suas ofertas. O Sainsbury's, o terceiro maior supermercado do Reino Unido, por exemplo, já fez testes de um mercado estilo Eataly. A Whole Foods, uma experiência com mais curadoria que o Walmart, disparou.

Nossa postura diante da alimentação mudou. Enquanto antes nos atínhamos às fronteiras das cozinhas nacionais, agora podemos escolher com calma. E não é apenas entre comida chinesa hoje e mexicana amanhã: é mais específico, como o *hot pot* de Sichuan e o *mole* de Oaxaca. Enquanto antes nos restringíamos aos ingredientes locais, agora os hortifrútis do mundo chegam à nossa porta. Daí a necessidade de uma abordagem com curadoria. Empresas como Eataly e Curators Coffee são o primeiro passo na evolução do nosso relacionamento com a mais primária das atividades econômicas. Não estou afirmando que o Eataly vai substituir o Walmart – não vai. Mas estou dizendo que, no futuro, o Walmart pode ficar bem mais parecido com o Eataly. Clientes endinheirados não estão pagando por causa de escassez de alimento: eles pagam para ter suas opções pré-selecionadas, para que só lhes seja oferecido o melhor. Fazer curadoria de nossos alimentos, nosso vinho ou nosso café pode parecer (talvez seja, aliás) o cúmulo da pretensão. Mas quando isso transforma o setor econômico fundamental e talvez a atividade mais básica de todas, deveríamos prestar atenção. É verdade, esses exemplos são privilégios e coisa de classe média. Geralmente, são os consumidores ricos e ocidentais que mais sentem os benefícios. Mas consumidores de classe média estão aumentando mais rápido que nunca: 500 milhões na China até 2020, segundo Jack Ma[11]. Só a Indonésia vai adicionar 68 milhões a sua classe média nos próximos cinco anos – mais que a população da França ou do Reino Unido[12]. Mais de 2 bilhões serão classe média até o fim da década. Embora ainda esteja restrita a elites minúsculas, a curadoria já começou a se propagar. Não se trata apenas de absurda autocomplacência, mas sim da mais significativa tendência de consumo; e embora exista uma linha tênue entre tendência de mercado e frivolidade, ela não pode ser ignorada.

Fazemos curadoria do mundo. Fazemos porque existem coisas demais, mas também porque existe uma oportunidade ao fazê-lo. A curadoria é uma resposta à sobrecarga, mas, como Abu Dhabi e Oscar Farinetti perceberam, é o tipo de trabalho de conhecimento intensivo que está levando a novas ondas de crescimento. Os efeitos de curadoria estão se afastando dos antigos redutos. Nós os vemos em:

- **Dados.** O aumento da oferta é tão grande que a gestão de dados está em tudo – até em áreas como a medicina[13]. À me-

---

11 Bruce Upbin, "Jack Ma says Alibaba has no plans to invade America, it's the other way around", *Forbes*, 9 jun. 2015, disponível em: <https://www.forbes.com/sites/bruceupbin/2015/06/09/jack-ma-says-alibaba-has-no-plans-to-invade-america-its-the-other-way-around/#1c5f60a1fda2>, acesso em: jun. 2019.
12 Adrian Wooldridge, *The Great Disruption: How Business is Coping with Turbulent Times*, op. cit., p. 14.
13 Vinod Khosla, "The Prognosis for Data-Led Medicine is Healthy", *Wired*, 6 jun. 2014, disponível em: <http://www.wired.co.uk/magazine/archive/2014/06/ideas-bank/vinod-khosla>, acesso em: jun. 2019.

dida que os dados sobre saúde se acumulam, as conclusões que se pode tirar deles ficam menos óbvias. As informações sobre doenças e seus sintomas associados estão se tornando mais complexas e ambíguas. Cada vez mais, os médicos descobrem que não existe tratamento "certo"; em vez disso, são obrigados a escolher cuidadosamente num cardápio de opções. Quanto mais aumentam os dados provenientes da tecnologia médica e vestível, mais o campo se liga à gestão de informação.

• **Casas.** Marie Kondo vendeu milhões de livros com um conselho simples: escolha bem o que vai ter[14]. Seja implacável e livre-se de boa parte do que tem. Kondo acredita no *decluttering* ["descongestionamento"] de tudo que não "traz felicidade". É em parte a tolerância zero na arrumação, em parte a filosofia zen do espaço doméstico; seja como for, seu conselho foi adotado em massa. Ela reflete uma postura com mais curadoria dos nossos lares, que vem crescendo há muitos anos. Pode-se dizer que nossas casas são tanto os primeiros espaços com curadoria quanto os que têm mais curadoria. A ênfase em se livrar de tralhas não deveria ser surpresa.

• **Reputação.** Como defende a *Chronicle of Higher Education*, os acadêmicos têm que fazer curadoria de sua identidade na internet[15]. Tornar-se professor efetivo depende de ser curador de seu trabalho e sua reputação. Além disso, mais uma vez, a abundância de dados significa que metaestudos, a escolha e organização da pesquisa existente, passaram a ser mais importantes que nunca. Isso se aplica a todos nós. Somos julgados pelo que compartilhamos e postamos. A internet é um campo minado da reputação, no qual temos que editar e construir nossa imagem.

• **Nações.** Muitos anos atrás, a Suécia montou os Curadores da

---

14 Marie Kondo, *The Life-changing Magic of Tidying Up: The Japanese Art of Decluttering and Organizing*, Nova York: Ten Speed Press, 2014 [ed. bras.: *A mágica da arrumação: A arte japonesa de colocar ordem na sua casa e na sua vida*, trad. Márcia Oliveira, Rio de Janeiro: Sextante, 2015].

15 Kelli Marshall, "How to Curate Your Digital Identity as an Academic", *The Chronicle of Higher Education*, 5 jan. 2015, disponível em: <https://www.chronicle.com/article/How-to-Curate-Your-Digital/151001/>, acesso em: jun. 2019.

Suécia. A cada semana, o país permite que cidadãos diferentes controlem a conta @sweden no Twitter. Ela reconhece que a identidade nacional não é fixa; que, em certo sentido, todos somos seletores e curadores do aglomerado de tradições, lendas, crenças, costumes, leis, culturas, línguas, lugares e acontecimentos históricos que constituem a identidade de cada país. Cada sueco tem sua própria versão curatorial do que é a Suécia, e a identidade nacional emerge dessa multiplicidade de pontos de vista. É um exercício de *branding*, mas sugere uma verdade mais profunda da ideia de nação. Portanto, no nível explícito, isso tem a ver com a curadoria de um *feed* do Twitter e com marketing; no nível implícito, indica a maneira como todos nós selecionamos e organizamos elementos da nossa identidade nacional.

A curadoria é relevante para todos nós. Para xeiques no Golfo e cafeicultores no istmo da América Central, ela muda padrões de trabalho, criação, consumo, estratégia e experiência. Selecionar e dispor são atividades fundamentais. Sempre estiveram conosco. O que mudou foi sua posição relativa na cadeia de valor. Agora essas atividades são mais significativas que nunca.

Nossa vida cultural não está imune à Expansão Prolongada e à sobrecarga.

# 8

# A curadoria da cultura

## MIXOLOGIA MUSICAL

*Anos 1970, Sul do Bronx*

Kool Herc era um jamaicano que, no início dos anos 1970, morava em Nova York. Foi na Avenida Sedgwick número 1.520, em meio à pobreza urbana e violência das gangues, que ele inventou o hip hop.

A inovação de Kool Herc foi pegar as batidas dos discos de funk pesado e usar dois toca-discos para mixá-las de modo que a música virasse uma só batida. Ele notou que o *break,* o compasso que configura a música, era a parte que fazia mais sucesso nas pistas. Emendar duas cópias do mesmo disco ampliava o *break,* o que gerava um novo som, chamado *breakbeat*. Fazendo *loop* de músicas antigas, Kool Herc criou um tipo de música até então inexistente. Era um som *sui generis* – mas não tinha a ver com criar músicas inéditas no sentido de escrever e gravar música inédita. Tinha a ver com mixagem.

No início, Kool Herc era conhecido sobretudo nas quebradas do Bronx. Não demorou para outros entrarem em cena, somando o rap à batida. Em fins dos anos 1970, nomes como Afrika Bambaataa e Grandmaster Flash levaram o som a outro nível. O hip hop viria a conquistar o mundo, a se tornar o som característico de uma geração, o gênero musical mais vendido do planeta. Mas Kool Herc não apenas inventara o hip hop – ele ajudara a redefinir os termos do que é criatividade na música: selecionar faixas e combiná-las de maneira original para produzir novas experiências. A era do hip hop também deu à luz DJs estrela, maiores que os artistas com os quais trabalhavam: começou com Pete Tong, Carl Cox, Judge Jules e Fatboy Slim, passando depois às estrelas atuais da música eletrônica, como Calvin Harris, David Guetta, Avicii[1] e Armin van Buuren, que vieram a dominar a música.

*Anos 1990, Londres*

Um desses DJs era Richard Russell. Russell não queria ser apenas um DJ; ele percebeu que o poder estava nas mãos das gravadoras, e então ingressou no departamento de gestão de talentos de um selo novato, a XL Recordings, em 1991. Em três anos, já comandava o espetáculo. Nas décadas seguintes, quando a indústria musical entrou em crise e se consolidou em três grandes empresas, ele viria a transformar a XL no mais icônico e bem-sucedido selo *indie* de sua época.

Enquanto todos queriam expandir, Russell tomou outro rumo: sua prioridade não era fechar com novos artistas. Russell e a XL criaram um modelo em torno da seleção infalível de música brilhante. Todo ano, eles fechavam com um ou dois artistas inéditos. Além disso, esses dois não eram do mesmo gênero – ao contrário de outros selos famosos, o XL nunca se especializou num som específico. Como ele contou ao *Guardian*: "Recebemos cerca de 200 mil demos anuais e mesmo assim só fechamos com um artista por ano. É praticamente não para tudo, inclusive gente famosa. Para ser assim, você precisa de um pouquinho de ousadia"[2].

Nessa época eles fecharam com bandas ou músicos como The Prodigy, Radiohead, The XX, Dizzee Rascal, Basement Jaxx, Jack White, Vampire Weekend, Devendra Banhart e Adele, tornando-se

---

1 O DJ sueco Avicii, ou Tim Bergling, faleceu em abril de 2018. [N.T.]
2 Tim Jonze, "XL Recordings, the Record Label that's Tearing up the Rule Book", *The Guardian*, 16 fev. 2011, disponível em: <http://www.theguardian.com/business/2011/feb/16/richard-russell-xl-recordings-dizzee-rascal-prodigy>, acesso em: jun. 2019.

um dos selos mais rentáveis da praça. Tudo baseado no foco contínuo no artista. Russell conferia a integridade e perspectiva dos artistas, deixando-se guiar por isso. Seleção, não crescimento, criaria o selo determinante dos últimos dez anos.

## Anos 2000, Berlim

A casa noturna mais icônica do início do século XXI talvez seja a Berghain, de Berlim, batizada por sua localização entre os distritos de Kreuzberg e Friedrichshain. Situada numa enorme usina do período soviético, a casa tem a aparelhagem de som considerada a melhor do mundo, um descomunal Funktion One, e gerou um som característico de techno pesado. Tão lendária quanto as salas escuras e a batida, contudo, é a famosa política de admissão à balada.

Entrar no Berghain é um rito de passagem. No início da manhã, longas filas serpenteiam em torno do prédio. Os esperançosos passam horas só para ouvir um *nein* do leão de chácara, uma lenda da vida noturna alemã chamada Sven Marquardt, cheio de piercings e tatuagens. Tentar entrar no Berghain virou uma espécie de clichê jornalístico. As táticas de ingresso formaram uma Berghainologia acerca do que vestir (preto) e dizer (pouco, nunca em inglês). Existe até um aplicativo que ajuda. Marquardt, no geral, continua inescrutável. Ao lançar suas memórias, porém, ele deu uma noção do raciocínio por trás da política de admissão. Tinha a ver, ele disse, com a seleção da "mistura certa" de gente a cada noite[3]. Às vezes um monte de roupa de marca rende um "não", ao passo que em algumas noites vai fazer parte da *vibe*.

A atmosfera e a mística do Berghain estão não apenas na música, nos DJs, na movimentação – está na curadoria implícita e implacável de público. É o mesmo princípio por trás da política "proibido banqueiro" na Soho House. Se qualquer um entrasse no Berghain quando quisesse, não haveria os perfis na *Rolling Stone*, não haveria o mito *underground*. As casas noturnas selecionam e misturam tanto as pessoas "certas" quanto a música certa.

---

3 Philip Oltermann, "Berghain Club Bouncer Launches Memoirs about Life as a Berlin Doorman", *The Guardian*, 15 ago. 2104, disponível em: <http://www.theguardian.com/world/2014/aug/15/berghain-club-bouncer-sven-marquardt-memoirs-berlin>, acesso em: jun. 2019.

Esses exemplos mostram, de modos diferentes, como a transição da cultura musical passou da produção primária para vários tipos de atividades secundárias. No auge, ser DJ é uma forma totalmente inovadora de criatividade, afirmação que poucos fariam sobre a política de admissão de uma casa noturna. Mas em outro nível a direção da jornada na cultura musical recompensa qualquer tipo de curadoria, explícita e implícita.

Tanto a produção quanto a experiência da cultura passam cada vez mais pela curadoria.

## MAS O QUE EU VOU ESCUTAR?

Se quiser a ilustração perfeita da Expansão Prolongada, há lugares bem piores para se procurar que na música. A música costumava vir em dois formatos: a que era tocada ao vivo e a que ficava na cabeça do público. Enquanto algumas músicas tinham partitura, a maior parte vinha da tradição ou de performances que ficavam na memória. Com a invenção da imprensa, houve um salto qualitativo. Gráficas de cidades como Veneza começaram a rodar partituras numa escala impossível na era dos escribas. No século XIX, a impressão de partituras e a fabricação de instrumentos em escala industrial permitiram que a classe média tivesse instrumentos e aprendesse a tocar. No Tin Pan Alley de Nova York, compositores fizeram fortuna compondo cantigas que se tornavam partituras na mesma hora. A música estava se libertando de suas amarras, passando a ser conservada e executada mais amplamente.

Com a invenção do fonógrafo por Thomas Edison em 1877, tudo mudou. A música gravada levou à separação entre apresentação física e experiência da música. O som em si tornou-se passível de cópia e reprodução. Deixando de ser um luxo restrito à classe alta, a música passou a ser onipresente em lares, bares e lojas. Deixando de ser apenas barulho, tornou-se um *locus* da cultura, uma ligação entre a identidade de cada um e o vasto mercado global. O ponto alto da armazenagem física de dados musicais foi o CD. Era uma mídia cuja produção em massa era barata e da qual os fãs não se cansavam nunca. O ápice da indústria se concretizou nos 10,8 bilhões de dólares que a Seagram pagou pela Polydor em 1998, formando o que se tornou a Universal Music.

Então, do ponto de vista do mercado, as coisas desandaram por culpa do MP3, do Napster, da digitalização e da pirataria em massa. A aquisição da Seagram passou a significar o auge da presunção. Mas o número de consumidores atingiu outro nível: se a música parecia abundante na era dos discos e CDs, nem se comparava à nova realidade do digital. A copiabilidade da música já não dependia de um processo industrial complexo que exigia muitos recursos – passou a ser instantânea e grátis. Mais uma vez, a tecnologia digital sobrecarregou a inclinação de longo prazo para a abundância.

Hoje, com o Spotify, o serviço sueco de assinatura e *streaming* de músicas, tenho acesso a 30 milhões de canções e todo dia somam-se mais 20 mil. Os usuários do Spotify já criaram mais de 1,5 bilhão de *playlists*. Depois, temos as emissoras de rádio, os clipes musicais, os serviços concorrentes e podcasts que competem por nossos ouvidos. O YouTube e o Soundcloud deixam qualquer pessoa fazer *upload* de músicas e têm dezenas, se não centenas, de milhões de discos. O problema dos ouvintes conectados não é a escassez. O problema é saber o que ouvir. Mesmo antes dessa mudança, passávamos horas escolhendo músicas e montando fitas cassete com várias músicas. Num período relativamente curto, toda a proposta de consumo em torno da música se transformou. A indústria musical começou a fazer a transição das tecnologias de produção para as tecnologias de curadoria. Se a música atual tem um problema, é o de encontrar novidades: no mar infinito de músicas disponíveis, como as pessoas vão encontrar o que querem, ou descobrir algo novo?

É graças à sobrecarga auditiva que estamos em meio a uma corrida armamentista curatorial. O Spotify começou como reação à pirataria. A proposta que eles fizeram a gravadoras e usuários foi simples: vocês terão o melhor de dois mundos. Os ouvintes poderiam ter acesso a toda música que quisessem, a transição que marca a era digital; as gravadoras monetizariam os ouvidos. O problema do Spotify foi que, apesar do crescimento veloz, os usuários acharam difícil navegar no serviço. Como na App Store, como no supermercado, eles entravam numa zona de conforto e se perdiam – ficavam num beco sem saída. O serviço tinha literalmente milhões de músicas e artistas que ninguém ouvia.

O Spotify investiu na curadoria. Redesenhou o site para dar mais destaque à navegação. Contratou especialistas para produzir *playlists* de gêneros, para temperamentos, contextos e momentos distintos do dia, do trajeto para o trabalho à festa dos adolescentes. Tornou-se algo mais social, permitindo que usuários compartilhassem e construíssem *playlists* mais facilmente – todos podiam ajudar na curadoria. Então, em 2014, o Spotify comprou uma empresa chamada The Echo Nest, segundo informes, por 100 milhões de dólares[4]. Nascida do MIT Media Lab, a Echo Nest era pioneira numa técnica chamada impressão digital auditiva. Inspecionando bilhões de pontos de aferição num catálogo de 60 milhões de músicas, pesquisadores sintetizaram essa informação em conhecimento prontamente disponível para os serviços de música. Se você gostasse da música $x$, ele localizava a música $y$ com precisão extraordinária.

A Echo Nest tem, por exemplo, um índice de dançabilidade que, eles mesmos alegam, transcende gêneros. Tem também um projeto paralelo chamado Every Noise At Once [Todo barulho ao mesmo tempo], que constrói um perfil completo dos gêneros musicais do mundo. Ao contrário de outras empresas de análise de dados, eles se concentram apenas em música; entre seus clientes estão MTV, Vevo e uma rival da Spotify, a Rdio. Serviços mais antigos, como Pandora e Last.fm, criaram impressões digitais auditivas bastante sofisticadas, mas com essa aquisição o Spotify queria assumir a liderança. O fundador Daniel Ek esclareceu o motivo da aquisição: "A qualidade das nossas recomendações vai aumentar"[5]. Não demorou para o Spotify lançar o "Discover Weekly", serviço inovador que, toda segunda-feira, envia aos usuários uma nova leva de música sob medida para seus hábitos de ouvinte[6]. As *playlists* ficaram mais sofisticadas, com explorações experientes de microestilos e

---

4 Embora a estimativa de 100 milhões de dólares tenha circulado na imprensa à época, registros financeiros provaram que a Spotify pagou 49,7 milhões de euros (ou 66 milhões de dólares) pelo serviço. Dados disponíveis em: <https://www.musicbusinessworldwide.com/spotify-acquired-echo-nest-just-e50m/>, acesso em: jun. 2019. [N.T.]
5 Alex Pahm, "Business Matters: Why Spotify Bought The Echo Nest", *Billboardbiz*, 6 mar. 2014, disponível em: <http://www.billboard.com/biz/articles/news/digital-and-mobile/5930133/business-matters-why-spotify-bought-the-echo-nest>, acesso em: jun. 2019.
6 Dan Seifert, "Spotify's Latest Trick Is a Personalized Weekly Playlist of Deep Cuts", *The Verge*, 20 jul. 2015, disponível em: <http://www.theverge.com/2015/7/20/9001317/spotify-discover-weekly-personalized-playlist-deep-cuts>, acesso em: jun. 2019.

gêneros excêntricos. Também são influentes: a playlist Rap Caviar tem 2,1 milhões de seguidores.

Mas os outros não ficaram parados. O Music Genome Project, da Pandora, continuou a inovar, conferindo entre 400 e 2 mil atributos por faixa para identificar as preferências do público. Pouco depois do Spotify comprar a Echo Nest, o Google, apressando-se em ingressar no *streaming* musical, adquiriu uma *start-up* chamada Songza, que explorava dados contextuais relacionados ao usuário para sugerir faixas. A Apple comprou o Beats e começou a entrar com tudo. Contrataram DJs como Trent Reznor, do Nine Inch Nails, e Zane Lowe, da BBC Radio 1, para montar *playlists* e gerenciar uma nova emissora, a Beats 1, "a emissora local do planeta", que funciona de Londres, Nova York e Los Angeles. Como afirma o *Financial Times,* embora hoje a música constitua uma proporção pequena nos lucros da Apple, ela tem espaço simbólico na empresa. Competir no *streaming* significa competir na curadoria: "Uma das características [do app Beats] que permanecerá é pensada para obter o máximo de informação possível sobre os gostos musicais de cada pessoa ao lhe pedir para escolher os gêneros e estilos musicais prediletos quando se associa ao serviço. Espera-se que essa personalização, junto com as recomendações de artistas, ajude a superar a dificuldade em escolher o que ouvir numa audioteca de milhões de faixas"[7]. Em questão de três meses, o número de usuários da Apple Music chegou a 11 milhões e o serviço se tornou símbolo do foco renovado da empresa na curadoria. Artistas como Jay Z, Coldplay e Madonna lançaram seu serviço concorrente, o Tidal. Ingressantes como Slacker Radio, Hype Machine, Patreon ou aplicativos de DJ amadores somaram-se à mistura, cada um com sua abordagem de como encontrar e recomendar música.

Em pouco mais de uma década, o negócio e consumo de música tornaram-se um espaço de curadoria com concorrência, impulsionado pela profusão de ofertas na era digital. O "dono" da música

---

[7] "Apple Looks Beyond iTunes with Launch of Its Streaming Service", *Financial Times,* disponível em: <http://www.ft.com/cms/s/f1d6e2ce-0b6b-11e5-994d-00144feabdc0,Authorised=false.html?_i_location=http%3A%2F%2Fwww.ft.com%2Fcms%2Fs%2F0%2Ff1d6e2ce-0b6b-11e5-994d-00144feabdc0.html%3Fsiteedition%3Duk&siteedition=uk&_i_referer=http%3A%2F%2Fwww.ft.com%2Fhome%2Fuk#axzz3cHpJzizM>, acesso em: jun. 2019.

não seria o serviço mais barato ou mais atraente – seria quem resolvesse o problema do excesso de música[8]. As táticas, métricas e resultados precisos são, para nossos fins, menos significativos que o campo de batalha em si.

Não se trata apenas das gigantes da área de tecnologia fazendo o papel de DJ. Serviços menores vêm encontrando seu lugar. O Ambie fornece músicas para espaços comerciais. Com base na suposição de que a maioria faz uma seleção rudimentar, que não considera variações, o Ambie faz propostas sob medida para cada cliente. "Criamos o Ambie com outra abordagem", diz o fundador Gideon Chain. "Unimos um misto singular de especialistas em música e influenciadores a estrelas da tecnologia... e, juntos, nos concentramos em construir um serviço de música com curadoria, que pudesse crescer."

A vantagem competitiva do Ambie é simplesmente curadoria mais aprimorada: o oposto da música de elevador. Todas as músicas são escolhidas por especialistas, para o espaço do cliente. Essa curadoria humana é acrescida de tecnologia interna. A partir da combinação das duas, todo cliente tem a melhor experiência possível e o serviço ainda pode se expandir. Mas o crucial é que todos dispõem de um especialista. Enquanto a concorrência vende pacotes prontos, o Ambie pode oferecer algo singular e manter o custo baixo.

Para Chain, esse aspecto, que se reflete nas contratações que a Apple fez ou na ênfase social do Spotify, é fundamental: "Nossa crença é que a curadoria automatizada pode fazer muito – reduzindo a quantidade de trabalho exigida de cada curador. Contudo, a música é muito subjetiva para ser compilada apenas por computadores. Existem aspectos da curadoria (sequenciamento, diretrizes de marca, elementos de atmosfera) com os quais os computadores ainda têm dificuldade para lidar. Ao mesmo tempo, quem dita o paladar em suas áreas são nossos especialistas musicais, que mergulham no mundo da música diariamente".

O Ambie trabalha com um forte sentido de local e marca. Como essa música funciona nesse recinto? O que é preciso considerar quanto à marca? Não se trata apenas de filtrar palavrões, por

---

8   E nem todo mundo vai sair vivo; ver John McDuling, "An Epic Battle in Streaming Music is about to Begin, and Only a Few Will Survive", *Quartz*, 23 jul. 2014, disponível em: <https://qz.com/232834/streaming-music-has-become-a-pawn-in-a-high-stakes-chess-match-who-will-win-and-why/>, acesso em: jun. 2019.

exemplo; é preciso se envolver com todo o conteúdo de uma faixa para ver se ela se alinha com as expectativas do cliente. "Todos pensam que conseguem fazer *playlists* sensacionais, mas localizar, processar e fazer uma sequência de faixas com precisão para uma marca ou determinado espaço é uma competência complicada", diz Chain. "A curadoria bem-feita abarca vários elementos, mas sempre começa com um perfil bem detalhado do cliente ou do espaço a que se destina. Entre esses elementos estão valores da marca, o grupo demográfico do cliente, *design* interno e zonas específicas, fluxo comercial, preço, concorrência, ambiência(s) desejada(s) e outros fatores. Depois temos o equilíbrio entre música contemporânea e tradicional e o equilíbrio entre música familiar e *mainstream* com sons desconhecidos, *underground* ou emergentes."

A proposta comercial do Ambie baseia-se simplesmente em sua capacidade de ditar o gosto, de ser um selecionador competente, influenciador e tecnologista. É fácil para uma empresa descobrir música por aí; encontrar música para tocar no seu bar ou loja não é problema. O Ambie é especificamente projetado para resolver a equação inversa, a de encontrar a música *certa*.

A música de hoje passa pela curadoria. Antes nós nos limitávamos a ouvir. Os álbuns nos davam a ordem e a seleção definidas. Depois passamos a criar fitas para nossos amigos. Hoje compartilhamos *playlists*. Antes ouvíamos bandas, agora ouvimos DJs. Criávamos todos os nossos sons do zero; agora selecionamos e *sampleamos* músicas antigas. O DJ Mark Ronson chega a afirmar que vivemos na "era *sampling*" da música, em que sons são ouvidos e reincorporados repetidamente[9]. Uma só faixa, "Amen, Brother", dos Winstons, já foi sampleada em mais de 1.687 músicas[10]. Talvez isso não seja exatamente curadoria, mas mostra a extensão da derrocada do antigo mito da criatividade e até que ponto se incorporou uma mentalidade mais curatorial. O *sampleador* ou DJ é meio criador, meio curador. Na música e em vários formatos culturais, a separação entre atos criativos de primeira e segunda ordem é cada vez mais imprecisa.

---

9   Mark Ronson, "How Sampling Transformed Music", *TED*, mar. 2014, disponível em: <https://www.ted.com/talks/mark_ronson_how_sampling_transformed_music?language=en>, acesso em: jun. 2019.
10  The WhoSampled App, disponível em: <http://www.whosampled.com/most-sampled-tracks/1/>, acesso em: jun. 2019.

Quando as ferramentas para se fazer música estão por toda parte e a própria música, em sua extraordinária abrangência e diversidade, está a um clique de distância, a curadoria não é um complemento de luxo – é um componente indispensável.

## PLAY IT AGAIN

Quais são as implicações para a cultura?
Primeiro: O Modelo de Radiodifusão da cultura e da mídia está morrendo. Já vimos como o Modelo Industrial do varejo deu lugar ao Modelo Curatorial. O corolário cultural e midiático é o Modelo de Radiodifusão dando lugar ao Modelo do Consumidor Curador. Na música, o sistema de poucas emissoras de rádio, poucas gravadoras e poucas lojas, o coletivo que ditava o que se ouvia, foi substituído por uma mescla complexa de algoritmos e *playlists* que fazem e passam por curadoria. Na televisão, a transição é igualmente perceptível. Os Estados Unidos de meados do século XX tinham um oligopólio de emissoras, com NBC, ABC e CBS: *The Big Three*. Na Europa, predominava a TV estatal. Ainda nos anos 1970 o espectador britânico só podia escolher entre três canais. Com o tempo, com a revolução via satélite, mais e mais canais surgiram na telinha. A televisão ganhou abundância. O VHS deu mais liberdade aos espectadores. Depois veio a internet: YouTube, redes de compartilhamento *peer-to-peer*, Netflix, Hulu, BBC iPlayer, tudo dizia que o modelo tradicional de radiodifusão com hora marcada começava a desmoronar. Embora o Modelo de Radiodifusão já passasse por curadoria, a diferença é que agora todos fazem curadoria.

O poder de decidir quem assiste o quê e quando transferiu-se das emissoras para o público. Agora temos que decidir o que queremos assistir – a partir de um amplo cardápio. Isso também vale para ler, ouvir, jogar. Nos museus, o antigo estilo de exibição começou a ser substituído pela programação mais interativa e colaborativa. Álbuns e rádio são Radiodifusão; *playlists* são Consumidor Curador. TV com horário é Radiodifusão; sua lista pessoal de programas para assistir é Consumidor Curador.

No mercado editorial, editores e selos já tiveram poder. Depois, livreiros e resenhas passaram a ser intermediários importantes.

Todos perderam espaço para os leitores. Você e eu somos, hoje, os sugeridores e curadores mais importantes dos livros. Livros não estão exatamente correlacionados com Radiodifusão, mas o padrão é o mesmo. Na cultura e na mídia contemporâneas, sequenciamento e descoberta são deslocados das antigas bases. Não ouvimos rádio obedecendo ao horário da emissora; ligamos o programa quando queremos no nosso agregador de *podcasts*. Os públicos mais jovens consideram a ideia do cronograma de lançamentos cinematográficos por país em datas diferentes tão incompreensível quanto frustrante. Faixas avulsas – não álbuns – são a unidade primária de consumo musical. É tão provável ouvirmos uma *playlist* montada por nós mesmos, nossos amigos, uma celebridade ou um site como o Pitchfork quanto a de uma banda ou gravadora. Já não esperamos que as notícias sejam condensadas num único pacote e entregues num só horário. Ditamos quais *video games* serão distribuídos através de serviços focados no usuário, como o Steam Greenlight. A mudança da organização industrializada, vertical e hierárquica para o Modelo do Consumidor Curador centrado no usuário já aconteceu.

A mídia "pós-radiodifusão" está longe de ser novidade. Mas suas ramificações ainda se desenrolam. A escassez cultural não é o problema. O problema é se adaptar à nova realidade. Organizações que se agarram ao modelo antigo assistirão ao desgaste de sua influência, popularidade e fatia de mercado.

As coisas não são fáceis. No Modelo de Radiodifusão, nossa única opção era curtir uma cultura compartilhada. No mundo do Consumidor Curador, isso é impossível. Além disso, à medida que fazemos curadoria de nossa mídia e escolhemos os curadores que nos ajudarão, maior o potencial de desaparecermos no emaranhado dos nossos gostos, crenças e preferências.

É um risco, e ressalta uma das diferenças entre curadoria bem-feita e curadoria malfeita. A curadoria bem-feita favorece o novo, o inesperado; a curadoria malfeita só confirma o que você já quer. É por isso que os influenciadores começaram a rejeitar os algoritmos de personalização. A curadoria bem-feita é a que soma valor – não a que se apropria dele.

Seja como for, os *gatekeepers* não vão desaparecer. Apesar da ascensão do Consumidor Curador, e ao contrário do que diz a mitologia popular, ainda existem *gatekeepers* de todo tipo. Aliás, talvez esses intermediários sejam mais importantes que nunca. É fácil pensar que, como o poder se descentralizou, os *gatekeepers* passaram a ser redundantes. Isso não é verdade – mas o papel deles está mudando.

Se antes os *gatekeepers* eram figuras ditatoriais, hoje são guias. Diante da profusão de escolhas e do bombardeio de opções a que somos submetidos ao procurar conteúdo, mídia ou cultura, apesar da Curadoria do Consumidor, ainda queremos guias de confiança. Confiança é a palavra-chave, que explica por que tantas marcas conceituadas, apesar das previsões exultantes dos *digerati*, conseguiram prosperar.

A XL Recordings, como muitos nas indústrias criativas, fez do *gatekeeping* parte integral do modelo de negócios. Os artistas cujas músicas ela lança merecem consideração devido à lista dos outros que foram recusados. Embora a XL nunca venha a inserir sua marca no centro de uma campanha de marketing, como se concentra em poucos artistas ela consegue dar todo o apoio a tudo o que esses artistas fazem. Sua seleção tem impacto significativo na apresentação dos artistas e, por sua vez, na probabilidade de tais artistas serem ouvidos. Muitas marcas tradicionais do jornalismo impresso encontraram novos públicos na internet. Editores não sumiram, mas se tornaram parte de um processo de validação para autores: autores anseiam por reconhecimento; leitores desejam indicadores de confiança que sugiram o que se deve ler.

Claro que *gatekeepers* não são apenas organizações tradicionais. Novos *gatekeepers* surgem a todo momento. O Spotify e outros sites de música são tão *gatekeepers* quanto uma emissora de rádio tradicional ou a MTV. A Vice, no sentido de dirigir a atenção para um ponto e não para outro, faz tanto *gatekeeping* quanto o *Washington Post*. Indivíduos influentes que disparam tuítes ainda fazem *gatekeeping*. Há novos nichos e papéis de *gatekeeping* evoluindo a todo momento. A pergunta para esses novos *gatekeepers* muda: como você se torna confiável como curador?

A verdade é que não existe atalho. Autenticidade, consistência, seleções muito bem-feitas – é muito difícil fingir. É por isso que muitas investidas corporativas na curadoria de mídia fracassam. *Gatekeepers*, sejam eles quais forem, precisam ter paciência. Eles necessitam de uma perspectiva clara e têm que se agarrar a ela. As melhores organizações tradicionais passaram décadas ou até séculos construindo e avolumando essa perspectiva. E é por isso que o *Financial Times*, a Penguin, a Gagosian e a William Morris Entertainment são todos *gatekeepers* que continuam influentes, rentáveis e relevantes. Para os *gatekeepers* emergentes, o desafio é adquirir credibilidade – mas é o que eles fazem, e é por isso que temos coisas como a Laughing Squid, a Vox Media e o Wattpad.

*Gatekeepers* culturais e da mídia testemunharam a ruína do antigo Modelo de Radiodifusão. Isso não significa que eles eram inúteis. Há tanto conteúdo disponível que eles ainda têm um papel, não mais como monopolistas, mas como parceiros. Na economia da atenção, a chave é quem controla nossa atenção. Embora *gatekeepers* sejam mais numerosos e já não tenham controle total, eles ainda canalizam atenção, o oxigênio da cultura.

A mudança na criatividade pertence a um panorama maior: a criatividade está passando de sua fase mítica para a fase da curadoria. A linha entre as duas já é indistinta. Além disso, há algo inesperado: isso é amplamente aceito.

Talvez as raízes dessa mudança estejam na trajetória rumo ao que nos anos 1970 era chamado de pós-modernismo. Enquanto movimentos artísticos anteriores tinham características particulares, o pós-modernismo, seja na arte, na moda, na literatura, na arquitetura ou na filosofia, foi construído em torno de uma postura lúdica, heterogênea, em reação à própria ideia de características particulares. Seus traços distintivos seriam a bricolagem e a recombinação. Houve uma época em que isso foi considerado avançado, mas agora nós aceitamos como algo natural.

A arquitetura, por exemplo. A arquitetura pós-moderna foi uma reação ao formalismo modernista de meados do século XX. O modernismo tinha uma estética funcional – o chamado Estilo Internacional, uma linguagem visual de blocos rígidos. Era notável por ser atualizado e sério. Contra a pureza militante do modernismo, o pós-modernismo ludicamente combinaria formatos históricos, atrevidamente selecionando temas de todo o vocabulário arquitetônico.

A figura clássica é o Sony Building de Nova York (ver Figura 13), originalmente AT&T Building. Projetado por Philip Johnson, iniciado em 1978 e finalizado em 1984, foi controvertido desde o começo. Ao contrário dos arranha-céus modernistas, ele usava formatos clássi-

*Figura 13.* À esquerda, o Sony Building; à direita, o One Detroit Center.

cos em escala grandiosa; enquanto outros rejeitavam a ornamentação histórica, Johnson a ampliou ao máximo. A ideia de colocar uma prateleira estilo "Chippendale" sobre um arranha-céu parecia absurda para habitantes de Manhattan acostumados com puros ângulos retos e sofisticados monólitos. Além disso, o próprio Johnson já fora um arquimodernista, tendo trabalhado com Ludwig Mies van der Rohe no Seagram Building, um arranha-céu funcionalista icônico em Estilo Internacional que recusou ornamentos. Durante boa parte de sua carreira, a história não fez parte dos projetos de Johnson.

Como os colegas pós-modernistas James Stirling e Robert Venturi, Johnson nem adotou uma única escola nem rejeitou a história – em vez disso, para ele e seus contemporâneos, tanto as escolas como os períodos eram um cardápio. O imenso frontão, o revestimento de granito, a enorme fachada arqueada de 7 metros – todas essas características vieram de prédios clássicos, enquanto o formato quadrado manteve-se fiel ao Estilo Internacional. Essa amostragem visual repercutiu no One Detroit Center de Johnson (ver de novo a Figura 13). Construído em escala similar ao Sony Building, ele tinha detalhados gabletes no estilo flamengo – os anos 1990 encontram os 1690. O PPG Place de Pittsburgh foi outro arranha-céu, desta vez com torres que lembravam um castelo gótico. Fachadas e telhados tornaram-se espaços para decoração. Ao se definir com excessiva rigidez, a arquitetura moderna passou a ser entediante. Agora colunas e pedestais, gabletes e torres estavam de volta – mas como coisas a serem escolhidas e combinadas, não como fundamentos estilísticos como outrora. A aderência a uma doutrina foi substituída por uma mistura exótica da forma.

A arquitetura pós-moderna foi, mais que nunca, um exercício curatorial. Foi outro efeito de curadoria, talvez, outro exemplo similar à criatividade dos DJs e ao *sampling* ou à ascensão do curador como figura central no mundo das artes. Temos uma cultura inteira baseada no referenciamento e reutilização dos memes culturais. A criatividade como força da originalidade se descentraliza, se despoja. O que constitui uma clássica atividade de segunda ordem, a curadoria, torna-se mais complexo quando pressupostos básicos da atividade são trazidos ao cerne do que significa produzir.

Os modernistas, nas palavras do poeta Ezra Pound, queriam *Make It New* [renovar, recriar]. Embora constantemente reutilizassem fragmentos antigos da cultura, havia algo de radicalmente original na literatura, dança, música, arte visual, arquitetura e cinema que faziam. Os pós-modernistas, por sua vez, nem tentavam *Make It New*. Eles só aderiram ao *Make It* [fazer]. Se os modernistas já estavam vivendo na era em que as crostas da cultura antiga dificultavam a possibilidade do novo, eles ainda queriam desafiar. Quando chegamos à era dos arquitetos pós-modernos, dos DJs megaestrelas e dos curadores que fazem curadoria de curadores nas bienais, ninguém mais finge que "pura" criatividade ainda é possível.

Sem dúvida, superamos o movimento artístico identificável do pós-modernismo predominante nos anos 1970, 1980 e 1990. Mas nada de definível emergiu em seu lugar. Aliás, o pós-modernismo até previu essa situação ao se referir ao desmoronamento das "grandes narrativas" – incluindo, imagina-se, a do próprio pós-modernismo. O pós-modernismo acabou, virou relíquia histórica, mas seu legado do "neoecletismo" – vale tudo, escolha o mais conveniente, misture tudo – ainda existe. Sua modalidade de reciclar fragmentos culturais aparentemente se consolidou. Em termos emocionais, talvez ainda estejamos ligados ao mito da criatividade – mas, na prática, parece que já deixamos tudo para trás. Hoje os memes são reciclados em todos os espaços da nossa cultura: filmes ganham *remakes* infinitos; livros são reescritos; programas de TV aludem a outros programas de TV; remixes e *samples* estão no topo. A *pop art* conscientemente baseou seus formatos na cultura do consumo de massa. Agora a arte conscientemente se baseia na *pop art*.

Não é uma situação inusitada. Shakespeare não escreveu as tramas da maioria de suas peças *ex nihilo*: ele as recompôs a partir de uma miscelânea de fontes. Isso era visto como algo normal. Só começou a ser considerado estranho quando Shakespeare foi endeusado por uma geração de escritores, poetas, atores e editores posteriores como epítome do gênio criativo. Até a era romântica, imitar fontes de perfeição clássicas ou religiosas costumava ser mais imperativo que a originalidade.

Mesmo assim, será que não estamos desvalorizando a criatividade? Produzindo uma versão enfraquecida, esmaecida, da criatividade na qual o herói é o crítico, o curador, e não o original? Podemos ver essas tendências se desenrolarem num exemplo elementar da mídia: o noticiário.

## AS NOVAS NOTÍCIAS

Nas primeiras semanas de 2011, fatos que ficaram conhecidos como Primavera Árabe irromperam na consciência mundial – e em nenhum outro lugar com mais intensidade que no Egito. Governados há décadas por Hosni Mubarak, os egípcios, inspirados por seus vizinhos, começaram a protestar. Então, em 25 de janeiro, a situação se intensificou. Os cairotas desceram às centenas de milhares à praça Tahrir, no centro da cidade – um enorme cruzamento e espaço cerimonial cercado por museus nacionais e sedes do partido. O caos se instalou. A praça Tahrir tornou-se um enorme acampamento. A violência esteve constantemente à flor da pele à medida que manifestantes, milícias armadas e a polícia envolveram-se em batalhas sombrias. Em 1º de fevereiro, segundo a Al-Jazeera, havia 1 milhão de pessoas na praça. Durante os protestos, que acabaram resultando na derrocada do regime Mubarak assim que o exército se recusou a interceder, houve milhares de mortos. Nove delegacias foram incendiadas.

Três anos depois, a situação em Kiev, Ucrânia, foi igualmente incendiária. Tal como no Egito, a tensão vinha subindo há anos. Na Ucrânia, a questão eram os rumos do país – ele se voltaria para o ocidente da União Europeia ou para o oriente da Rússia? Quando o presidente Viktor Yanukóvytch inclinou-se para a Rússia, os protestos se espalharam e ativistas dirigiram-se para o principal espaço cívico de Kiev, o Maidan. Os manifestantes se concentraram lá desde dezembro de 2013, mas confrontos brutais entre eles e a polícia em fevereiro de 2014 se transformaram em batalhas campais. No início, a polícia disparou balas de borracha, mas logo passou à munição real, gás lacrimogêneo e granadas de atordoamento. Havia até franco-atiradores nos prédios ao redor. Foram eventos complexos, envolvendo colunas de manifestantes, maquinações políticas de bastidores, embates nas ruas, subterfúgios e falta de jornalismo "objetivo". A cronologia do 18 de fevereiro ainda é objeto de discussões acirradas.

Tanto na praça Tahrir quanto no Maidan, as empresas jornalísticas tradicionais se esforçaram para se inteirar dos fatos. Os dois acontecimentos representavam um enorme risco para repórteres. Na atmosfera explosiva da revolução, nunca ficou claro quem estava de qual lado, quem representava uma ameaça de violência ou o que poderia acontecer a seguir. As duas situações também foram complexas, sendo que os dois lados tiraram o máximo proveito da manipulação e os participantes, dispersos por cidades imensas, emaranharam-se nas teias de hostilidade e fidelidade. Em outras épocas, jornalistas teriam feito todo o possível por uma cobertura – mas que viria depois dos fatos, parcial e incompleta. Só em retrospecto seria possível entender apropriadamente os fatos históricos.

Agora os jornalistas podiam optar por outra abordagem. As redes sociais ofereciam a possibilidade do jornalismo cidadão – pessoas comuns gravando notícias. Embora o jornalismo cidadão nunca tenha decolado como esperavam seus proponentes, com aparelhos em rede passou-se a ter mais informação que nunca sobre acontecimentos perigosos e complexos. Atualizações de *status* e o vídeo de celular – esta talvez a ferramenta mais potente – passaram às mãos dos protagonistas. Os jornalistas na linha de frente ainda seriam essenciais, mas as editorias podiam peneirar a massa de *uploads*, conferindo e combinando conteúdo antes de inseri-lo em sua cobertura. No Cairo e em Kiev, assim como em situações ainda mais difíceis, como o conflito na Síria, o caráter do jornalismo mudou da escrita da narrativa à tessitura da narrativa, a partir da vasta disponibilidade de fontes: filmagens amadoras, antes coadjuvantes, tornaram-se o fato. A organização jornalística que não quisesse ficar para trás precisaria de novos modelos de coleta de notícias, nos quais unir as pecinhas das fontes disponíveis passa a ser mais importante que encontrar as fontes. A CNN já não precisava captar as filmagens ela mesma, sempre um processo parcial quando se usa, como ela fazia, equipes com uma só câmera; ela precisava apenas encontrar material para montar as matérias. Claro que isso não significa que as organizações jornalísticas tenham se tornado obsoletas. Encontrar, checar e contextualizar o amontoado de informações que emerge em tempo real, no *front*, requer autoridade, competência, infraestrutura e um público presente. Quando a CNN citava um tuíte ou embutia filmagens de celular, nós queríamos saber o que estava acontecendo, quem estava falando e por quê; ainda queríamos que o noticiário nos desse uma narrativa coerente do que se passava. Mas os meios para tanto estavam passando da reportagem à colagem.

As revoluções egípcia e ucraniana mostram como o noticiário está em mutação. O que se fazia antes era coletar e transmitir informações. O que se faz agora é processar enormes quantidades de ruído no sinal. É o que o relatório sobre o futuro do jornalismo do Tow Center, Universidade Columbia, chama de "jornalismo pós-industrial": o jornalismo não concentrado em gerar mecanicamente um produto de massa, mas algo mais focado, de nicho, flexível e com curadoria[11]. Um jornalismo no qual os jornalistas são mais parecidos com editores – ou curadores.

---

11  Chris Anderson, Emily Bell e Clay Shirky, *Post Industrial Journalism: Adapting to the Present*, Nova York: Tow Center for Digital Journalism, 2015.

Xavier Damman, fundador do serviço de curadoria Storify, me contou que "Num mundo onde qualquer um pode publicar, a curadoria é importante para garantir que a informação de verdade não se restrinja apenas a dados". A distinção é crucial para o jornalismo atual. O Storify é exemplo de empresa construída para ajudar outros a fazer gestão do conteúdo. Porém, ao contrário de muitos empreendedores digitais, Damman reconhece que essa é uma tendência necessária, mas também evolutiva, baseada num substrato existente: "O jornalismo sempre esteve ligado à curadoria de fontes, a acondicioná-las numa matéria e depois distribuí-las para o público. Agora as testemunhas e os peritos – as mesmas fontes de antes – estão nas redes sociais. Ainda precisamos ouvi-los para reacondicionar. Só que antes os jornalistas tinham acesso a vinte fontes – agora são 2 mil. Precisamos dessa gente – jornalistas, blogueiros, curadores de todo tipo, que eu chamo de engenheiros de informação – para otimizar o que chega ao grande público, para filtrar todo esse ruído".

Uma das mudanças óbvias está no fato de que sites de notícias fazem links entre si como nunca. Isso começou com a nova linhagem que surgiu nos anos 1990 e 2000: sites como The Huffington Post, The Drudge Report e Slate. Enquanto o noticiário tradicional concentrava-se em ser um pacote fechado, esses sites olhavam para fora. Eles não se viam como fatias monolíticas de conteúdo, mas como conectores com a massa de conteúdo interessante da web. Aí veio a segunda geração de sites jornalísticos, como Buzzfeed e Quartz. Embora os links do HuffPo fossem inovadores, para a nova linhagem do "jornalismo digital" eles já eram padrão. Boiando num mar de conteúdo, nós pulamos de uma publicação para outra.

De fato, o Buzzfeed, que recentemente estava contratando para o novo cargo de Editor de Curadoria Jornalística, muitas vezes consiste em incorporação de tuítes, gifs e fotos provenientes de outros pontos da web. Seu formato característico, a *listicle* [matéria-lista], é apenas o da seleção e arranjo de material preexistente. Metade dos famosos e-mails diários do Quartz consiste em links. A proposta de valor passou da escrita e transmissão de notícias à descoberta do conteúdo mais interessante. O que a Quartz descobria e linkava era quase tão importante quanto o que era produzido. Não tardou para tuítes incorporados, links para outros sites e vídeos do YouTube encherem páginas de sites como *Guardian*, *New York Times* e todo grande canal jornalístico. A ideia da matéria solitária começou a dar lugar à cobertura contínua composta por um mosaico de fontes. Às margens da reportagem e da web, uma nova linhagem de negócio encontrava espaço para crescer. TheSkimm criava *newsletters* detalhadas; o This construía uma rede social que obrigava o usuário a escolher meticulosamente o que compartilhar; o Longreads selecionava o melhor dos textos longos de "centenas de fontes".

Nada disso deveria surpreender – não temos como esperar que a explosão da informação deixe incólumes atividades como jornalismo, fornecimento de informações, escrita de não ficção e entretenimento.

Em parte, isso refletiu a explosão na quantidade de material. Todo mundo passou a ser "produtor de conteúdo", e assim os produtores de conteúdo originais – o jornalismo e a mídia tradicional – tiveram que se adaptar. Os custos de transação associados à produção e distribuição de conteúdo (de todos os tipos, é claro, não apenas jornalismo) desabaram. Agora, em quase todos os nichos, há aglomerados de conhecimento publicados fora dos limites da indústria. Empresas e marcas, blogs pessoais, tuiteiros influentes, organizações sem fins lucrativos, ONGs e centros universitários de pesquisa começaram a produzir material de alta qualidade. O bem cotado SCOTUSblog trouxe cobertura da Suprema Corte dos Estados Unidos com mais profundidade que a mídia tradicional. A bolha política de Westminster, no Reino Unido, era coberta com brio e grosseria por arrivistas como o blog Guido Fawkes. Percebeu-se que era bastante comum que um tuíte solto ou um passante com um *smartphone* condensasse uma situação melhor que qualquer jornalista – então, por que não cooptar essas pessoas?

Não só surgiram mais comentários, como também mais notícias em potencial. Um mundo conectado rende histórias. Aí vieram os novos modelos, metas e mídias para o jornalismo: o filantrópico e o com fins lucrativos; o *on-line* e o *off-line*; o produzido coletivamente e o editado profissionalmente; fundamentado em vídeo, em áudio, interativo ou baseado em texto. Ou seja, mais demanda por curadoria e mais curadoria, a interdependência central que vemos repetidas vezes.

Isso significa que os *gatekeepers* seguem por aí. A importância deles se reflete nas carreiras de duas estrelas do novo ambiente jornalístico, Ezra Klein e Nate Silver. Klein saiu do Wonkblog do *Washington Post* e Silver do Upshot do *New York Times*; saíram para lançar o Vox e o FiveThirtyEight. Ambos sugerem que a curadoria individualizada do jornalismo está se tornando mais importante pelo fato de que ambos consideraram que tinham público, cacife e qualificação suficiente para deixar suas instituições e começar do zero. Ainda assim, tanto o Wonkblog quanto o Upshot seguiram em frente, ampliaram-se e, segundo o *New York Review of Books*, dobraram o número de leitores desde a saída das estrelas[12]. O valor dos grandes e velhos *gatekeepers,* como o valor dos novos formatos e curadores-estrela, cresceu. Voltamos a um tema familiar: a quantidade de informação jornalística aumentou tanto que precisamos de mais filtros que nunca, de marcas confiáveis *e* de novas *start-ups*, as produzidas profissionalmente *e* as delegadas a nós. Queremos filtros novos e personalizados como Klein e Silver; também queremos grandes marcas com histórico. No novo ambiente informacional, quanto mais curadores, melhor.

As organizações jornalísticas também têm que fazer a própria curadoria. No Relatório de Inovação que vazou do *New York Times*, o jornal afirmava publicar mais de 300 URLs inéditas por dia. Até o leitor mais ardoroso teria dificuldade em acompanhar. O relatório também defende que a *homepage* tem importância cada vez menor em canalizar leitores para as matérias – eles vêm de outros pontos (de links nas redes sociais, por exemplo). O jornal gerencia isso através de projetos como o NYT Now, aplicativo que apresenta uma dose pequena e seleta de matérias do *Times*. Aí se tem uma curadoria em duas etapas: o *New York Times* faz curadoria das notícias através das seleções editoriais; depois, faz curadoria de si mesmo. O uso do apelido NYT em vez de *New York Times* faz parte de um movimento em direção à brevidade e completude que geralmente estão ausentes na abundância de conteúdo da web. É o que dá ao jornalismo *on-line* a sensação que Craig Mod chamou de "arrojo"[13].

---

12 Michael Massing, "Digital Journalism: The Next Generation", *The New York Review of Books*, 25 jun. 2015, disponível em: <https://www.nybooks.com/articles/2015/06/25/digital-journalism-next-generation/>, acesso em: jun. 2019.
13 Craig Mod, "Coming Home: NYT Now", *The Message*, 3 jun. 2014, disponível em: <https://medium.com/message/coming-home-nyt-now-e3fc26f60a59>, acesso em: jun. 2019.

O NYT Now reapresenta hierarquia; tem a ver com resumir e categorizar. Há o mesmo ímpeto em novos serviços movidos a algoritmos, como o Summly, que digerem as notícias.

O noticiário atual está relacionado com a curadoria das pessoas em campo, nas praças, nas linhas de frente da revolução, não com os que chegam lá de classe executiva. Ou seja, é preciso nadar pelo material que é publicado, em boa parte brilhante, mas na mesma medida terrível, irrelevante ou equivocado, para nos prover de conteúdo variado, interessante e informativo. E isso significa autocuradoria – selecionar os trechos essenciais para leitores ocupados. Esse é o novo noticiário: jornalismo numa era repleta de informação.

Mas que não vem sem problemas sérios. Um relatório da Gallup conclui que a confiança na mídia jornalística cai há décadas e está passando do fundo do poço. Em 1979, 51% tinham confiança nos jornais; em 2014, o número desabou para 22%. Aqui pesam os questionamentos que se faz sobre ética e curadoria. A pessoa que acrescenta o link é mais beneficiada do que quem o produziu? Agregadores, do Google ao Flipboard, apropriam-se do valor dos que criam o conteúdo? Quando seu vídeo revolucionário está na CNN, quem sai ganhando? Empresas como a Prismatic conseguem fazer mineração de dados das notícias em busca de perspectivas de investimento – porém, mais uma vez, o valor da produção é questionado.

No jornalismo, assim como entre alguns dos nossos produtores culturais e na internet, alguns afirmam que essa transição no *locus* do valor prejudica diretamente a produção. Se essa é uma queixa egoísta de uma elite que não está disposta a se adaptar ou uma ameaça séria às reportagens livres e precisas é algo que ainda precisa ser visto. De qualquer modo, deve ser monitorado.

Não há como alguém ter perdido a transição curatorial na cultura e na mídia. Todo processo de acumulação cultural vem de séculos. O peso da cultura e da sobrecarga midiática – prolixidade, acessibilidade e diversidade – gera uma transformação qualitativa nas nossas interações com os formatos culturais variados que nos cercam. Nossas relações ficam desagregadas, democraticamente estilhaçadas. Além disso, a convergência desses formatos em mídias com telas só complica a questão – a soma de tudo compete por atenção num pedacinho de vidro.

Se antes criávamos e consumíamos, os papéis intermediários agora são legião, mais visíveis, estruturalmente mais adequados a nossas interações com produtos culturais. À parte considerações estéticas, éticas e econômicas, esta é a realidade da vida cultural. Até no que concerne a nossas ideias operacionais sobre criatividade, nossa cultura está voltada para papéis de segunda ordem: DJs, executivos de talentos e até leões de chácara; editores; críticos e curadores; *remixers*, blogueiros e membros de comitês. Como navegar nessa realidade? Gosto e sensibilidade terão funções ainda mais importantes. A ética da cultura e a economia da mídia continuarão a ser um desafio. Se você é um editor, uma galeria de arte, uma plataforma musical ou uma *start-up* do jornalismo digital, a melhor curadoria vai ter vantagem competitiva – principalmente para aqueles, como o Spotify ou a Apple Music, que efetivamente misturam a ousadia tecnológica com o juízo pessoal e estético.

A curadoria começa com a arte e os museus, como propriedade da cultura, antes de se espalhar para a internet. E foi na internet, não na cultura, que ela se tornou global.

# 9

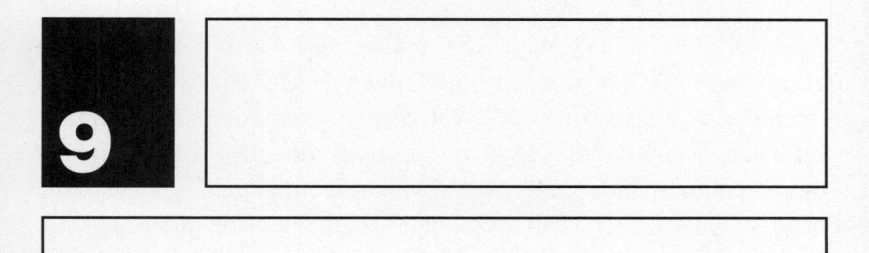

# A curadoria da internet

**O MUNDO ALÉM DO MARKETING**

Por maior que você pense que a internet seja, ela só aumenta. Assim que ficamos à vontade com a ideia dos petabytes, nos vemos adentrando a Era do Yottabyte, tendo pulado o exabyte nessa corrida. Foi só recentemente que a internet ganhou um novo padrão de IP (Internet Protocol), o IPv6, sem o qual ela teria entrado em parafuso – para os mais acostumados com a matemática, o IPv6 tem 7,9 × 1.028 endereços a mais que o padrão anterior, o IPv4. Tudo isso é assegurado por uma infraestrutura física descomunal que cresce velozmente. No site da *Economist,* Virginia Rometty, CEO da IBM, afirmou que "Há mais de 1 trilhão de objetos e organismos interconectados e inteligentes – incluindo 1 bilhão de transistores para cada pessoa no planeta"[1]. Além disso, grandes regiões da web continuam ocultas. A Deep Web, parcela que fica além do escopo da indexação das buscas, representa até 96% de todos os

---

1 "The Year of the Smarter Enterprise", *The Economist,* 18 nov. 2013, disponível em: <https://www.economist.com/news/2013/11/18/the-year-of-the-smarter-enterprise>, acesso em: jun. 2019.

dados digitais, sejam intranets empresariais, o sistema de comunicação anônimo Tor ou a "darknet" das transações criminosas. As tecnologias sociais, móveis e vestíveis exacerbaram a explosão da internet, assim como o alcance crescente dos dispositivos conectados que formam a internet das coisas. Com a queda do custo de produção, publicação e armazenamento de dados de qualquer tipo, os dados prosperaram (obrigado, Lei de Moore; obrigado, Tim Berners-Lee).

A internet de hoje está muito além da compreensão. A história do Vale do Silício e seus chamados unicórnios, as *start-ups* bilionárias, é a história de serviços que navegam no infinito. São agregadores especializados que, ao fazer a internet funcionar, ao gerenciar seu excesso, direcionam nossa atenção; e, ao direcionar nossa atenção, direcionam os dólares dos anunciantes.

É fácil ver como a curadoria se tornou parte da internet. De toda sobrecarga que sentimos, a internet, com sua explosão de dados e informações, com sua densidade de conexões, sua velocidade, é a mais óbvia.

Tampouco é apenas questão de volume. Está relacionado com o curioso achatamento da informação. Se o Presidente dos Estados Unidos solta um tuíte, ele não tem diferença, na forma, de uma fala minha ou sua. Se o Presidente dos Estados Unidos discursa, esse discurso acontece num contexto totalmente diferente do que se fosse meu ou seu. Claro que o impacto dos tuítes será diferente, mas a substância deles é equivalente, o que difere do nosso mundo *off-line* irregular. A curadoria *on-line* não tem a ver apenas com a redução de coisas, mas também com uma análise qualitativa em meio a distinções bem mais delicadas.

Anteriormente, descrevi curadoria como uma espécie de interface. Na internet, isso é literalmente verdade – todas as nossas interações têm que ser mediadas através de interfaces, o que envolve definições necessárias de seleção e arranjo. A curadoria adquiriu tanto destaque em anos recentes, em grande parte, em virtude desse processo; humanos de um lado da tela, uma massa de dados da outra. Ao longo deste livro muitos exemplos vieram da web, o que não deveria surpreender ninguém.

O mix curatorial da internet é multifacetado. Indivíduos, serviços e protocolos desempenham seus papéis. Nos níveis mais elevados, novas disciplinas de curadoria constroem reputações e vendem empresas. Novos tipos de celebridades, conhecidas pelo que compartilham, dominam a nova mídia. E novos tipos de negócios facilitam a curadoria em escala industrial.

Um dos mais conhecidos é o Paper.li, *start-up* que nasceu do Instituto Federal de Tecnologia da Suíça. Fundado por Édouard Lambelet e outros, o Paper.li possibilita ao usuário filtrar a internet e reacondicionar seu conteúdo em formato digerível. Todos os dias, eles processam 144 milhões de sites. Seus usuários reúnem o que é interessante com a ajuda da tecnologia do Paper.li, que faz o serviço pesado e publica as opções deles.

Quando conversei com Lambelet, ele explicou o raciocínio por trás do site: "A ideia é facilitar a descoberta da variedade de conteúdo. Estamos todos com a sensação de que o conteúdo nos oprime, de que estamos afogados em conteúdo e informação, em notícias. Acredito que o público faz parte da solução". A visão de Lambelet sobre curadoria é de um processo humano que se constrói sobre a tecnologia deles. Ele vê isso como algo essencial: nessa variedade, os caprichos humanos podem encontrar algo distinto e inesperado que vale a pena compartilhar. A fusão é fundamental: "A verdade é que muita gente não quer criar conteúdo, mas tem envolvimento suficiente para recomendar. Se tiverem de gastar três horas por dia nisso, não vão fazê-lo, é demais. Então entramos com a tecnologia da web e a tecnologia semântica para facilitar o serviço de curadoria diária".

O que Lambelet está fazendo é construir um negócio baseado na sobrecarga de informação e na sua solução. Ele reconhece o que faz e reconhece também como esses dois aspectos constituíram a dinâmica central da internet: "Devido ao imenso ruído a que somos submetidos pela internet, os usuários valorizam cada vez mais a filtragem de conteúdo. Se encontro algo que me ajuda a filtrar esse ruído, vou usar. Os consumidores estão preocupados com o ruído. Não se trata apenas de criação de conteúdo – a filtragem também tem seu valor. Desde o princípio da internet precisamos de filtragem de conteúdo – de portais a catálogos, sites e páginas, e depois mecanismos de busca. Agora ela voltou a ser assoberbante, com as redes sociais e o caráter nômade do conteúdo, e precisamos refiltrar – desta vez, a filtragem é feita de forma coletiva e com curadoria".

Serviços exclusivamente para curadoria encontraram espaço. O Storify de Damman e o Paper.li de Lambelet atingiram aceitação considerável. Mas poderíamos discutir igualmente o Curata ou o Trap.it, o Scoop It ou o Sway, *software*s de nível empresarial cuja meta é transformar negócios em curadores de mérito.

O Paper.li e outros especializam-se na "curadoria de conteúdo"[2], algo que se tornou uma disciplina por si só, um método construído em torno do ciclo de vida da curadoria de conteúdo. Em termos bem básicos, o processo funciona da seguinte forma:

- **encontrar** conteúdo (dos jornais, Twitter, *newsletters*, leitores de *feed*, monitoria de palavras-chave, imprensa especializada e focada, usuários relevantes e influenciadores de redes sociais);

- **selecionar** e organizar o conteúdo, o que costuma incluir comentários sobre o trabalho ou excertos, encaixados em contextos ou coleções;

- **compartilhar** com outros.

A maior parte da curadoria explícita da web baseia-se num padrão, embora, como veremos, a curadoria implícita da web seja muito mais complexa. O que é marcante nessa discussão sobre curadoria de conteúdo é o quanto ela tem a ver com marketing.

Marqueteiros veem a curadoria de conteúdo como uma maneira de atrair novos públicos, criar credibilidade, gerar maior envolvimento com clientes existentes e até melhorar a otimização para mecanismos de busca – a SEO, ou *search engine optimization* – e os retornos ao site. Houve um tempo em que os marqueteiros se viam como produtores. Queriam canalizar tudo para seus próprios produtos e espaços – não os dos outros. A curadoria de conteúdo parece radical como estratégia de marketing porque subverte as duas máximas.

---

2 Ver mais em Steven Rosenbaum, "Innovate – curation!", *TEDxGrandRapids*, 2011, disponível em: <https://www.youtube.com/watch?v=iASluLoKQbo>, acesso em: 27 maio 2013; e Curata, *The Ultimate Guide to Content Curation*, Boston MA: Curata, 2015.

O marketing de curadoria reconhece que os compradores mudaram – eles não esperam que o marketing seja de mensagens simples, transmitidas pelos canais óbvios. Não funciona. A informação sobre os produtos tendia a ser escassa e os mercados eram menos saturados de produtos. Os compradores começaram a discriminar mais; eles não querem um comercial rudimentar, eles querem conteúdo de qualidade.

Isso também faz parte de uma mudança no marketing: uma evolução da venda pura e simples para a construção da afinidade com a marca e retenção de consumidores. "Liderança em ideias", não só geração de vantagens. É o marketing-serviço, útil e interessante por si só. O que também volta ao ponto perene da curadoria: competência. A boa curadoria de conteúdo demonstra competência e gera confiança. Por fim, a curadoria de conteúdo pode exigir muita seleção feita com inteligência, que em si já é um recurso, mas exige menos gasto inicial que a publicidade clássica.

É assim que empresas desde a Microsoft até a Lego e, notoriamente, a King Arthur's, a fábrica de farinha mais antiga dos EUA, tornaram-se propositalmente curadoras. Acompanho o O'Reilly Radar há anos, uma curadoria regular de links da editora O'Reilly Media, da área de tecnologia.

Mas o termo, às vezes, é usado de um jeito estranho. Sites aconselham o público a "fazer curadoria pela manhã" ou fazer curadoria para alcançar sucesso. A curadoria é vista como atalho, como algo definido, não como um processo. O Curata, por exemplo, tem uma *checklist* de 12 passos para marketing de conteúdo. Faz sentido em certo nível, mas reduz a curadoria a uma fórmula. A curadoria de conteúdo não é simples, não pode se encaixar em outra tarefa rotineira. A curadoria bem-feita é mais difícil e mais sutil. É por isso que tantas estratégias como essa parecem ocas. A curadoria parecia radical e diferente para alguns marqueteiros, daí o foco compreensível. Mas igualar curadoria a marketing deixa de considerar não apenas toda curadoria digna por trás do marketing (boa parte do marketing, no caso), mas também como a curadoria se tornou essencial para uma ampla gama de atividades.

Isso não significa negar que a curadoria pode fazer parte de uma estratégia efetiva de marketing e criação de comunidades. Ela certamente pode, e é um ingrediente fundamental. Segundo algumas estimativas, o marketing de conteúdo é o segmento do marketing que mais cresce entre marcas mais conhecidas[3]. Quando bem-feita, a curadoria de conteúdo constrói confiança, é útil e interessante, e demonstra que empresas funcionam com altruísmo como parte de um diálogo mais amplo. Mas, na pior das hipóteses, é uma palavra da moda insignificante destinada a preencher lacunas nas reuniões de estratégia corporativa.

Precisamos superar a ideia de curadoria de conteúdo – que é legal para descrever *newsletters,* blogs e *playlists* no Spotify, mas não consegue englobar o significado da curadoria na internet.

Em vez disso, devemos ver tudo isso como parte de uma camada de curadoria.

A internet costuma ser vista como uma pilha de camadas, que vai do estrato físico dos cabos e servidores, passa por vários protocolos e chega até o estrato da aplicação – a parte que nós, usuários, costumamos encontrar na forma de navegadores e assim por diante. A camada da curadoria não se encaixa formalmente nessa estrutura, mas no seu espírito, junto com outras camadas, como a camada do conteúdo, a camada social e até a camada dos jogos. Diante da quantidade limitada de informação com que qualquer ser humano consegue lidar, sempre há mecanismos de filtragem e seleção. Coletivamente, esses filtros constituem a camada da curadoria.

Estamos cercados pela curadoria e em todos os lugares nos deparamos com a camada da curadoria. Mas é muito mais fácil encontrá-la no mundo digital.

Talvez um dos motivos pelos quais a curadoria é vista com tanta desconfiança é a chamada "falácia do empilhamento de camadas", o erro de acreditar que é fácil montar camadas acima da sua. É só curadoria, escolha; é fácil, qualquer um faz. Raramente isso é verdade. Não é só porque você é bom em construir bancos de dados, centros de distribuição ou mesmo plataformas na web que você é bom em fazer uma seleção competente.

Como trabalhamos com e na camada da curadoria? As empresas a usam como parte de suas propostas de marketing, na forma

---

[3] Ver Scott Galloway, "The death of pure-play retail and impulse buys", *L2*, 2015, disponível em: <https://www.youtube.com/watch?v=grU0xJ7JwLs&=-feature-youtu.be>, acesso em: 17 jul. 2015.

de curadoria de conteúdo. Curadores como Maria Popova, Matt Drudge e Jason Kottke criam públicos de tamanho considerável através de curadoria idiossincrática. *Start-ups* como o Paper.li e o Bundlr criam ferramentas para fortalecer a curadoria de outros. Sites como o Pinterest fazem todo mundo virar curador de bolos, de gatos e, no meu caso, de capas de livros. A questão é que a curadoria na internet acontece em grande escala. Não está concentrada apenas em bolsões de curadoria de conteúdo, mas também é algo muito maior, parte integrante do nosso ambiente tecnológico, comercial e informacional.

Isso traz, porém, mais uma pergunta. Ao longo deste livro, tratei ao mesmo tempo de curadoria algorítmica e humana. Grandes serviços na web já foram chamados de curadores. Será que realmente podemos falar deles como curadoria, ou isso seria esticar o termo além do ponto de ruptura?

## DE MÁQUINAS E HOMENS

Em seu escritório no Instituto da Internet da Universidade de Oxford, Luciano Floridi, professor de Filosofia e Ética da Informação, é claríssimo: falando com agilidade, ele afirma que a curadoria não pode ser atribuída às grandes plataformas da web. "Curadoria implica responsabilidade por aquilo que você cura", ele diz. Responsabilidade é uma característica humana. "Curadores são peritos – é preciso ter voz para ser curador. Existe um aspecto prático da curadoria que significa que a curadoria algorítmica deveria ser acompanhada por uma sensação quase de propriedade, ou de custódia. A capacidade de intervir, de acompanhar, de garantir que nossa curadoria tenha impacto, é essencial. É uma relação pragmática." Para Floridi, a questão é que a curadoria tem conotações éticas que remontam à raiz *curare*. Curadoria não significa apenas selecionar e dispor, significa fazer essas coisas com o propósito de ajudar outrem.

Eu e ele concordamos, em termos gerais, quanto à importância da curadoria. "A curadoria é decorrente da abundância", ele diz. "Não era preciso fazer curadoria de papiros nem de pergaminhos." Mas Floridi vê a curadoria como uma atividade com um papel bem específico. "É o que coloca a entidade, a coisa curada, no centro. O curador tem uma mentalidade, uma sensibilidade que enxerga o que é bom para tal coisa. O bem dessa entidade vem em primeiro lugar, antes do curador." A curadoria, sustenta ele, "é altruísta em relação ao que está sendo curado". E é aqui que a ideia de curadoria automatizada encontra problemas. Programas que apenas dirigem usuários para outros pontos, que não são responsáveis pela informação nem pelo conteúdo, não podem fazer isso. Floridi afirma que o Google tem mais chances de fazer curadoria de publicidade, da qual é o responsável direto, que de conteúdo, ao qual ele apenas conduz o público. É o que a autora Carmen Medina chama de "lente moral"[4] da curadoria.

Depois disso, há uma grande dúvida em relação ao que constitui curadoria. É mais do que uma pergunta semântica – tem a ver com o direcionamento da economia, estratégias de negócios que darão certo ou errado. Ao longo deste livro, tratei da curadoria algorítmica e humana lado a lado, defendendo que ambas deviam ser vistas como parte da transição curatorial. Contudo, muitos presumem que a curadoria é explicitamente humana, ao passo que a "agregação", mais rasa, é automática. A maioria das discussões sobre curadoria de conteúdo, por exemplo, diz respeito a essa distinção.

*Content farming* [cultivo de conteúdo], agregação em massa – nada disso tem o toque humano inconfundível que a curadoria sugere. Aquele toque que se torna valioso num mundo governado por sistemas automatizados.

O músico e intelectual David Byrne faz uma defesa similar em matéria sobre curadoria para a *New Statesman:* "O que eu e outros 'peritos' oferecemos é a surpresa", ele escreve[5]. Byrne afirma que, como as experiências que ele tem "são ligeiramente fora do normal, elas têm uma tendência, um viés, uma pré-edição e uma peculiaridade que é diferente do que criam esses serviços com base em algoritmos e comportamento de manada". Assim, ele ajuda o público a "encontrar uma ideia, um artista ou escritor que foge dos

---

4 Disponível em: <https://twitter.com/milouness/status/178595970639081473>, acesso em: jun. 2019.
5 David Byrne, "David Byrne: A Great Curator Beats Any Big Company's Algorithm", *NewStatesman*, 1º jun. 2015, disponível em: <http://www.newstatesman.com/2015/05/man-versus-algorithm>, acesso em: jun. 2019.

caminhos já trilhados e que as máquinas conseguem prever". Essa curadoria centrada na pessoa é "um processo quarup", uma "cola social", uma troca de informação entre amigos. Byrne, como Floridi, observa que a curadoria talvez seja valiosa exatamente porque evita o algorítmico e o agregador e em vez disso está imbuída de valores, idiossincrasias e tudo mais que é humano.

Então por que eu penso que a curadoria abrange o algorítmico e o pessoal? Antes de responder, uma advertência: a linha divisória entre com e sem curadoria ainda é fluida e maleável. Nem sempre fica clara e demorará a se consolidar.

Mas o motivo pelo qual acho que ambas funcionam é que, em primeiro lugar, é assim que usamos a palavra. Algumas discussões pressupõem que a curadoria nunca pode ser executada automaticamente, ao passo que outras pressupõem que ela pode e é. Tal como acontece com a palavra curadoria no geral, o gênio saiu da garrafa e tentar legislar sobre a língua não tem sentido. Dê uma olhada nas tendências por aí, nos blogs e nas redes sociais, na mídia tradicional, nos livros e nos podcasts, e você vai perceber que muita gente fica à vontade em usar a palavra sugerindo que algoritmos são suficientes como curadoria. Não é simples, e levanta todo tipo de dificuldade conceitual; mas, para o bem ou para o mal, é assim que a língua evolui.

Em segundo lugar, acho que se aplica porque não existe separação clara entre o que fazem máquinas e pessoas. Toda vez que usamos a internet, nossas interações são substancialmente guiadas e regidas por programas e protocolos. Ainda assim, eles próprios foram criados e controlados por pessoas. Uma coisa básica como um termo de busca é um diálogo complexo entre tomada de decisão humana e automatização. Num extremo ficam as decisões dos usuários; no outro, as dos engenheiros do mecanismo de busca. Entre elas, há diversas tecnologias que fazem mediação entre as duas com um nível de complexidade atordoante. Os processos automatizados de hoje em dia oferecem experiências e seleções tão avançadas que vão muito além do que costumamos rotular como filtro. E já vimos como, na Amazon, Apple e Netflix, a curadoria automatizada e a humana se encaixaram. Muitos processamentos de Big Data seriam impossíveis se feitos por humanos; porém, esses sistemas ainda são projetados, mantidos, monitorados, governados, transformados e consumidos por pessoas.

Aliás, mesmo que empresas da área de tecnologia sejam conhecidas por promover sistemas automáticos, o Google usa recomendações pessoais para destacar restaurantes em sua ferramenta de exploração no Google Maps, e a Samsung, como a Apple, emprega editores (e faz parceria com a Axel Springer) no seu aplicativo agregador de notícias. O serviço é dividido numa seção "Preciso saber", com curadoria de uma equipe editorial, e uma seção "Quero saber", movida por algoritmos[6]. Os algoritmos contabilizam os "votos favoráveis" humanos ou métricas de envolvimento e nós, por outro lado, reagimos a elas e as moldamos. Quando discutimos curadoria, temos que reconhecer essa realidade complementar, ver a mistura como um dos formatos característicos da nossa época. Devíamos reconhecer que hoje não existem fronteiras rigorosas entre o que é automático ou algorítmico e o que é humano. Nas palavras do investidor e tecnologista Peter Thiel: "Computadores são ferramentas, não rivais"[7]. Assim como usamos todo tipo de máquinas ao construir um prédio, mas não dizemos que o prédio é feito pelas máquinas, a curadoria costuma acontecer em amálgamas do automatizado e do personalizado. Além disso, ainda nos interessamos pelo que é subjetivo; isso não significa que, só porque a automatização é necessária, não queremos filtros extras, pessoais, sobrepostos à automatização. O fortuito não se aposentou. Um dos autores que mais escreve sobre curadoria da web, Steven Rosenbaum, diz: "Na era de abundância de dados, o que está em falta é bom gosto"[8].

O próximo livro que você vai ler provavelmente terá sido recomendado não por uma pessoa, nem por um algoritmo, mas por um ciborgue estranho e emergente que mistura os dois... Mas nem por isso as distinções deixaram de existir. Junto com o eixo da curadoria implícita e explícita há uma distinção maior na camada da cura-

---

[6] Robert Triggs, "Samsung to Launch Curated News App for its Galaxy Phones", *Android Authority*, 1º set. 2015, disponível em: <http://www.androidauthority.com/samsung-curated-news-app-europe-638460/>, acesso em: jun. 2019.

[7] Peter Thiel, *Zero to One: Notes on Startups, or How to Build the Future*, Londres: Virgin Books, 2014, p. 144 [ed. bras.: *De zero a um: o que aprender sobre empreendedorismo com o Vale do Silício*, trad. Ivo Korytowski, Rio de Janeiro: Objetiva, 2014].

[8] Steven Rosenbaum, *Curation Nation: How to Win in a World where Consumers are Creators*, Nova York: McGraw Hill, 2011, p. 13.

doria. Não há um nível uniforme de curadoria. Em algumas áreas, a curadoria é particularmente densa ou carregada; em outras, ela é muito mais leve, a camada é rasa:

- **Curadoria densa:** no geral, é disso que os marqueteiros estão falando quando discutem curadoria. Tem a ver com humanos; é a curadoria do Canopy.co e do Boing Boing; do Instagram e do O'Reilly Radar; de uma loja no Etsy ou da primeira página do Arts and Letters Daily. É a seção Discover no Kickstarter ou no Public Domain Review. É intensa, plena, baseada em opções pessoais com detalhamento, geralmente para pequenos públicos; ela discute suas opções e comenta, somando energia extra às decisões. Funciona como parcela adicional da camada da curadoria.

- **Curadoria rasa:** uma forma mais leve, geralmente automatizada, de curadoria – a rede de mecanismos de catalogação e filtragem, algoritmos de recomendação e descoberta, que encontramos por toda a internet. Não vamos sempre chamá-la, necessariamente, de curadoria, pois funciona automática ou semiautomaticamente, em geral sem comentar ou explicar seus processos. Nas periferias, ela se mistura com sistemas de rotulagem e folksonomias (os resultados do *tagging* compartilhado), indexação de buscas e algoritmos de recuperação, arquitetura de banco de dados e sistemas de controle de versão como o Git. É a curadoria subjacente e necessária da internet, o conjunto de sistemas que, através de seleção e arranjo intensos, faz com que a administração da superabundância de informação se torne uma possibilidade prática.

Como nos modelos de seleção curatorial e industrial, não existe uma divisão firme entre os dois – é, mais uma vez, um espectro. A curadoria densa costuma ser curadoria explícita, a curadoria rasa geralmente é curadoria implícita. Mas não precisa ser assim. Varejistas como os do Eataly, por exemplo, não se denominam explicitamente curadores, mas são indubitavelmente exemplos de curadoria densa. O Pinterest fica muito mais perto da curadoria explícita que da implícita. Mas o Pinterest é, como a maioria desses serviços, uma mistura – a curadoria pessoal dos usuários enche os quadros deles, enquanto o site como um todo usa diversos mecanismos automáticos para encontrar, recomendar e classificar esse material. Assim, os usuários fazem do Pinterest um espaço com curadoria densa; mas o Pinterest construiu sua própria curadoria rasa para ajudar. E para aqueles que talvez achem o Pinterest um exemplo trivial, ele tem 73 milhões de usuários, está avaliado em aproximadamente 11 bilhões de dólares e tem uma interface de programação de aplicação (API) para grandes usuários comerciais[9].

Por outro lado, embora essa divisão entre denso e raso funcione de forma mais óbvia em ambientes digitais, é um fenômeno geral. Galerias de arte, lojas de discos especializadas, ciclocafés, bibliotecas, hotéis de marca, *sets* de cinema, festivais e até carteiras de investimento passam por curadoria densa. Enquanto isso, lojas de departamentos, parques de esculturas, shopping centers, feiras comerciais, mercados e até alguns bairros (pense no Nolita de Nova York ou no Marylebone de Londres) ainda passam por curadoria, porém mais rasa.

Elas ainda são complementares. A curadoria rasa possibilita gerenciar a internet e encontrar nela o conteúdo que se precisa. A curadoria densa vai além da busca. Ela responde a perguntas subjetivas, as perguntas que você nem sabia que ia fazer. Ao introduzir elementos humanos aleatórios, ela estoura as "bolhas de filtro" dos sistemas automatizados, levando-nos além do que Eli Pariser, CEO da Upworthy e escritor, chama de "web de busca e recuperação": uma câmara que ecoa nossas próprias preferências, incrementada por algoritmos de recomendação que acompanham nosso comportamento[10]. Essa mescla de tecnologias de filtragem automática gera uma "cidade de guetos" na qual a curadoria densa, de material variado, é uma resposta. O critério humano, que é imprevisível, complicado e esquisito, pode ir além dessa versão canalizada e automatizada da web. Ele abre espaço para epifanias aleatórias e nos leva além dos pontos cegos. Precisamos de algoritmos, mas ainda precisamos de nós.

---

9   Ingrid Lunden, "Pinterest Launches Its First API, and It's All about Big Brands: Zappos, Walmart, Disney in First User Group", *Tech Crunch*, 14 nov. 2013, disponível em: <https://techcrunch.com/2013/11/14/pinterest-launches-its-first-apis-partners-with-zappos-walmart-disney-nestle-random-house-hearst-on-first-rollout/?ncid=twittersocialshare>, acesso em: jun. 2019.

10  Eli Pariser, *The Filter Bubble: What the Internet Is Hiding from You*, Londres: Viking, 2011 [ed. bras.: *O filtro invisível: o que a internet está escondendo de você*, trad. Diego Alfaro, Rio de Janeiro: Zahar, 2012].

Em nível mais amplo, sem um misto e equilíbrio de vários tipos de curadoria cairemos em circuitos de autorreforço do gosto e da opinião. Em vez de abrir o mundo para ser explorado, a curadoria o fecharia. Uma forma única de curadoria – quanto mais um só curador – representa uma visão totalitária. A diversidade de modelos e curadores ameniza o risco. Ela abre em vez de fechar.

Assim como aconteceu na passagem do Modelo de Seleção Industrial para o Modelo de Seleção Curatorial, assistimos ao "adensamento" da camada da curadoria. As empresas da internet entendem que mais curadoria oferece mais valor aos usuários. Esse movimento rumo a experiências com mais curadoria e protocolos de descoberta mais densos é uma das tendências de longo prazo da internet.

## DISPUTANDO O CINTURÃO: FACEBOOK *VS.* TWITTER

Pense nos dois gigantes das redes sociais: Facebook e Twitter. A Grande Curadoria. A estratégia e o desempenho de cada um nos seus anos de maturação (mais ou menos de 2010 a 2016) sintetizam essa passagem para a curadoria densa. Ao tratar deles, não quero escolher um vencedor nem sugerir quem vai se dar melhor no futuro – esse setor é rápido demais para se conseguir algo do tipo. Vou olhar para trás e ver o que aconteceu.

Dick Costolo, CEO do Twitter, estava preocupado. Não era para ser assim. Quando o Twitter abriu seu capital na NASDAQ, sua capitalização era de substanciais 24 bilhões de dólares. Apesar de dar prejuízo, o Twitter valia mais que a maior parte da mídia dos EUA. Mas as divulgações de resultados entre investidores de Wall Street começaram a ganhar um tom inquieto. As métricas andavam mal. O crescimento do número de usuários estava estagnado. Os novos usuários estavam debandando aos montes, alienados por um sistema que parecia incompreensível e embaralhado a favor do superusuário que tinha chegado antes.

Desde seu lançamento em 2006, o Twitter tivera um crescimento descomunal. Em 2007, ele hospedava aproximadamente 5 mil tuítes por dia; em 2013, esse número chegava perto dos 500 milhões. Mas a interface fundamental se manteve: continuou sendo uma "tripa" de tuítes em tempo real numa tela só. O mecanismo para encontrar conteúdo não evoluíra. Além disso, os três retoques mais significativos na interface para ajudar nesse sentido – a @ que significa uma pessoa, o # para denotar tuítes acerca de um tópico, o retuíte para compartilhar um tuíte de outrem – tinham sido ditados pelos usuários. Só foram adotados formalmente mais tarde. Isso significava que, apesar de ter se tornado um dos maiores e mais ativos sites da internet, o Twitter delegara a curadoria aos usuários.

O relato que o jornalista Nick Bilston faz sobre a história do Twitter sugere o porquê. O Twitter sofreu de uma identidade confusa desde o princípio. Cada um dos quatro cofundadores tinha uma perspectiva diferente, o que resultou em anos de disputas fratricidas que impediram o empenho para se fazer um produto manejável (os primeiros usuários lembrarão do "Twitter baleiando" – a imagem de baleia que aparecia nas frequentes interrupções do serviço). Ev Williams, o criativo nebraskano que fundou o Blogger e depois o vendeu para o Google, via o Twitter como uma rede de comunicação. Achava que o Twitter devia ser um espaço para compartilhar notícias e descobrir o que estava acontecendo no mundo. Enquanto isso, Jack Dorsey, primeiro programador e depois CEO, achou que devia ser algo pessoal: o que *você* está fazendo agora. Dorsey era teimoso e enérgico, um desafio para Williams. Os outros fundadores mal conseguiam manter a paz na empresa. Mesmo depois que todos foram embora, o Twitter ficou imobilizado entre dois imperativos e houve certa estagnação no desenvolvimento do produto. Seria um *feed* de RSS que evoluiu ou uma plataforma de distribuição de conteúdo? Um *chat* com rede social? Um agregador de opiniões em tempo real?

Então, assim que a empresa abriu o capital, começaram as discussões com investidores, cada vez mais incômodas. Numa dessas conferências, até o diretor financeiro da época, Anthony Noto, confessou que o site "não é uma experiência das mais relevantes para o usuário"[11]. Ele ainda admitiu que "colocar conteúdo [interessante] diante da pessoa naquele instante é uma maneira de organizar melhor esse conteúdo", melhor que a tripa, onde ele se perde. Era o alto escalão admitindo que, para muitos, vomitar 350 mil tuítes por minuto exigia curadoria mais trabalhada.

---

[11] Alex Hern, "End of the Timeline? Twitter hints at Move to Facebook-Style Curation", *The Guardian*, 4 set. 2014, disponível em: <http://www.theguardian.com/technology/2014/sep/04/twitter-facebook-style-curated-feed-anthony-noto>, acesso em: jun. 2019.

Ali perto, em Palo Alto, as coisas não podiam estar correndo melhor para Mark Zuckerberg e o Facebook. Depois de um início instável, as ações do Facebook tiveram um desempenho potente quando a empresa abriu o capital. O valor delas quadruplicou entre julho de 2013 e julho de 2015, quando a empresa valia 245 bilhões de dólares – a décima sétima maior empresa do mundo em capitalização, cada vez mais vista como essencial para a publicidade e com o número de usuários subindo. No momento em que escrevo, o Facebook tem 1,5 bilhão de usuários – ou seja, se fosse um país, seria facilmente o maior do mundo[12]. O Twitter, por sua vez, tem um pouco menos que a população dos EUA, por volta de 315 milhões[13]. A taxa de crescimento de usuários no Twitter começou a empacar por volta de 2009-2010, enquanto o Facebook seguia com força. O Facebook percebeu muito cedo que era essencial fornecer uma experiência com maior curadoria. A curadoria tornava o Facebook amigável; sua ausência deixava o Twitter assustador.

Uma mudança decisiva foi a introdução do News Feed filtrado, medida controversa defendida pelo próprio Zuckerberg. Os usuários do Facebook não veriam mais tudo que era postado, mas teriam uma experiência gerenciada pela plataforma. O engenheiro Lars Backstrom explicou o raciocínio do Facebook no blog da empresa:

> A meta do News Feed é levar o conteúdo certo às pessoas certas na hora certa, para que elas não percam os assuntos que são importantes para elas. Idealmente, queremos que o News Feed mostre todos os posts que o público quer ver na ordem que quer ler. Não é fácil do ponto de vista técnico: toda vez que alguém visita o News Feed, há uma média de 1.500 *posts* potenciais de amigos, gente que segue e páginas para se ver, e a maioria não tem tempo de ver tudo[14].

---

12 Segundo o próprio Facebook, no relatório do último trimestre de 2018, o número de usuários havia chegado a 2,27 bilhões. Dados disponíveis em: <https://zephoria.com/top-15-valuable-facebook-statistics/>, acesso em: jun. 2019. [N.T.]
13 No último trimestre de 2018, o número de usuários do Twitter estava por volta de 336 milhões. Dados disponíveis em: <https://www.statista.com/statistics/274564/monthly-active-twitter-users-in-the-united-states/>, acesso em: jun. 2019. [N.T.]
14 Lars Backstrom, "News Feed FYI: A Window into News Feed", *Facebook Business*, 6 ago. 2013, disponível em: <https://www.facebook.com/business/news/News-Feed-FYI-A-Window-Into-News-Feed>, acesso em: jun. 2019.

Backstrom afirmou que essas 1.500 postagens eram digeridas em 300 unidades de conteúdo por usuário por dia. Para usuários mais frequentes do site, esses números seriam elevados demais – sem o sistema novo, talvez eles fossem expostos a 15 mil postagens por dia. Por outro lado, Backstrom informou que, graças ao direcionamento mais bem-feito, as postagens que anteriormente tinham sido vistas apenas 43% das vezes agora tinham visualização de 70%.

Enquanto o News Feed do Facebook (como o algoritmo de busca do Google) explora milhares e milhares de fatores, na essência o processo é muito simples. Algo provavelmente vai aparecer no seu *feed* de acordo com o seguinte cálculo:

$$\text{interesse em quem postou}$$
$$\times$$
$$\text{desempenho histórico da postagem}$$
$$\times$$
$$\text{desempenho histórico de quem postou}$$
$$\times$$
$$\text{tipo de postagem (texto, imagem)}$$
$$\times$$
$$\text{quando foi postado}$$
$$=$$
$$\text{probabilidade de aparecer no seu feed}$$

Isso é curadoria rasa. Mas o crucial é que, comparado ao Twitter, ela dá aos usuários uma experiência com curadoria que vai além das decisões que eles tomam.

O algoritmo evolui constantemente, alimentado pela pesquisa qualitativa detalhada, pelo enorme conjunto de dados do Facebook e por testes rigorosos. Um acréscimo (além de registrar curtidas, compartilhamentos, comentários e mais) foi fatorar o tempo que os usuários passavam olhando cada postagem. Há até um algoritmo que garante que você está olhando para o site de fato e não esperando que ele carregue ou saindo da frente da tela. Isso faz parte da batalha do Facebook pela liderança. Houve momentos em que o tiro saiu pela culatra – quando se descobriu que a plataforma estava fazendo um estudo sobre o impacto emocional da curadoria, que incluía ver se conseguiam alterar as emoções das pessoas, houve um alarido. Mas a experimentação prosseguiu. O Facebook Moments, lançado em 2015, faz autocuradoria de fotos (de uma festa de família, por exemplo). Os horários marcados no arquivo das fotos e o *software* de reconhecimento facial montam perfis de quem estava no evento e depois agregam e compartilham fotos associadas. O Instant Articles trabalha junto a provedores de notícias, como a BBC e o *Der Spiegel*, para selecionar conteúdo de qualidade voltado para cada usuário – tudo hospedado no próprio Facebook.

Num extremo, o Facebook está construindo uma internet que lembra um jardim murado – limpo, seguro e com mais curadoria, com todos os aspectos positivos e impressionantes que se pode ter. Conforme seu crescimento passou a se voltar para mercados emergentes, o Facebook percebeu seu papel determinante em moldar o futuro da internet. Na Ásia, na África e na América Latina, a empresa lançou a internet.org, uma iniciativa beneficente para baratear a transferência de dados e uma web simplificada que possibilite o acesso à internet a mais pessoas.

Dentro da internet.org, os usuários têm acesso livre a serviços como a Wikipédia e informações médicas – e também, é claro, ao Facebook e Facebook Messenger. Há planos de dados exclusivos para o Facebook, enquanto países como Gana e Filipinas têm planos de dados no Facebook com desconto enorme (ou seja, você paga quase nada ou nada para usar o Facebook). O que acaba acontecendo em algumas partes do mundo é que o público usa o Facebook sem perceber que está na internet. Na Ásia e na África, pesquisadores notaram uma tendência interessante: levantamentos sobre uso da internet mostraram que as pessoas afirmavam não usar a internet. Mas, quando se dava sequência em grupos de foco, elas afirmavam usar o Facebook. O site jornalístico Quartz investigou mais a fundo e descobriu que 11% dos indonésios e 9% dos nigerianos no Facebook afirmavam nunca usar a internet[15].

Esta, portanto, é a internet dos próximos 4 bilhões. O público é atraído pelo mundo com curadoria dual do Facebook – a dos amigos e a do próprio Facebook. Os jardins murados com curado-

---

15 Leo Mirani, "Millions of Facebook Users Have No Idea They're Using the Internet", *Quartz*, 9 fev. 2015, disponível em: <http://qz.com/333313/milliions-of-facebook-users-have-no-idea-theyre-using-the-internet/>, acesso em: jul. 2019.

ria intensa já eram a tendência nos apps, mas o Facebook, como super app, intensifica a tendência. Além disso, esse sistema não era fácil apenas para novos usuários, mas parecia funcionar particularmente bem no celular, que logo se tornou o segmento mais importante da tecnologia. Isso nos leva aos portais do início da web, como o AOL, que tinha um botãozinho tão pequeno que quase não se via, onde estava escrito "Entre na internet". Isso não só torna a internet mais palatável, mas ajuda a direcionar melhor os anúncios. Eles sabem mais sobre seus usuários e como direcionar conteúdo. Independente de você achar isso bom ou ruim, com certeza é bom para alguém: para o Facebook.

O Twitter tinha que reagir. Numa conferência com investidores, Costolo reconheceu que o Twitter precisava de mais "curadoria". Uma das ideias era a página inicial desconectada – uma versão do site com curadoria. Outra foi a atração "Caso você tenha perdido", cuja intenção era pegar os melhores tuítes que o público pudesse ter deixado passar. Eles acrescentaram um recurso de Instant Timeline para novos usuários. Chegaram a lançar um novo produto para a mídia – o curator.twitter.com. Era um misto da tecnologia de filtragem mais avançada que tinham, um mecanismo para construir novas coleções curatoriais, uma maneira de fazer curadoria de conteúdo multimídia incluindo o Vines, percepção em tempo real dos dados do que acontecia no Twitter e um sistema de difusão de tuítes. Outra inovação foi o recurso Destaques – que tem duas atualizações diárias e cria um *feed* de 12 tuítes ou mais que os algoritmos acreditam que vão lhe interessar. A Bloomberg chamou essa mudança de "um passo significativo do Twitter, saindo de sua zona de conforto para buscar novos usuários" – e também na direção do Facebook[16].

A iniciativa mais significativa pode ser o Moments – um passo em direção à curadoria direta. O Twitter monta coleções de tuítes, Vines e Periscopes em torno de acontecimentos ao vivo. Entre eles, tanto eventos agendados – o Superbowl ou o Festival de Glastonbury, digamos – quanto últimas notícias como desastres naturais e resultados de eleições. Também podem ser só curiosidades – eles

---

16 Sarah Frier e Brad Stone, "Twitter Tries to Tone Down the Chirping", *Bloomberg Businessweek*, 23 abr. 2015, disponível em: <http://www.bloomberg.com/news/articles/2015-04-23/twitter-tries-to-tone-down-the-chirping>, acesso em: jun. 2019.

imaginam um canal para a "Throwback Thursday", mas também focam em editorias grandes, como Negócios e Esportes. O usuário percorre narrativas montadas em tempo real acerca desses acontecimentos, conferindo um tuíte (ou Vine ou Periscope) por vez. O Moments é feito para destilar o melhor conteúdo – e poucos vão negar que há abundância de coisa boa no Twitter – em pacotes com coerência, facilmente digeríveis pelo usuário básico do site.

Além disso, há um elemento humano na tomada de decisão – as coleções têm a curadoria de uma equipe com experiência de sala de redação. Esses editores conseguem embutir tuítes relevantes nas *timelines* dos outros. E o Twitter ainda fez parcerias com marcas de confiança como *Washington Post*, *Vogue* e NASA para selecionar conteúdo. O Twitter está deixando de ser uma tripa de conteúdo quase aleatório para se transformar em meio de comunicação com edição. Isso é uma novidade – como eles vão lidar com atrocidades? Até que ponto acontecimentos pagos vão ganhar destaque? Isso exige novas competências. O Twitter está investindo pesado no serviço, integrando-o a suas interfaces de *desktop* e celular. Mas eles também querem descentralizar – a ferramenta pode ser estendida a todos os usuários do Twitter, possibilitando que façam melhor curadoria daquilo que produzem. Aliás, o lançamento do Moments veio acompanhado de uma "Política de curadoria dos Moments" no site principal do Twitter.

Não existe passe de mágica. O Twitter ainda não resolveu todos os seus problemas. No início de 2016, quando se espalhou um boato de que o Twitter poderia passar a uma *timeline* montada por algoritmos, a revolta foi imediata e feroz. A empresa recuou da mudança maciça, mas, ainda enfrentando a ira dos investidores que queriam ver crescimento, persistiu nas tentativas de criar experiências mais filtradas por algoritmos. De uma hora para outra estavam em jogo não apenas o futuro financeiro do Twitter, mas sua relação passional com milhões de usuários – em virtude da curadoria[17].

O Twitter, tendo ficado para trás, agora mira na curadoria densa. O Facebook construiu ferramentas e programas para fazer a pró-

---

17  Ainda em 2016, o Twitter adotou a *timeline* gerida por algoritmo, organizando os tuítes conforme o interesse que possam despertar no usuário e não em ordem cronológica. Em setembro de 2018, o site possibilitou que os usuários optassem por mostrar sua *timeline* gerida pelo algoritmo ou em ordem cronológica. [N.T.]

pria curadoria. A trajetória de ambos tem sido somar mais e mais à camada da curadoria; oferecer aos usuários mais valor através de mais curadoria; reagir à sobrecarga causada pelas próprias plataformas e usar a curadoria como meio de entender melhor esses usuários. A estratégia corporativa nas grandes empresas de tecnologia da Costa Oeste (mas também no sucesso fenomenal de um produto como o WeChat, da chinesa Tencent) pode ser entendida pelo prisma da curadoria como forma de encontrar mais maneiras de deixar as pessoas fazerem curadoria e encontrar ambientes com melhor curadoria em meio ao excesso.

Pense no Yahoo!, empresa cuja relação com a curadoria – explícita e implícita, densa e rasa – tem sido inconsistente. Eles não têm muita certeza de onde ou como deveriam se encaixar na camada da curadoria. Fundado por Jerry Yang e David Filo, o Yahoo! era originalmente um diretório de links escolhidos a dedo, a curadoria original da web. Naqueles primeiros dias febris, já era suficiente que eles fossem notados. Sob o comando do vivaz Jeff Mallet, o Yahoo! teve alguns anos de montanha-russa, construindo uma das primeiras ferramentas de busca e montando na bolha pontocom quase como ninguém: seu pico no preço de ações ao abrir o capital foi, na época, o terceiro maior da história[18]. Eles também compraram o GeoCities, como já vimos, sugerindo que o Yahoo! se tornaria sinônimo de gestão da internet.

Mas deu errado. O Yahoo! atolou no quebra-quebra das pontocom. Assim tiveram início 12 anos de introspecção e uma sucessão de CEOs (saídos de Hollywood, da indústria da tecnologia, a volta de Yang). Falar de oportunidades perdidas virou lugar-comum: a vez que deixaram de comprar o Facebook, a aquisição pela Microsoft que acabou empatada, os acordos malfeitos com o Google. Sob a liderança de Terry Semel, o Yahoo! ampliou-se e virou uma empresa de mídia direta. Ao contrário do Google e Facebook, que tinham missões claras (gerenciar a informação do mundo, conectar pessoas), o Yahoo! agora tinha uma identidade conflituosa – seria busca ou mídia, tecnologia ou conteúdo?

---

18  Nicholas Carlson, *Marissa Mayer and the Fight to Save Yahoo!*, Londres: John Murray, 2015 [ed. bras.: *Marissa Mayer: A CEO que revolucionou o Yahoo!*, trad. Maria Sílvia Mourão Netto, São Paulo: Benvirá, 2015.]

Apesar de não conseguir manter o ritmo com a busca e tecnologia publicitária do Google, o Yahoo! realizou algumas aquisições astutas em meados dos anos 2000 e deveria ficar na vanguarda curatorial. O Del.icio.us e, sobretudo, o Flickr, sites para armazenar e compartilhar respectivamente links e imagens, na época eram propriedades atraentes e pioneiros num novo sistema de *tagging* distribuído que deixava os usuários criarem taxonomias e catalogar mecanismos para grandes grupos de dados. Os dois foram exemplos precoces e bem-sucedidos de como uma plataforma podia se tornar poderosa se permitisse que usuários passassem a ser curadores de pleno direito. Lembro da nuvem de tags do Flickr como uma revelação, uma nova maneira de se envolver com o conteúdo, que fazia uso máximo do que era conhecido hiperbolicamente (mas não incorretamente) como "sabedoria das multidões".

Mas nem esses serviços atingiram todo seu potencial. O Del.icio.us saiu do ar depois de alguns anos. O Flickr continuou no páreo, mas foi eclipsado por outros sites de compartilhamento de fotos, geralmente mais otimizados para o celular. Esse elemento clássico da curadoria na web – as fotos – pode ter começado no Flickr, mas logo foi para outros pontos. Enquanto isso, o Yahoo! baseava-se cada vez mais nos usuários de longa data, sua grande base no Yahoo! Mail e um investimento fortuito no Alibaba, uma empresa digital chinesa ferozmente competitiva, cujo valor em alta sustentou o precário desempenho acionário do Yahoo!.

Em julho de 2012, eles contrataram Marissa Mayer, executiva do Google, como nova CEO. Mayer foi uma das primeiras funcionárias do Google e das mais influentes. Ela foi pioneira na experiência de usuário movida a dados, concentrando-se implacavelmente em tornar a interface simples e reforçando-a com fatos concretos (lembre-se da importância da maneira como o Google dispõe informação). A proposta de Mayer baseava-se em sua visão, sua experiência com tecnologia e sua noção aguçada de plataforma e produto. Mayer teria dois anos antes do Alibaba abrir o capital; dois anos antes de se definir um piso nas ações do Yahoo!; dois anos para revitalizar a companhia e moldar uma empresa de tecnologia que rivalizasse com Google e Facebook. O que ela faria?

Mayer retrabalhou o Yahoo! como produto, não como empresa da área de mídia – sendo a segunda opção a abordagem preferida pelo candidato interno que ela venceu na disputa pelo cargo. Tendo estreado com a curadoria de links escolhidos a dedo, o Yahoo! perdera o posto de curador-mor da internet. Com tanto desperdício de oportunidades e falta de foco, eles tiveram tempo e mais uma vez não entenderam o direcionamento e a relevância da curadoria na web. Mayer mexeu nisso. Ela teve sucessos rápidos: apps que ganharam prêmios; equipes de produto trabalhando em coisas interessantes; uma reviravolta em aspectos da cultura empresarial; milhares de interessados nas vagas. Mas era preciso muito mais para salvar o Yahoo!.

Então, ela começou uma maratona de aquisições que durou dois anos. O Tumblr foi fundado por David Karp, um jovem CEO de Nova York. Ele tinha público jovem imenso, bilhões de *page views* por mês, alto envolvimento dos usuários. Acima de tudo, o Tumblr era parte de uma nova forma de fazer curadoria da internet. Enquanto as primeiras plataformas de blog deixavam os usuários produzir o próprio conteúdo, no Tumblr era mais comum usuários repostarem vídeos, imagens e texto de outros lugares, numa espécie de colagem infinita. Em reação ao aumento do conteúdo na web, serviços como o Tumblr ofereciam uma curadoria personalizada dos trilhões de imagens e vídeos que existiam por aí. Mayer chegou com tudo: ofereceu 1,1 bilhão de dólares. Como no Flickr, no Tumblr ela teria uma curadoria focada, fundamentada no cerne da nova estratégia. O Tumblr serviu de filtro para uma geração. Embora seu público fosse valioso, o aspecto curatorial, de voltar a ser parte do misto curatorial da internet no nível social, fazia sentido em termos da estratégia corporativa maior.

Mayer adquiriu mais de sessenta empresas nesse período, a grande maioria delas baseada em curadoria. Entre elas a Summly, *start-up* fundada por um britânico de 17 anos, Nick d'Aloisio, por 30 milhões de dólares; a Snip.it, que possibilitava ao usuário fazer coleções de links; e serviços de recomendação social como Jybe, Alike e Stamped. As reformulações de produtos, desde novos apps meteorológicos a novas "revistas digitais" comandadas por nomes famosos como David Pogue, ex-correspondente de tecnologia do *New York Times*, eram sites com curadoria construídos em verticais sobre o Tumblr e tinham a ver com curadoria – se o Yahoo! pretendia ficar na mídia e manter uma estratégia dual tecnologia/mídia, o elemento mídia também teria alta curadoria. A tecnologia de busca e a interface para o usuário (ou seleção e arranjo) voltaram a ser prioridade interna. Mayer queria que o Yahoo! retomasse o papel central na seleção e arranjo da internet. No momento em que escrevo, os prenúncios não são bons.

O que acontecerá a seguir está em aberto. Há rumores de que o Yahoo! está quebrado ou foi vendido[19]. A questão não é essa. A carreira de Mayer, assim como a história, estratégia e futuro do Yahoo! dependem de trabalhar com a camada da curadoria – se vão trabalhar bem, se o público vai gostar e quantos usuários eles vão conseguir capacitar a fazer curadoria por conta própria. O valor da web hoje depende das ferramentas e aptidões disponíveis para fazer sua curadoria. Não estamos discutindo apenas por que Mayer gastaria 1,1 bilhão de dólares no Tumblr, mas também por que ela quer metodicamente reengrenar a empresa inteira em torno de curadoria[20].

## O CURADOR LEVA TUDO

Criou-se tanto valor com a explosão tecnológica que é inevitável que surjam questões complexas nos âmbitos ético, jurídico e financeiro. A curadoria passou a ser tão central no modo como navegamos na web, e o valor da atenção que ela atrai e possibilita é tão grande, que deveríamos nos perguntar se a distorção foi longe demais. Estaríamos remunerando os curadores desproporcionalmente em relação aos criadores? É a mesma pergunta que assombra a discussão cultural, mas aqui em escala maior: as empresas de tecnologia são tão imensas que setores inteiros são impactados pelos caprichos que elas tiverem; o valor da criação é potencialmente desgastado pelos modelos de negócios. Como isso pode ser bom?

Qual é a ética da nova realidade? Por exemplo, a forma como se partilha crédito e recompensa pode estar cada vez mais fora

---

19 Associated Press, "Yahoo Board Hires Investment Bankers to Explore Selling Its Internet Business", *The Guardian*, 20 fev. 2016, disponível em: <http://www.theguardian.com/technology/2016/feb/19/yahoo-sale-goldman-sachs-jp-morgan-marissa-mayer-alibaba>, acesso em: jun. 2019.

20 A Verizon Communications comprou boa parte do Yahoo! em 2017, ao preço de 4,48 bilhões de dólares. A parcela da empresa que não foi vendida – que inclui os sites Alibaba e o Yahoo! Japão – passou a se chamar Altaba. Marissa Mayer deixou a empresa durante o processo de venda. [N.T.]

de sintonia – daí as remunerações descomunais pagas a curadores e *gatekeepers,* sejam eles Hans Ulrich Obrist em vez de novos artistas, ou o Eataly e não os microprodutores do Slow Food. As disputas por direitos autorais e discussões sobre partilha dos lucros da cultura digitalizada já cansaram, mas a pergunta não desaparece[21].

Há alguns anos, Maria Popova publicou na internet o Código do Curador – uma tentativa de garantir a devida partilha dos ganhos. Usando novos símbolos Unicode, o código indicava links de descoberta direta e indireta – o equivalente de reconhecer "via" ou fazer um "aceno". A atribuição seria universal e clara; as fronteiras entre criador e curador, respeitadas; o "trabalho criativo e intelectual" de ambos, reconhecido.

Só que o Código gerou controvérsia de imediato. Os críticos contestaram, como é do seu feitio, o uso da palavra curadoria. Além disso, afirmaram que não só o código era desnecessário, já que digitar *via* era muito fácil, mas que não ia tão longe quanto deveria: os curadores continuavam a parasitar a produção de outros[22]. O escritor e tecnologista Jaron Lanier escreveu extensamente sobre o problema[23]. Para ele, a questão é bem clara, e é de natureza financeira: no grande construto curatorial, o criador perde o ganho monetário total porque vai perdendo uma porção aqui e outra ali conforme passa pela camada da curadoria.

Eu entendo o problema. Sendo uma pessoa que vive de produzir livros e aplicativos com expectativa de venda, sei como é difícil obter algum dinheiro, quanto mais desfrutar de prerrogativas não financeiras. Quanto mais as pessoas precisam ter apoio de um produto ou serviço, mais dificuldade há em fazer os números fecharem. Se você não achar um poço de petróleo, botar na conta cada camada do custo de produção e as novas camadas curatoriais fica pesado. Um cheque de 10 dólares do Google Ads ou Spotify não inventa a nova economia.

---

21 Ver, por exemplo, Astra Taylor, *The People's Platform: Taking Back Power and Culture in the Digital Age,* Londres: Fourth Estate, 2014.

22 Ver, por exemplo: <http://designnotes.info/?p=6823>.

23 Jaron Lanier, *You Are Not a Gadget: A Manifesto,* Londres: Penguin, 2011 [ed. bras.: *Gadget: você não é um aplicativo,* trad. Cristina Yamagami. São Paulo: Saraiva, 2010]; *idem, Who Owns the Future?,* Londres: Allen Lane, 2013 [ed. bras.: *Bem-vindo ao futuro,* trad. Cristina Yamagami, São Paulo: Saraiva, 2012.]

Mas, de algum modo, temos que encontrar maneiras de ajustar o excesso de produção e a queda no rendimento. De algum modo, temos que navegar a sobrecarga, tornar as coisas passíveis de descoberta. Quem consegue isso inevitavelmente cria e se apropria de valor. Atacar isso, tratar como o auge da decadência, do parasitismo, da pirataria, da pretensão, tudo bem – mas não resolve nada quando a produção, em si, geralmente não é o problema. O problema é selecionar e dispor a partir dessa produção.

Precisamos encontrar um ajuste que remunere os criadores – que os recompense com mais que um aceno – mas que também produza a diversidade plena da curadoria densa e rasa de que necessitamos para operar. Isso envolve, em parte, uma crescente redefinição da criatividade como atividade de segunda ordem. Mais uma vez, entendo que essa ideia não será bem recebida.

Todos queremos comprar o mito da criatividade e eu, pelo menos, espero que ele nunca desapareça. Nosso mundo seria cinzento e sem alma se não houvesse o romantismo. Mas, conforme muda o contexto, mudam também nossos conceitos. Ao longo das próximas décadas, o desafio da curadoria da internet – do Facebook para baixo – é compartilhar valor. Mesmo que não chamemos de curadoria, os padrões de seleção e arranjo dominaram os primeiros anos da internet, conduziram nossa experiência.

O escritor argentino Jorge Luis Borges escreveu um conto sobre a Biblioteca de Babel. Sua biblioteca era composta por um labirinto quase infinito de salas hexagonais, que continham toda combinação possível de um livro de 416 páginas, dispostas aleatoriamente. Sim, em algum lugar da biblioteca se encontrava todo livro possível em termos de utilidade e brilhantismo. Mas, na verdade, a biblioteca era infinita e totalmente inútil. Sem curadoria, sem agregação, sem filtragem, a internet seria esse pesadelo de Borges. A sobrecarga deixaria toda a produção e criatividade sem sentido – ela ficaria perdida, inencontrável e enterrada. Deveríamos lembrar que a internet não é apenas um passo evolutivo no excesso, mas um ponto de inflexão radical que modifica completamente as regras do combate. Em outro exemplo da literatura, Neil Postman contrastou duas visões distópicas do futuro, as de George Orwell e Aldous Huxley:

Orwell temia aqueles que nos privariam da informação. Huxley temia aqueles que nos dariam tanta informação que ficaríamos reduzidos ao conformismo e egoísmo. Orwell temia que a verdade nos fosse ocultada. Huxley temia que a verdade se afogasse num mar de irrelevância[24].

O futuro que passamos a habitar é o de Huxley. A pergunta não é se a curadoria é necessária ou não. É como construímos um sistema que acomode financeiramente a nova diversidade de funções.

E não devemos esquecer que o mito da criatividade é um mito – a criatividade sempre teve a ver com recombinação. Nunca houve divisão clara entre criatividade e o que hoje chamamos de curadoria. Negociar as duas sempre foi complexo.

A curadoria continuará sendo central. Ela vai englobar uma série de interfaces interconectáveis e alojadas, dos juízos humanos mais refinados às grandes arquiteturas subjacentes que regem todas as nossas interações digitais. Com o tempo, o movimento interno da camada da curadoria tem sido na direção da curadoria mais densa. Isso porque, apesar de tecnologias potentes, a curadoria humana tem seu lugar. Enquanto muitos acreditam que a curadoria elimina mecanismos automáticos, o nível denso e o raso nos permitem ambos.

Embora os exemplos aqui sejam empresariais, é evidente que vastas extensões de curadoria, talvez até a maioria, acontecem em atividades nominalmente não comerciais, pessoais. Falaremos mais sobre elas daqui a pouco. Porém, é marcante como empresas de todos os tipos se voltaram para a seleção e o arranjo – tornaram-se curadoras tácitas.

---

24 Neil Postman, *Amusing Ourselves to Death: Public Discourse in the Age of Show Business*, 2. ed., Nova York: Penguin, 2005, p. xix.

# 10

# A curadoria dos negócios

**ALTOS COMANDOS**

O International Finance Centre fica próximo ao terminal Star Ferry da ilha de Hong Kong. Com 412 metros, sua Torre 2 é o segundo maior prédio na Região Administrativa Especial e marco turístico instantaneamente reconhecível. Aninhado sob ele, parte de um complexo que inclui escritórios de grandes empresas e um hotel Four Seasons, há um shopping center, o IFC Mall.

Que está longe de ser um mero centro comercial.

Com muitos dos maiores consumidores do mundo à sua porta, o IFC Mall tem números que a maioria dos varejistas fariam de tudo para conseguir. É um dos mais importantes pontos de venda das marcas sofisticadas que abarrotam o shopping. Quando converso com o obstinado diretor-geral Karim Azar, ele me conta que muitas lojas vendem o dobro de suas filiais de Nova York. "Em Hong Kong, temos alta saturação de marcas", ele diz. "Mas, para muitas, as lojas de maior sucesso ficam aqui. Da Chanel, da Ferragamo, da Armani – qualquer loja na Canton Road, por exemplo, vai ser a número um daquela marca no mundo."

Hong Kong é um mercado varejista onde a competição é implacável. Ainda em meados dos anos 1990, a China era um fim de mundo para as empresas de luxo. Vinte anos depois, em vários casos, a China se tornara seu mercado mais valioso e o maior comprador de bens de luxo no planeta. Segundo estimativas, metade do mercado global consiste em consumidores chineses, embora boa parte desse dinheiro seja gasto no exterior[1]. Com sua filosofia *laissez-faire* de longa data, efervescente mercado de ações e super-ricaços dirigindo Rolls Royces, Hong Kong é o entreposto de luxo da China e da Ásia – o primeiro porto de escala da região, onde se constroem e destroem reputações. Hong Kong, por sua vez, se vê como o ápice da moda e do bom gosto. Azar diz: "O consumidor de Hong Kong é o mais sofisticado da Ásia e a maioria dos asiáticos copia Hong Kong. Eles [o povo de Hong Kong] passaram mais tempo que qualquer outra nação asiática expostos à moda e é por isso que as marcas se fixaram aqui". Isso significa que, quando se trata de estilo, luxo e varejo de luxo, é em Hong Kong – com seus shopping centers de elite como o IFC e equivalentes da Bond Street como a Canton Road – que tudo acontece.

Azar sabe que seu negócio precisa ser de ponta. Quem visita Hong Kong pode comprovar que não faltam lugares para comprar bens de luxo. Se você não comprar seus sapatos Ferragamo ou sua gravata Hermès no hotel ou no shopping embaixo do seu escritório, não se preocupe! Tem um bem pertinho do seu portão de embarque no Chek Lap Kok. Quando Azar emprega a palavra "saturação", está falando sério. Se a IFC quer manter a posição como ponto turístico de primazia no território, não pode se limitar a seguir a velha estratégia do mercado imobiliário de procurar quem dá mais e abarrotar lojas. Azar pode falar francamente como o comerciante clássico, mas seu negócio tem matizes que se aproximam muito do ofício de curador.

"Sou muito exigente. Viajo pelo mundo em busca das melhores marcas, da próxima sensação. Recebo centenas de solicitações de marcas querendo espaço. Fazemos reuniões com CEOs das maiores e melhores para dizer o que *nós* queremos. Dizemos não a toda hora." Com a nata das marcas mundiais a seus pés, o trabalho de

---

[1] S. N., "China's Addiction to Luxury Goods", *The Economist*, 30 abr. 2014, disponível em: <http://www.economist.com/blogs/economist-explains/2014/04/economist-explains-17>, acesso em: jun. 2019.

Azar é identificar as mais novas, mais criativas, mais interessantes e mais valiosas. As que se empenham em criar uma experiência arrebatadora; as marcas do futuro, na vanguarda absoluta da cultura global, não dois passos atrás do Ocidente. "Escolhemos com todo o cuidado as marcas com as quais trabalhamos – queremos ser seletivos, somos o shopping center que trouxe toneladas de novidades a Hong Kong. Tom Ford, Zara, Club Monaco, Zanotti, Givenchy, Tory Burch, Moncler – trouxemos mais de cinquenta marcas, incluindo de cosméticos como Estée Lauder, que nunca teve loja independente." O que Azar quer dizer é que o IFC não é apenas o lugar para gastar fortunas em bens de luxo – trata-se de ser o pioneiro no bom gosto em todo o continente.

Embora o mercado varejista de Hong Kong seja singular ("feroz") na concorrência, com os maiores valores de aluguel por metro quadrado que se pode encontrar, o contexto regional também entra em jogo. Ao pé do delta do rio das Pérolas, Hong Kong integra a maior região urbanizada do mundo. Ali vivem de 60 a 100 milhões de pessoas. Além disso, essa região foi a propulsora do capitalismo na China e hoje tem o segundo PIB *per capita* da República Popular depois de Xangai. O resultado é a concorrência regional forte[2]. No estuário do delta fica a outra Região Administrativa Especial e ex-colônia, Macau, com seus esplêndidos cassinos. Atravessando a parte continental de Hong Kong fica Shenzhen, a primeira Zona Econômica Especial e hoje vasta megacidade e centro fabril, lar – como já vimos – de uma imensa fábrica da Foxconn. Depois temos Cantão, capital da província de Guangdong, uma rica cidade mercantil de aproximadamente 11 milhões de habitantes. Até cidades de menor escala, como Dongguan ou Foshan, têm população equivalente à das grandes capitais europeias. Entre as cidades mais ricas e mais desenvolvidas da China, elas correm para alcançar Hong Kong.

Isso quer dizer que, mais que nunca, a proposta de Azar de fazer do IFC o shopping center líder da região fundamenta-se numa cuidadosa curadoria. Se todos tiverem a última marca de luxo,

---

[2] *The Pearl River Delta Megacity: Will It be the Death of Hong Kong*, disponível em: <http://cdn2.vox-cdn.com/uploads/chorus_asset/file/664128/pearl_river_large.0.jpg>, acesso em: jun. 2019.

Azar vai encontrar a próxima e colocá-la em outro contexto. Ele não vai permitir que as lojas se acomodem. Elas precisam renovar frequentemente o que oferecem e manter a elegância de suas instalações.

"Queremos enriquecer a experiência do varejo. Isso significa visitar as oito lojas de que o consumidor gosta, em vez de só três das grandes", ele diz. Em grande parte, isso implica tornar a experiência de compra o mais atraente possível. Ele cita o alto investimento nas lojas, os projetos elaborados dos melhores arquitetos. Para entrar no IFC, as lojas chegam a fazer coisas que normalmente não fariam. Produzem bens exclusivos para o ponto. Para elas, é uma questão de *status* e acesso aos maiores consumidores; para o IFC, tudo tem a ver com oferecer o que vai mantê-los no ápice. Nas palavras de Azar, é preciso "estar sempre em busca de tudo" – encontrar a vanguarda e moldar a seleção e o arranjo das lojas ao seu redor.

O governo de Hong Kong também está ciente da dinâmica. É parte do motivo pelo qual, tal como Abu Dhabi, eles têm investido em grandes projetos de infraestrutura cultural como o Distrito Cultural West Kowloon. Situado à beira-mar, será um complexo artístico de 17 instituições, incluindo museus, salas de espetáculos e teatros. Se Cantão pode ter uma ópera novinha em folha, Hong Kong pode dar um passo a mais.

Normalmente não pensaríamos num gerente de espaço imobiliário ou de varejo como curador. Porém, o que Azar faz está muito ligado com a curadoria. No mundo supersaturado do varejo de luxo em Hong Kong, o valor está em fazer a transição do abastecimento (ser dono de um shopping center, abrir uma loja) para a curadoria. Conforme o trabalho muda, o padrão se torna cada vez mais preponderante em lugares inesperados.

Tal como Hong Kong, o Vale do Silício é um centro de abundância. Transformação, inovação, uma profusão de *start-ups,* engenheiros de talento, ideias empolgantes, fofocas na mídia, bilhões de dólares em capital de risco e dados incontáveis entram em choque no centro nervoso do mundo digital. Achamos que investidoras de risco são as que ganham mais. É mito. São algumas poucas, como a Sequoia Capital, a Kleiner Perkins Caufield & Byer e a Andreessen Horowitz, que abocanham uma porção que está fora da realidade. Elas fazem seleções que vencem a concorrência em meio à incerteza maciça e à sobrecarga de informação. Muitas investidoras só acompanham a S&P 500 – quando têm sorte. A maioria fracassa.

A Sequoia é uma das empresas mais antigas na região e sua reputação é quase única. Seu investidor mais lendário provavelmente seja Sir Michael Moritz, natural do País de Gales. Moritz estava lá na bolha pontocom. Ele analisava dezenas de investimentos semanalmente. Conferia quais áreas já estavam saturadas. Quando investiu no Google, o espaço já estava ocupado. As empresas tinham bilhões em dinheiro vivo e toda a fatia do mercado. Chegar tarde, como ele fez, não é a estratégia clássica do investidor de risco – cuja meta é ficar à frente da curva, investindo em setores emergentes e surfando no seu crescimento a partir de um início arriscado. Quando Moritz olhou para o Google, viu uma equipe administrativa de universitários inexperientes, um setor abarrotado e uma empresa de garagem. Diversos investidores do Vale já tinham recusado.

Moritz foi contra a corrente e investiu 12,5 milhões de dólares. Essa fatia, em poucos anos, valeria bilhões.

Moritz é incomum no Vale. Ele não tem PhD em ciência da computação de Stanford. É formado em história. Moritz não parte da tecnologia, mas sim do contexto geral e da maneira como a empresa se encaixa. Não é apenas esta ou aquela tecnologia – mas como o mercado se movimenta? Como são os fundadores? O que é aquele detalhe no design? Quanto custa o processamento? Onde os consumidores estão gastando tempo? Que problemas as pessoas têm? Onde o *software* vai chegar daqui a dez anos? Moritz ajustava suas empresas à realidade como ele a via. Ele percebeu que não se devia apenas escolher a *start-up* certa, mas que depois era preciso moldar, ajustar, reorganizar continuamente segundo a realidade, numa transformação constante. Você não era apenas investidor do Google, você trabalhava com a empresa para ajudá-la a *virar* o Google.

Moritz percebeu que a fé cega na tecnologia levava a péssimas decisões de investimento. Ele criou uma filosofia de investimento que era flexível, não um processo mecânico, mas que partia de competência, experiência e capacidade de avaliar o ambiente. Moritz lê com voracidade sobre aquilo em que investe. Quer saber de tudo. É entender pelo entorno, iterando, forçando, girando no eixo, que torna esses investimentos um sucesso. É uma arte. Além disso, como ele conta a Joshua Cooper Ramo, a maioria de seus investimentos veio da capacidade de ter empatia pelas esperanças, sonhos e medos dos fundadores – ele admite perfeitamente que investimentos que não funcionaram ou se perderam vieram da falta de empatia[3].

A abordagem de Moritz quanto ao risco é incomum. Foi assim que ele se tornou bilionário. Os investimentos da Sequoia valem 20% do valor da NASDAQ inteira[4].

Moritz se parece tanto com um curador como com um investidor de outras épocas. As habilidades de que ele precisa se sobrepõem. Numa conjuntura complexa, ele descobriu uma nova maneira de fazer negócios que reagia à mudança. É uma habilidade replicada pelos melhores investidores, como Warren Buffett. Moritz afirma que é difícil encontrar novos investidores de risco. Há um conjunto excepcional de qualidades para selecionar e dispor que não se duplica facilmente. O fato de você entender de tecnologia e ter um MBA em Harvard não significa que você tem capacidade de enxergar todo o entorno. Muitos investidores de risco, diferentes de Moritz, não sobreviveram ao estouro das pontocom. Se a bolha de tecnologia estourar, muitos outros fracassarão.

Moritz e Azar ocupam funções quinárias – cargos no alto comando da economia mundial. São superestrelas que influenciam tendências globais. Embora nenhum deles aceite ser chamado de curador, o que eles fazem, as habilidades que têm em comum, têm similaridades. A capacidade deles de selecionar em ambientes abarrotados e somar valor quando o fazem, de dar sequência e dispor essas seleções com cuidado para ter sucesso máximo, sua competência e compreensão dos campos, tudo isso os torna insubstituíveis.

Quando os empregos sobem contra a corrente em mercados difíceis e lotados, passam a ser empregos curatoriais. Quer se trate de lojas de marcas de luxo ou investimentos em tecnologia, destilar

---

3   Joshua Cooper Ramo, *The Age of the Unthinkable: Why the New World Order Constantly Surprises Us and What to Do about It*, Londres: Little, Brown, 2009 [ed. bras.: *A era do inconcebível*, trad. Donaldson M. Garschagen, São Paulo: Companhia das Letras, 2010].
4   Ao menos segundo a própria Sequoia: <https://www.sequoiacap.com/us/about/dentmakers>, acesso em: jun. 2019.

mercados complexos e sobrecarregados com seleções claras e bem-sucedidas é uma das habilidades que define nossa época. Entender essa mudança explica como o trabalho mudou nos últimos trinta e tantos anos – e continuará mudando. É claro que esses empregos sempre existiram. Editores de jornal, designers de interiores e compradores do varejo, por exemplo, sempre trabalharam com seleção e arranjo. É seu crescente predomínio, objetivo e potencial de criar valor que mudou. E se por enquanto eles estão concentrados em enclaves privilegiados, mas significativos, creio que rapidamente passarão a permear mais setores de negócios e mais áreas geográficas.

Sempre que conversei com curadores de arte ou de museus, a sugestão de que investidores de risco seriam da mesma família foi vista como heresia. Isso, zombaram eles, não é curadoria. Conversando com um professor que dava aula no mestrado sobre curadoria, afirmei que certamente isso seria muito bom para a curadoria. Afinal, ser curador tornou-se uma espécie de protótipo avançado do futuro do trabalho. As habilidades fundamentais dos curadores nunca foram tão desejáveis. Não é algo a ser aceito? O negócio da arte e a arte do negócio nunca estiveram tão próximos.

## CALA A BOCA E PEGA MEU DINHEIRO!

A Piggly Wiggly mudou o varejo para sempre. O nome pode parecer incongruente, mas foi a loja de Memphis, Tennessee, fundada em 1916 por Clarence Saunders, que nos tirou do mundo formal do século XIX, em que os bens ficavam atrás do balcão, e nos levou para a admirável nova realidade do século XX: as compras *self-service*. Saunders permitiu que os clientes mexessem e escolhessem à vontade, em vez de esperar que assistentes sobrecarregados de trabalho fossem apanhar os produtos em cada prateleira. Depois, eles só precisavam levar os itens a um caixa centralizado e pagar. Ao passar por essas catracas, os clientes adquiriram poder; eles passaram a viver uma nova experiência. De repente, a arquitetura, a combinação de produtos e a comunicação da marca assumiram o primeiro plano. Esse novo tipo de loja espalhou-se pelos EUA e chegou à Europa nos anos 1950. Foi quando os consumidores se tornaram os consumidores que conhecemos hoje.

Saunders criou um novo modelo de compras para um novo tipo de economia e consumidor industrializado. Seu molde dominaria por um século.

Agora esse modelo está desmoronando. Movida por tendências sobrepostas – o choque de ofertas da China e das novas tecnologias; sua expansão extraordinária em disponibilidade de estoque engendrada pelo comércio eletrônico; o crescimento dramático do luxo como força de varejo, com suas margens altas e maior integração vertical; as preferências do consumidor e as mudanças no comportamento de compra – a experiência de comprar está passando por uma transformação comparável à do século XX. Já vimos isso acontecer: a transição do Modelo de Seleção Industrial para o Modelo de Seleção Curatorial. Vale a pena explorar isso com mais detalhes.

Imagine uma loja de roupas no Modelo Industrial. A seleção é razoável. No máximo, haverá alguns milhares de artigos na loja, mas provavelmente menos.

Agora compare com compras *on-line*. A busca por "vestido" na Amazon rende 947 mil resultados; se reduzida a "vestido preto", tem-se 244 mil (números que, no mínimo, indicam até onde vai o legado da Expansão Prolongada). Se as compras na internet chegaram a um aplicativo matador, é este – tudo está disponível. Mas claro, seguindo o padrão de sempre, essa expansão exigiu uma compressão oculta da escolha: não adianta nada ter 947 mil opções de vestidos. O tamanho do catálogo é irrelevante comparado a encontrar a roupa certa – tarefa que se torna mais complicada à medida que proliferam as opções. É um dos motivos pelos quais a Amazon (até o momento) não dominou o mercado da moda, a categoria mais pessoal e expressiva. Em comparação, pense numa empresa como a Opening Ceremony. Nos termos do *LA Times,* "se existe uma loja que moldou o varejo da moda no século XXI, esta loja é a Opening Ceremony"[5].

Fundada por Carol Lim e Humberto Leon no SoHo de Nova York em 2002, a Opening Ceremony foi inspirada numa visita a Hong

---

5 Booth Moore, "Opening Ceremony Possibility: A Store in Every Big City", *Los Angeles Times,* 5 set. 2014, disponível em: <http://www.latimes.com/travel/fashion/la-ig-0907-opening-ceremony-20140907-story.html#page=1>, acesso em: jun. 2019.

Kong, a mesma panela de pressão do varejo que Karim Azar se empenha em manter. A ideia deles era expor marcas do mundo inteiro, destacando um país por ano. Ao mesmo tempo, eles lançariam e promoveriam novos estilistas dos EUA. Cada produto seria escolhido meticulosamente e cada nova loja seria inaugurada com uma atenta reflexão. Sempre há mistura de estilos, do alto ao baixo, do absolutamente exclusivo ao incomum e punk. Eles trabalham com marcas *mainstream* como Vans ou Topshop, com artistas, estrelas e diretores de cinema; eles revitalizam as velhas marcas e descobrem estilistas inéditos. Instalações e colaborações são peças fundamentais.

A Opening Ceremony tornou-se o ponto alto numa nova espécie de loja, que é global, quase uma galeria de arte, pensada em torno de seleções e parcerias. Não é à toa que a Opening Ceremony se tornou um ícone precisamente quando a moda passou a ter disponibilidade infinita. Com o surgimento de novos estilistas, com o aumento de produção das confecções (geralmente com condições de trabalho tenebrosas), com a transformação das roupas em algo que podemos pedir com um clique, o valor, estético e pecuniário, entra no terreno da Opening Ceremony: a curadoria da oferta. Sejamos francos. O cliente médio da Opening Ceremony que se dispõe a pagar 500 dólares por uma camiseta não precisa de roupa, nem de lugares para comprar roupas. Esses consumidores privilegiados querem apenas a última novidade e o melhor da moda.

Saunders e outros varejistas ampliaram tanto a opção dos consumidores que agora é necessário um processo intermediário renovado e reforçado. O que mudou não é que os varejistas estão fazendo curadoria, pois em certo sentido é o que eles sempre fizeram; mas sim o foco da curadoria como *raison d'être* do varejo. Em certo sentido, a produção e as cadeias logísticas já foram "resolvidas". Apesar de se admitir que ainda são complexas e difíceis, elas não são o principal desafio nem o propósito do varejista (embora, nas empresas de comércio eletrônico, resolver a questão dos "últimos passos" – a velocidade de colocar o produto nas mãos do comprador – ainda seja determinante).

Já vimos que, no negócio alimentício, um novo tipo de "caixa por assinatura" permite que seleções cheguem até suas mãos. O modelo está se espalhando. A OwlCrate faz uma entrega mensal de livros de ficção da categoria jovem adulto, enquanto a Faithbox envia produtos e materiais de influência cristã. A My Little Box seleciona mercadorias de estilo. A Not Another Bill escolhe presentinhos-surpresa. A Cratejoy, localizada em Austin, Texas, é uma empresa projetada para dar infraestrutura aos serviços de assinatura de caixas de todo tipo, de brinquedos a camisetas. A Birchbox, uma das líderes na área, faz algo parecido com cosméticos. Por 10 dólares mensais, os usuários inscrevem-se para receber cinco novas amostras. Ao assinar, o consumidor registra suas preferências e exigências, de modo que os pacotes seguintes são escolhidos cuidadosamente com base em seu "perfil de beleza". Esse serviço é inestimável para marcas de luxo de nicho ou *start-ups*. Em torno dessa oferta curatorial, a Birchbox está, ao mesmo tempo, construindo uma mídia, criando conteúdo e armando um varejo tradicional.

    A Birchbox e a Opening Ceremony encarnam muitas das tendências mais importantes no varejo. Ambas têm no seu cerne a proposta curatorial. Ou seja, não apenas fazem seleção intensa, mas admitem que fazem. A Opening Ceremony vem produzindo mais vídeos para seu site e a Birchbox tornou-se uma publicação na internet. Os clientes querem mais informações sobre os produtos que compram. A "fase de pesquisa" antes da compra aumentou drasticamente. O público está mais propenso a confiar em curadores de confiança, sobretudo os que discutem detalhadamente os produtos e processos[6]. Encontrar o equilíbrio é essencial. Os varejistas têm segundos para ganhar ou perder um cliente. Boa parte disso depende da maneira como se exibe a informação. Há comparação de preços? Se houver, entre quantas peças? É preciso incluir não apenas emblemas e resenhas, mas um local físico (mesmo que seja só o escritório central) em cada página? Há informações sobre as embalagens? É preciso inserir links para resenhas de outros sites? Quantas resenhas externas são necessárias? Há registros de navegação e, se houver, quais dados eles incluem? Há informação em profundidade sobre o produto e especificações técnicas?

    Elas também combinam comércio eletrônico com lojas físicas. À primeira vista, a Birchbox é comércio eletrônico. Mas ela pas-

---

[6] Ver pesquisa da Interbrand citada por Graham Jones, *Click.ology: What Works in Online Shopping*, Londres: Nicholas Brealey, 2014.

sou para o reino físico quando abriu uma loja em Manhattan. Numa conferência da Fast Company, Katia Beauchamp, uma das fundadoras da Birchbox, estimou que o valor vitalício de um cliente que visitava a loja era duas vezes e meia maior que o de um cliente apenas digital. A tendência oposta aplica-se à Opening Ceremony – suas lojas cheias de estilo são replicadas por uma presença digital marcante. É isso que o professor Scott Galloway, da Stern Business School da Universidade de Nova York, chama de fim do *"pure play"*[7]. Ele afirma que não é viável ser um varejista puramente físico ou eletrônico. É preciso ser as duas coisas. O comércio eletrônico transmite a riqueza em conteúdo e informação, e permite maximizar a variedade. Mas também é necessária uma loja física. Em parte, elas são armazéns flexíveis e convenientes, mas também obrigam a restringir a variedade. A pesquisa de Galloway mostra que a maioria das compras na loja foram pesquisadas antes na internet. Daí a necessidade de oferecer em vários canais.

Acertar o mix curatorial entre ambiente físico e digital será uma competência fundamental para varejistas. Além disso, Galloway acredita que a "economia da vaidade" nos produtos de luxo, beleza e vestuário estará na vanguarda de outras mudanças no varejo – exatamente o que se esperava da Birchbox e da Opening Ceremony.

Recentemente fui a uma palestra de James Daunt, chefe da maior rede de livrarias exclusivamente dedicadas ao livro no Reino Unido, a Waterstones. No início dos anos 2010, a Waterstones estava com sérios problemas. O varejo físico em geral tinha sido muito prejudicado pela recessão e pelo comércio eletrônico. Para varejistas que disputavam no preço, as novas lojas com megadescontos e a internet causaram estragos. No caso dos livros, o desafio era especialmente grave. A fatia de mercado da Amazon aumentou rapidamente à medida que ela se tornou a força dominante no varejo livreiro. Já operando com margens escassas, a Waterstones lutava pela própria sobrevivência. Sua perda seria mais que uma vergonha – seria uma catástrofe para escritores, para o mercado editorial britânico e para o público comprador de livros.

Caindo de paraquedas depois de uma aquisição russa em 2011, Daunt, que antes comandava a rede homônima de livrarias sofis-

---

7   *Ibid.*

ticadas, passou a reconfigurar a empresa. Ele percebeu que nunca conseguiria competir com a Amazon nem em variedade nem em preço. Por isso, precisava explorar os pontos fortes da Waterstones.

A variedade da Waterstones passou do passivo para o escolhido com propósito; cada livro é julgado, a seleção e o arranjo mudam constantemente, guiados pela escolha de especialistas e não pelo que as editoras pagam. A equipe é capacitada para escolher, expor e se envolver com os livros. A compra centralizada foi eliminada e substituída por seleções exclusivas de cada loja. Daunt vê a curadoria como uma ruptura. A Waterstones contenta-se em estocar menos livros, mas eles devem ser escolhidos a dedo. Os livreiros têm sua responsabilidade como curadores, em vez de ser meramente receptores passivos dos pedidos. Tornar as livrarias interessantes e ter a seleção delas baseada em juízo de valor, e não no que os editores pagam – deixando, por exemplo, os livreiros e não os editores ditarem o mostruário da loja – foi a reação da Waterstones contra a queda de 25% nas vendas por conta do Kindle da Amazon. Embora a compra central tenha mantido sua importância, ela se tornou mais fundamentada, ao se reconhecer que cada área geográfica e cada loja tinham seus próprios requisitos.

Em outras palavras, a curadoria e a venda personalizadas, a beleza das ambientações, as chances de uma descoberta ou de um diálogo fortuitos – era isso que dava vantagem à Waterstones na era digital. Assim, eles passaram de um Modelo de Seleção Industrial conduzido pelo QG e por contribuições do fornecedor para um Modelo de Seleção Curatorial, reforçado pelo fator humano e pela diversidade de suas lojas físicas e vendedores de carne e osso. Na apresentação de Daunt, ele informou que houve elevação significativa nas vendas e o lucro ressurgiu. A empresa estava segura. Mais uma vez, vemos a complexa relação entre curadoria automatizada e curadoria humana. A Amazon foi pioneira em recomendações algorítmicas... mas, anos depois, a Waterstones construiu um grande negócio com base em seleções humanas, pessoais, abrindo um nicho contra o colosso de Seattle através da curadoria explícita e densa, com base numa legião de livreiros fervorosos. Além disso, à medida que a Amazon se volta para entregas no mesmo dia, armários para você retirar sua compra depois do trabalho e até enxames de *drones*, o argumento da conveniência física some e o que sobra é curadoria. A curadoria pode ter aumentado na web, mas seu impacto vai muito além. Afinal de contas, até a Amazon reagiu ao panorama com uma loja física à moda antiga, a Amazon Books, que inaugurou em Seattle em fins de 2015. É só o começo de um plano para implementar centenas de livrarias idênticas[8].

O Modelo Curatorial ainda está na infância. Mas *start-ups* indicam o caminho do trajeto. A Lyst, por exemplo, é uma agregadora do varejo na qual os usuários podem navegar entre 11.500 estilistas e lojas, de Alexander McQueen a Valentino. Eles criam, compartilham e compram a partir de "lystas". A Lyst mistura a recomendação algorítmica à curadoria pessoal, cresce rápido e já levantou mais de 60 milhões de dólares em financiamento da gigante dos bens de luxo LVMH e dos investidores de risco Accel Partners, entre outros. Se você quiser mobília, pode encontrar o Modelo Curatorial em *start-ups* como a made.com e a Dot and Bo. Eletrônicos? Confira na Grand St. Quer conversar sobre moda e cosméticos? Tecnologia? Pouco mais de 18 meses depois de entrar no ar, a genial Product Hunt conduzia 2,5 milhões de usuários por mês aos lançamentos. A Kit.com foi projetada para mudar a maneira como descobrimos "coisas que vale a pena ter". Nem citamos a estrela da moda no comércio eletrônico que resultou da fusão entre a italiana Yoox e a Net-a-Porter, nem a Refinery 29 – pontos que combinam conteúdo, curadoria e varejo com fluidez.

Mesmo assim seria um erro, como ilustram a Waterstones e vários outros varejistas, eliminar o Modelo Curatorial com *start-ups*. Galloway cita empresas como Gap e Apple – com integração vertical, seletivas quanto a seus produtos, que cruzam o varejo digital e físico no mesmo fluxo – como grandes exemplos de empresas que tiveram sucesso no novo panorama do varejo ao fazer as duas coisas. Ambas, em certo sentido, fazem curadoria – no nível da fabricação *e* do varejo. A empresa de shopping centers Westfield abriu na região de São Francisco uma imensa filial Labs, para gerar as novas tecnologias de que os varejistas vão precisar – assim como a Walgreens, a Walmart, a Target e a American Eagle Outfitters, en-

---

8   Greg Bensinger, "Amazon Plans Hundreds of Brick-and-Mortar Bookstores, Mall CEO Says", *The Wall Street Journal*, 2 fev. 2016, disponível em: <http://www.wsj.com/articles/amazon-plans-hundreds-of-brick-and-mortar-bookstores-mall-ceo-says-1454449475>, acesso em: jun. 2019.

tre várias outras[9]. Os chamados varejistas "históricos" vêm construindo suas investidas no comércio eletrônico em ritmo frenético há anos. A verdade é que, no mundo de hoje, não existe *on-line* ou *off-line*. Existe a mistura.

O varejo de luxo sempre teve curadoria – sempre foram ambientes agradáveis, silenciosos, similares a museus na curadoria e na apresentação. Agora a nova dinâmica leva o acesso de massa ao Modelo de Seleção Curatorial, tirando-o de seu reduto de luxo e levando-o à rua do comércio.

Durante boa parte do século XX, o modo como fazemos compras se manteve constante. Os produtores faziam os bens, as lojas vendiam. Nós olhamos livremente, descobrindo produtos nas gôndolas, mas também via publicidade ou boca a boca. Clarence Saunders criou um sistema robusto que trazia recompensas enormes. Mas, diante do crescimento na possibilidade de oferta e do novo ambiente de conteúdo, o varejo mudou. Utilizar o misto de digital e físico com proveito máximo, fornecer informação em torno de seleções e produtos, construir confiança como curador e reconhecer que o modo como descobrimos, recomendamos e filtramos bens em mercados abundantes está irrevogavelmente mudado – essas são as regras do varejo com curadoria. Nem o Walmart nem uma pequena *boutique* na Rue des Francs-Bourgeois do Marais se livrará do desafio: descobrir, não oferecer, é o maior obstáculo atual ao consumo.

## BAZARES, ONTEM E HOJE

O que passamos a chamar de curadoria não é invenção recente. É algo que existe há séculos. A inovação é que passamos a lhe atribuir o rótulo de curadoria. A palavra fez uma longa travessia, a atividade sempre existiu e evoluiu – sim, com o tempo ela se tornou mais preponderante, mas tem uma linhagem clara. No que se pode cha-

---

[9] Jon Nordmark, "14 Retail Innovation Labs in the Bay Area and 5 Other Cities", *LinkedIn*, 19 jun. 2014, disponível em: <https://www.linkedin.com/pulse/20140619151046-6907-retail-innovation-labs-in-the-bay-area-indiana-seattle-illinois-austin-new-york-city>, acesso em: jun. 2019 e Matt McCue, "Westfield Labs", *Fast Company*, 2 set. 2015, disponível em: <http://www.fastcompany.com/3039608/most-innovative-companies-2015/westfield-labs>, acesso em: jun. 2019.

mar de economia dos bazares – o mundo dos mercados públicos –, a curadoria sempre teve papel fundamental. Em qualquer mercado, a concorrência de preços sempre terá importância. Mas depois disso vêm a seleção e o arranjo dos produtos. O que você tem; se é ou não exclusivo; o refino com que é obtido; onde fica no mercado; como as mercadorias são expostas – muito antes de haver qualquer ideia sobre curadoria, essas preocupações já eram cotidianas.

Pense no exemplo clássico do comércio mundial: a Rota da Seda. Embora normalmente seja associada a comerciantes chineses, os indianos também tiveram papel de destaque. Antes da Revolução Industrial, Índia e China dominavam o comércio mundial. Até 1750, elas controlavam pouco mais de 40% da fortuna global. Todos os comerciantes na Rota da Seda encaravam desafios enormes, mas para quem vivia na Índia, eles eram graves – os comerciantes indianos não só encaravam desertos e bandidos, mas ainda faziam um comércio trans-himalaio, que cruzava o mais alto e mais remoto obstáculo montanhoso da Terra. Caravanas passaram milênios viajando desde o subcontinente, atravessando os rios Indo e Oxo, cruzando a cordilheira Indocuche e o passo Khyber para chegar a seus mercados.

Os tecidos eram os bens mais importantes do comércio, mas também havia especiarias (pimenta, canela, noz-moscada, cravo, gengibre e macis), joias, tinturas como o índigo, armas, açúcar, arroz (o arroz indiano era considerado o melhor) – viajando centenas, até milhares de quilômetros para chegar aos mercados da Ásia Central em Bucara, Samarcanda, Tashkent ou Isfahan. Tanto as togas romanas quanto os turbantes turcos eram feitos com tecido indiano (o algodão indiano era mais fresco que a lã e, por ser exótico, considerado símbolo de distinção). A vantagem da Índia era que, comparada às estepes áridas, era uma terra fértil que sustentava uma grande população que, por sua vez, já produzia tecido em grande quantidade. A Grécia e a Roma antigas já eram grandes mercados de exportação para o algodão indiano; Plínio, o Velho, afirmava que os romanos enviavam 550 milhões de sestércios à Índia por ano[10]. Em troca, os comerciantes voltavam da Ásia Central com milhares de cavalos das estepes, mas também com couro e lã,

---

10  Scott C. Levi, *Caravans: The Story of Indian Business*, Nova Delhi: Allen Lane, 2015.

peles da Sibéria, papel, seda e porcelana da China em triangulação pela Ásia Central.

Os comerciantes indianos, que moravam em caravançarás, eram o cerne de uma rede transcontinental integrada de comércio e serviços bancários. Multan, no Paquistão atual, era uma cidade central entre as montanhas e as planícies ribeirinhas, os mundos islâmico e hindu. Durante o Império Mugal (1526-1707), esse comércio prosperou a partir do norte da Índia, especialmente do Punjab. No início do período moderno, segundo estimativa de Scott C. Levi, havia 35 mil comerciantes indianos trabalhando na Rota da Seda; só Isfahan, na Pérsia, tinha uma população indiana de aproximadamente 12 mil em fins do século XVII. A partir de lá, as mercadorias podiam ser enviadas para o Mediterrâneo, ou para o Cáucaso e Moscou.

Havia infraestrutura não apenas de hospedarias como os caravançarás, mas também estradas e passagens, árvores para descansar na sombra, poços, pontes, fortalezas para resistir a ataques armados. O imperador Akbar, o Grande, dos Mugais, mandou construir 1.700 caravançarás e trabalhou com seu colega safávida da Pérsia, o xá Abbas, para proteger as rotas de comércio mesmo durante períodos de conflito. As caravanas tinham que descarregar toda noite e recarregar pela manhã, sendo o trabalho coordenado por nômades afegãos. O processo tornou-se tão eficiente que era possível transportar frutas frescas da Ásia Central até o Planalto do Decão, no meio do subcontinente indiano.

Mesmo assim, os comerciantes de caravanas precisavam ter cuidado. A jornada que empreendiam era árdua. Eles encaravam calor, frio, escassez de água e comida, bandidos e guerras ao cruzarem as passagens montanhosas e áridas. Tudo era amarrado a camelos ou carregado em carroças precárias. Em fins do século XVII, até 30 mil animais carregavam, cada um, 180 quilos de mercadoria. Cada caravana transportava centenas de milhares de rolos de tecido, a ser vendido gradualmente para não saturar o mercado.

Por volta do século XVIII, estimulado pelo ouro europeu saqueado do Novo Mundo, um quarto do tecido mundial passou a ser produzido na Índia. Foi o que gerou empregos para fazendeiros que plantavam algodão, para fiandeiras, tecelões, tingidores, estampadores, artistas, especialistas em logística e, no centro de tudo, os varejistas. O Punjab, em particular, tornou-se um centro global de produção têxtil, mas Sind, Gujarat e Bengala também passaram a ser importantes produtores. Havia muitos tipos de tecido. Matéria-prima básica, mas também algodão misturado a linho e seda. Havia morim, chita e musselinas; xales, turbantes e toalhas da Caxemira; inúmeras estampas, padronagens e cores. A Índia tinha a vantagem na produção e, por isso, no preço; mas fornecia também produtos com diversidade e qualidade.

Os comerciantes indianos precisavam selecionar meticulosamente o que levariam. Devido aos meios de transporte e ao terreno, havia fortes limites ao que podia ser enfardado. Embora houvesse alguma inteligência advinda da rede, as informações sobre mercados distantes geralmente não passavam de conjecturas. Logística, atendimento de pedidos e financiamento eram áreas de competência essenciais para os comerciantes – a base indispensável para o comércio. Mas o sucesso exigia outros dois elementos: alocar o devido equilíbrio de bens no espaço limitado da caravana e ser capaz de vendê-los com eficiência na outra ponta. Questões relativas à seleção eram, portanto, vitais para a operação da Rota da Seda trans-himalaia. Equilibrar a seleção de produtos era determinante para o sucesso ou fracasso dos empreendimentos. Com a combinação certa – um misto de tecidos, especiarias e armas para esta cidade, outro para aquela –, o retorno era enorme. A combinação errada podia significar a perda de anos, até décadas de trabalho e capital.

Esta, portanto, é a verdade do comerciante. Ou eles competem no preço, ou competem na seleção e arranjo. Ou nos dois, o que é mais provável. Isso vale para os comerciantes de caravana da Índia Mugal; para os vendedores de tecidos na Renascença, de Florença ou Leipzig; para o Grande Bazar de Istambul; para os mercados públicos contemporâneos, desde os floristas na Columbia Road de Londres até os frutos do mar no Tsukiji de Tóquio, e até nos artigos na Etsy.

O que mudou foi que, à medida que o tempo passa, os elementos de seleção e arranjo se tornam ainda mais fundamentais. Os comerciantes multani do século XVII tinham de fazer um esforço hercúleo para levar seus hortifrútis até o mercado. Decidir o equilíbrio entre especiaria e morim – que quantidades, que produtos – estava sempre condicionado pelas incríveis dificuldades não apenas de produção, mas também de distribuição. Hoje, num mundo de cadeias logísticas integradas *just-in-time*, esse elemento é menos importante. O acesso a tecidos deixou de ser uma vantagem competitiva; o desafio hoje é a escolha.

Ainda se encontra tudo isso na economia emergente da Índia. Embora seja truísmo dizer que, desde que se abandonou a chamada Licença Raj em 1991 com uma série de liberalizações, a economia indiana venha crescendo rápido – à taxa anual média de 6,8% entre 1991 e 2011[11] –, também é verdade que a Índia, como boa parte do mundo, está diante de uma transição na natureza do valor para atividades estilo curadoria. Isso não significa negar nem menosprezar os desafios – para boa parte da população indiana, a vida ainda é muito dura. Mesmo assim, admite-se que há crescimento no segundo maior país do mundo em população.

Hoje é um erro pensar na população da Índia simplesmente como mercado de massa. Aliás, focar dessa maneira o 1,2 bilhão de pessoas no país, sendo que até 300 milhões são consumidores de classe média (e 56 milhões possuem carro), é um erro. Por exemplo: a Tata lançou o Nano – um carro popular projetado para ser barato para as massas. Mas ele não teve boa aceitação. O mercado não queria um carro genérico. O povo ou queria algo que fosse um diferencial ou continuava com motocicleta. O analista Dheeraj Sinha argumentou que foi um caso em que não se entendeu o consumidor indiano e pensou-se nele como massa indiferenciada[12]. O foco no custo em detrimento de aspirações ou outros valores de luxo foi um erro de categorização. Reduzir as coisas ao mínimo necessário, pensar apenas no custo, foi uma estratégia que não conquistou adeptos. Por outro lado, isso significa que o foco saiu da curadoria e diferenciação cuidadosas, o que prejudicou marcas em áreas afluentes assim como aquelas que tentavam subir no mercado. Enquanto o Nano fracassou, a Mahindra and Mahindra, que investiu em SUVs bem equipados, continuou a prosperar.

Os consumidores indianos, depois de duas décadas de crescimento, estão no ciclo de atualização – dos celulares e carros, por

---

[11] Ashima Goyal (org.), *The Oxford Handbook of the Indian Economy in the 21st Century*, Oxford: Oxford University Press, 2014, p. 8.
[12] Dheeraj Sinha, *India Reloaded: Inside India's Resurgent Consumer Market*, Nova York: Palgrave Macmillan, 2015.

exemplo. Embora os anos 1990 tenham sido os da entrada maciça de produtos como TVs, geladeiras, micro-ondas e carros, com números incríveis, agora os consumidores mais sofisticados passaram a ser a regra, e com eles vêm certas propostas e ambientes de consumo. Shopping centers, redes de varejo, especialistas e os gastos dos consumidores tiveram uma rápida expansão. A abordagem voltada para a curadoria mostra-se mais bem-sucedida na Índia que o mercado de massa que muitas empresas pensavam que iriam encontrar. Nas palavras de Dheeraj Sinha: "O consumidor indiano cansou do esperado. Ele quer um choque – quer romper com a rotina. Ele quer custo-benefício, ele quer que o dinheiro apareça. O desejo transpassa estratos sociais"[13].

Devido ao tamanho do seu mercado, a escala se sobrepôs à diferenciação na Índia – tanto nas telecomunicações como nas companhias aéreas ou no varejo. Isso está mudando. Retomando o tema do bazar, a rede varejista Big Bazaar, criada pelo Future Group (segundo maior conglomerado de varejo da Índia), com sede em Mumbai, foi a tentativa de criar um ponto do varejo de massa indiano – seu slogan, *Isse Sasta Aur Achcha, Kahin Nahin* pode ser traduzido como "não há lugar melhor e mais barato". O Big Bazaar foi a tentativa de criar uma versão "com curadoria meticulosa" do mercado de rua. Foi uma tentativa de unir o melhor do antigo ao melhor do novo num ambiente com alta curadoria. É o que também norteia iniciativas como a Foodhall. Embora não tenham sido águas tranquilas e o grupo tenha enfrentado problemas recentemente, é uma demonstração de que quem está na dianteira dos negócios indianos quer abordagens curatoriais para o que era visto como o público de massa por excelência.

Muitas das grandes empresas indianas são entidades com alta curadoria. Conglomerados são um formato comum, geralmente estruturados em torno de dinastias comerciais poderosas e grupos tradicionais, como os pársis de Mumbai ou os marwaris do Rajastão. Famílias marwari como os Birla cresceram dentro e através dos bazares; hoje elas gerenciam carteiras de negócios de enorme diversidade. Os irmãos Hinduja, cujos bens somam aproximadamente 35 bilhões de dólares, são descendentes de comercian-

---

13  *Ibid.*, p. 117.

tes indianos que trabalharam no Irã. A grande sacada de grupos como esse, hoje copiada na fundação de negócios de carteira vasta – como a Alphabet, matriz do Google –, é equilibrar elementos no todo; é possível levantar cercas no mix para garantir a prosperidade geral. Além disso, graças a seu mix, esses negócios podem ser flexíveis. Enquanto empresas ocidentais costumam empreender uma estratégia de despojamento e foco, esses vastos impérios familiares crescem com base na mistura de elementos.

É óbvio que, no nível mais grandioso, a Índia é a administração da diversidade, dos idiomas (trinta línguas e milhares de dialetos), das religiões e da cultura. Um novo tipo de empreendedor indiano está preparando versões pan-regionais de moda e alimentação. O *salwar kameez* espalhou-se para o sul da Índia, enquanto os *dosas* se encontram no norte. A necessidade que as empresas indianas têm de fazer marketing microdirecionado aumenta e se torna cada vez mais possível. Isso explica a prosperidade de um site como o Craftsvilla, maior mercado de artesanato étnico da Índia, que vende produtos artesanais diferenciados, desde sáris até velas. Ele pode equiparar diversidade com escala, curadoria direcionada com a massa e complexidade da produção indiana. A interação complexa entre regional e nacional cria uma série de mercados sobrepostos, encadeados e interlocutórios. Casamentos, por exemplo, tornaram-se uma indústria de 40 bilhões de dólares na qual cada elemento – as temáticas, as danças à moda Bollywood e o figurino, cerimônias de *sangeet* (como um chá de panela) – são estudadas em detalhes, e elementos regionais espalham-se pelo país.

Os bazares – mercados – são uma constante na história. Hoje eles são tão relevantes quanto sempre foram. Ao longo da história, encontramos curadores de vários tipos: os bibliotecários, que organizavam informações; os críticos, que selecionavam e elogiavam obras que se destacavam da multidão; os colecionadores, que acumulavam obras e os administradores que cuidavam delas. Mas também havia os comerciantes, atacadistas e compradores. Essas funções nunca foram tratadas como sinônimos de curadoria, mas sempre compartilharam boa parte das mesmas habilidades. A curadoria não é a meta explícita desses negócios: encaixa-se neles, faz parte vital da proposta, mas não é seu aspecto mais óbvio. Isso vale tanto para a época dos Mugais quanto para hoje. A economia atual da Índia tem um vasto contingente que vive na pobreza; um grande centro que se acostuma à vida de consumo; e um segmento no topo que cresce e se redefine em torno da curadoria.

As habilidades curatoriais não são tão limitadas pelo tempo e espaço como talvez estejamos propensos a acreditar.

## A CURADORIA CIENTÍFICA

Atividades que envolvem informação de qualquer tipo também foram transformadas. Já vimos esse fenômeno acontecer em nossa vida cultural e na internet. Mas, graças a esse crescimento incrível, ele chega a todos os lugares que têm contato com informação.

A ciência é uma dessas áreas. A revista científica *Nature*, atualmente, é a mais citada do mundo, segundo a Thomson Reuters. Para pesquisadores, ter o nome na revista pode render uma carreira. Quando se fazem descobertas históricas – de tudo, desde o buraco na camada de ozônio à clonagem da ovelha Dolly e o sequenciamento do genoma humano –, elas são publicadas pela *Nature*.

Desde o século XVII, a ciência se tornou mais formalizada e seus métodos definidos enfim permitiram que a humanidade compreendesse o mundo. Nos princípios do século XIX, a maior parte do aparato e da infraestrutura científica ainda remontava ao final do Renascimento – um domínio de experimentalistas e diletantes. Até grandes nomes, como Humphry Davy, Michael Faraday e Antoine Lavoisier, trabalharam por conta própria, como desconhecidos trilhando seu próprio caminho. No decorrer do século XIX, contudo, as coisas começaram a mudar. Os laboratórios de pesquisa universitária na Alemanha passaram a ser cada vez mais profissionais e seus primos norte-americanos começaram a alcançar o mesmo nível. Mas a comunicação científica ainda era dominada por corporações, como a Royal Society britânica. Outras iniciativas de revistas científicas tendiam ao fracasso.

Fundada em 1869, a *Nature* refletia a nova realidade da ciência como disciplina cada vez mais profissionalizada e socialmente significativa (fazia apenas dez anos que Darwin transformara a humanidade para sempre com a publicação de *A origem das espécies*). Norman Lockyer, fundador da revista, era um pesquisador e pensador que teve parte do crédito na descoberta do hélio. Integrante do seleto X Club, grupo de pensadores liberais com o objetivo de modernizar a ciência e a mente popular, ele formou um círculo que contribuiria amplamente com a nova revista. Publicada pelos Macmillans, o financiamento estável da *Nature* e seus pesquisadores de destaque, sob a orientação segura de Lockyer, garantiram que ela se consolidasse no firmamento científico.

Sua missão era simples. Primeiro, "apresentar ao grande público os resultados da obra científica". Segundo, "auxiliar os cientistas fornecendo informações em primeira mão de todos os avanços realizados em qualquer ramo do conhecimento científico no mundo". Embora a primeira missão fosse bastante comum para uma publicação, a segunda era (talvez sem surpresa) progressista: a *Nature* não era apenas uma editora, ela queria apoiar integralmente, "auxiliar", o trabalho científico. Ela lhes deu espaço para ir além do editorial.

A *Nature* logo se consolidou como a mais notável das revistas científicas. Enquanto isso, a ciência, progenitora original da Expansão Prolongada, se expandia notavelmente. O número de artigos em revistas científicas vinha dobrando a cada 13 anos. Em meados dos anos 2000, publicavam-se mais de 1,35 milhão de artigos com revisão por pares por ano. Em 1950, registravam-se aproximadamente 60 mil revistas científicas. Cinquenta anos depois, eram 1 milhão[14]. A própria *Nature* registrou números ainda mais significativos, mencionando uma taxa de crescimento de 9% em artigos, o que equivale a duplicar a produção global a cada nove anos[15]. Sobre essa base, estabeleceram-se meios inovadores de publicar ciência, contornando o ritmo lento da revisão por pares e a disseminação tradicional – na física, por exemplo, o repositório arXiv permite que pesquisadores publiquem trabalhos (em fase inicial, de dados

---

14   Todos os números provêm de Peder Olesen Larson e Markus von Ins, "The Rate of Growth in Scientific Publication and the Decline in Coverage Provided by the Science Citation Index", *Scientometrics*, v. 84, n. 3, Springer 2010.
15   Richard van Noorden, "Global Scientific Output Doubles Every Nine Years", *Nature Newsblog*, 7 maio 2014, disponível em: <http://blogs.nature.com/news/2014/05/global-scientific-output-doubles-every-nine-years.html>, acesso em: jun. 2019.

puros) inadmissíveis na *Nature*. A situação é igualmente ruim nas ciências humanas: pesquisas sugerem que 93% dos artigos em revistas científicas dessa área nunca são citados[16].
Cientistas sofrem de um problema de abundância. Repassar sequer uma fração da pesquisa disponível é impossível. Já se passaram os tempos de Aristóteles ou Erasmo, em que um indivíduo podia dominar todo seu campo de conhecimento. Ficar em dia com o material disponível até no seu nicho é difícil. Por outro lado, com o aumento das especialidades e o aprofundamento cada vez maior das pesquisas, as obras também se tornam mais complexas.

É aí que entra a *Nature*. A *Nature* é a arquicuradora da ciência. Como marca curatorial mais confiável e prestigiada no esquema (embora a revista *Science* possa discordar), sua seleção para inclusão na revista principal é indicadora de qualidade e relevância. À medida que a ciência cresce, longe de perder importância, revistas de altíssima qualidade como a *Nature* só viram sua importância aumentar. Seus editores, um grupo de cientistas dotados de PhDs das maiores instituições do mundo, decidem o que é importante e por quê. Como a curadoria em qualquer lugar, o valor de um bom curador aumenta em função da produção. A *Nature* continua sendo um negócio que prospera, com a premissa na curadoria especialista, joia da coroa no grupo Holtzbrinck e Springer.

Mas agora há outro ângulo nessa história. A empresa matriz da *Nature* vinha atentando para áreas que ressaltavam outra tendência na curadoria, que se evidenciou ao longo deste livro. Eles construíram a Digital Science, um cruzamento entre investidora de risco à moda antiga e incubadora para tecnologia de comunicação científica. A *Nature* é uma curadora à moda antiga, no fundo, ainda uma editora. A Digital Science tenta algo novo: elaborar uma nova integração de ferramentas que dê aos próprios cientistas a possibilidade de se tornarem curadores. Assim, eles criaram, por exemplo, produtos para gerenciar dados; produzir e compartilhar referências; filtrar a profusão de citações; publicar e selecionar obras científicas de novas maneiras. Observe-se

---

16  Libby Nelson, "Stat Check: Is 98% of Research in Humanities and 75% in Social Science Never Cited Again?", *Vox*, 30 nov. 2015, disponível em: <http://www.vox.com/2015/11/30/9820192/universities-uncited-research>, acesso em: jun. 2019.

que a missão não foge ao propósito original da *Nature* – ajudar os cientistas. A Digital Science é o reconhecimento de que somar revistas científicas para aumentar a receita é uma estratégia que está perdendo força; em vez disso, para enfrentar a sobrecarga de informação, é preciso dar às pessoas ferramentas para imaginar a criação de melhores oportunidades. Outros concordam – a Mendeley, por exemplo, *start-up* sediada em Londres com planos de transformar a comunicação científica, foi abocanhada pelo colosso científico Elsevier.

Hoje vemos duas faixas paralelas da curadoria. Primeiro, temos o modelo da empresa como curadora. A *Nature* faz curadoria da pesquisa científica; a Opening Ceremony faz curadoria da moda; a Ambie faz curadoria da música.

Depois, temos a empresa como facilitadora da curadoria por parte de outros. Empresas constroem ferramentas que capacitam as pessoas, permitindo que elas se tornem curadoras por si mesmas. O Spotify gasta grandes quantias aperfeiçoando sua própria curadoria, mas, através das *playlists* e compartilhamento de funcionalidades, permite que qualquer pessoa crie e transmita seu gosto musical. O Facebook dispõe de finas películas de curadoria – mas de fato somos nós mesmos que fazemos a curadoria, através dos contatos e do que decidimos postar. WeChat, Tumblr e Pinterest possibilitam que outros se tornem curadores. É isso que abastece a autocuradoria de sites como a Wikipédia ou o TripAdvisor – curadores potentes em si mesmos, porém movidos por uma curadoria distribuída entre os usuários.

Criar meios para outros fazerem o *curare* é o modelo empresarial que simboliza a era digital.

As revistas, no sentido mais amplo, estão mudando. Em certo nível, elas sempre foram curadoras. Hoje uma empresa como a Stack faz curadoria enviando várias revistas para usuários. Depois vem o outro nível – distribuir essa curadoria. O Flipboard faz seleções, mas também desagrega conteúdo e permite que os usuários rearranjem sua própria criação em coleções. O Flipboard transfere a curadoria das revistas dos editores para os leitores; do Difusor ao Curatorial. Depois de levantar centenas de milhões de dólares, a expectativa dos investidores é que, um dia, essa mistura de Flipboard e curadoria centrada no usuário (ou seus equivalentes, como a promissora *start-up* holandesa Blendle) venha a valer mais que gigantes das revistas como Hearst ou Condé Nast.

Ter estratégia para permitir que outros façam curadoria, para terceirizar os que estão na linha de frente, será cada vez mais essencial. É um modelo que vimos repetidas vezes na web e que não vai desaparecer. As mídias sociais dependem das redes de confiança, intimidade e conhecimento, amplificadas pela conectividade – considerando quanto da curadoria tem a ver com personalidade e conexão, não é à toa que o modelo seja tão predominante.

Mais uma vez, é preciso colocar isso num contexto maior. A mudança do foco de valor é reconhecida por aqueles que sofrem as consequências. O chefe da fabricante de eletrônicos taiwanesa Acer, Stan Shih, cunhou o termo "curva sorriso" para descrever os problemas com que se depara na sua atividade. Se a curva representava valor, ele conseguia ver uma depressão no meio da cadeia logística entre os produtores, uma depressão que gera o "sorriso". Os donos da propriedade intelectual no início da cadeia, como projetistas de chips, e os vendedores no final, com marcas e acesso, estavam monopolizando o valor. Figuras no meio do processo, como a Acer, estavam encurraladas entre os dois, sofrendo com as margens que conseguiam tirar. Só a fabricação em si, sem os benefícios de propriedade intelectual ou da marca famosa, já não era suficiente. A empresa perdeu valor. A Apple e a Gap passaram pelo inverso. Do mesmo modo, no mercado editorial educativo ou científico, o valor está fazendo a transição do meio da curva – a grande massa de revistas científicas – para curadores de alto nível como a *Nature* ou ferramentas que possibilitem a outros fazer curadoria. Vimos na Parte II quantos varejistas estavam em dificuldades, encurralados na sua versão da curva sorriso. Ao mesmo tempo, está emergindo uma nova geração de varejistas que entende o panorama curatorial, e plataformas como Etsy, Popshop e Datafeedr guiam ofertas de nicho com alta curadoria.

A ciência, no geral, tende à curadoria. Biocuradores, por exemplo, dão continuidade ao legado de Lineu na curadoria do mundo natural, agora no nível genético. O mundo das finanças também está ficando informacionalizado. No início vimos como os problemas de Lisa se resumiam ao excesso de informação. Tudo que vai desde um terminal Bloomberg até novas propostas como o StockTwits (que pretende inferir dados de mercado do Twitter) ou o Symphony fornece ferramentas para corretores filtrarem o turbilhão de informação, com níveis de sucesso variável. Basta uma consulta à literatura promocional dos investidores de risco ou dos fundos de investimento para perceber a incrível frequência da palavra "curadoria".

E, no âmbito mais elevado, há reflexos curiosos no mundo financeiro e nas artes. Ambos giram tanto em torno de seleções secundárias quanto de produções primárias. No fim do século XIX e início do XX, a arte passou a se voltar mais para si mesma: ondas sucessivas da arte se tornaram mais abstratas, autorreferenciais. Do mesmo modo, por volta do fim do século XX, o mercado financeiro passou a ser abstrato e autorreferencial: os derivativos, títulos baseados em outros títulos, foram, como os movimentos artísticos, criados uns sobre os outros, distanciando-se progressivamente da realidade subjacente que deveriam descrever. Ao mesmo tempo, a arte tornou-se cada vez mais lucrativa, negociada como qualquer outro ativo fungível por uma linhagem de compradores abastados em busca de bom retorno. O Relatório de Artes e Finanças da Deloitte afirma que três quartos dos compradores de arte fizeram suas compras para fins de investimento[17]. Empresas como a Cadell & Co. são conselheiras de arte, mas são reguladas como consultores financeiros: sua missão é combinar o *know-how* do colecionador com a experiência de mercado. O Deutsche Bank tem imensas coleções e um departamento interno de arte. Hesito em tirar conclusões dessa conjuntura, mas é um paralelo interessante.

A curadoria, como palavra, pode ter começado longe dos negócios. Mas por muito tempo seus atributos foram fundamentais para muitas empresas e funções. Agora, num mundo em que serviços e intangíveis desempenham papel cada vez mais central na geração e distribuição de riqueza, eles são fundamentais.

Muitos economistas do século XIX acreditavam numa coisa chamada Lei de Say, batizada em homenagem ao economista francês Jean-Baptiste Say. Em termos gerais, essa lei sugeria que a produ-

---

17  Deloitte, *Art and Finance Report*, disponível em: <https://www2.deloitte.com/content/dam/Deloitte/es/Documents/acerca-de-deloitte/Deloitte-ES-Opera_Europa_Deloitte_Art_Finance_Report2014.pdf>, acesso em: jun. 2019.

ção se igualava a demanda; que quanto mais se produzisse numa economia, mais demanda e consumo haveria. Produção gera riqueza, que gera demanda. John Maynard Keynes e outros se opuseram a essa crença. Para ser bem claro, a Lei de Say caiu em desgraça. Mesmo assim, é fato que temos capacidade extraordinária para absorver, gerenciar e lucrar com o crescimento na produção. Mesmo que a Lei de Say não se sustente no nível macro, de perto vemos como a produção crescente rendeu novas indústrias, projetadas para gerenciar e modular o crescimento. As empresas criam o que eu chamo de ecossistemas de curadoria. São novas redes nas quais um número enorme de empresas especializadas faz curadoria coletiva de um setor. O fato de esses ecossistemas terem crescido tanto e sustentarem tal diversidade na vida comercial é prova da mudança discutida neste livro.

Séculos atrás, a moda era regida pelos mastros gêmeos dos produtores artesanais e da fofoca local – quem vestia o quê em Florença, com que roupa o lorde e a dama saíram e assim por diante. Com o passar do tempo, somaram-se novos elementos – as lojas e a mídia. Eles se tornaram filtros essenciais e definidores de tendências. Em meados do século XX, a moda era dominada por estilistas e ateliês poderosos, pelo crescimento de revistas influentes como a *Vogue* e pelo varejo nas ruas elegantes das capitais da moda. Hoje tudo isso ainda existe, mas se tornou muito mais complexo – e a complexidade passou a ser mais intermediada para poder ser gerenciada. Para começar, a diferenciação interna em cada categoria aumentou demais. Temos uma ampla gama de estilistas, desde marcas globais até pequenas butiques experimentais. Depois, todas as novas funções curatoriais: blogueiros de moda, fotógrafos profissionais e amadores, *trend watchers* (uma só empresa emprega 3 mil)[18], *personal shoppers*, *stylists*, estrategistas de marca, arquitetos de varejo, programadores. Até gerentes de shopping center! Assim como a curadoria humana e algorítmica agem juntas, nesses ecossistemas também vemos a coexistência do profissional e do amador, da marca grande e do nicho local.

Com o crescimento e a diversificação da confecção, mais elementos dessa indústria, que sempre esteve entre as de curadoria

---

18 http://trendwatching.com/

mais intensa, passaram a envolver o curatorial. Unida, agora ela forma uma rede complexa, que vincula produtores e jornalistas, na internet e fora, que selecionam e dispõem a roupa certa para as pessoas certas. Regiões localizadas da camada da curadoria maior envolvem a sobreposição de ecossistemas de curadoria cujo crescimento em tamanho e diversidade é fomentado por transformações sociais e econômicas significativas. É um reflexo do fato de que buscar aquilo que você sabe que quer, seja nesse contexto ou em tantos outros, passou a ser trivial. Descobrir o que você não sabe, por outro lado, tornou-se algo mais valioso. O ecossistema – seja na alimentação, no jornalismo, na comunicação científica – faz a diferença.

Acredito que, para muitos negócios atuais, a questão diz respeito à estratégia para navegar o ecossistema em que se entra. Se você é um protagonista firme, como vai consolidar sua posição ou diversificar em outras partes do ecossistema? E, se você é novo, onde se encaixa nas estruturas complexas já existentes? Acertar a resposta é um dos desafios empresariais dos nossos tempos.

O Modelo Curatorial distribuído sugere algo vital. Agora os curadores mais importantes que existem somos nós, você, eu, todo mundo.

# 11

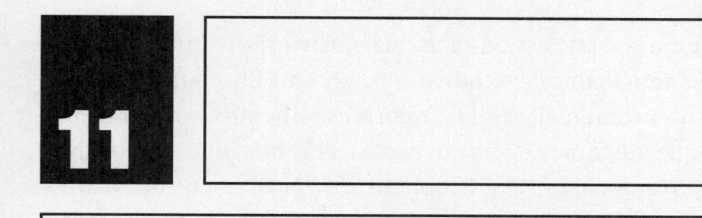

# A curadoria de si mesmo

**EU, CURADOR**

Durante boa parte da história humana, a identidade não esteve em questão – era algo que nos era impingido. Onde você cresceu, seu gênero, sua raça e classe social canalizavam suas opiniões, sua projeção e sua sensação do eu. As identidades já vinham prontas: o camponês ou o cavalheiro, a matrona ou o banqueiro de terno e gravata, o mineiro de carvão ou até mesmo o poeta tuberculoso foram todos arquétipos a que as pessoas podiam se entregar. Isso não significa que as pessoas não tinham devir próprio – é óbvio que tinham. Mas, onde quer que estivessem, a identidade social delas costumava ser determinada com clareza, era algo a que elas tinham que se entregar e viver por completo. Com diversas ressalvas e exceções, tendíamos a receber nossas identidades dos nossos pais e da nossa posição na sociedade.

Aproximadamente nos últimos cinquenta anos, pela primeira vez na história, isso não se sustenta. Antes falei de como a curadoria costuma ter um papel performático ou de serviço, como ela se direciona para um público. Agora chegamos ao limite dessa interpretação, à fronteira da curadoria: nós mesmos.

Houve uma drástica mudança qualitativa na forma como tratamos desse tema complexo que é ser alguém. Enquanto antes escolhíamos identidades já dadas, agora escolhemos a dedo os elementos de que gostamos e que queremos. Nós nos inventamos. Nas palavras do romancista Neal Stephenson, "Nossas culturas antes eram quase hereditárias, mas agora optamos a partir de um cardápio tão variado quanto a praça de alimentação do shopping center suburbano"[1]. Na falta de palavra melhor e correndo o risco de passar por ridículo, fazemos curadoria das nossas identidades. A curadoria já não se dirige apenas aos outros como performance ou imagem; ela é internalizada. Isso marca não apenas uma mudança na maneira como fazemos referência às nossas vidas, mas também uma mudança maior no que significa fazer curadoria.

Funciona em dois níveis. Em primeiro lugar, fazemos curadorias de nós mesmos para o mundo externo. Não se trata apenas de usar determinadas roupas ou ser visto nos eventos certos. Tem a ver com sinais sutis, tácitos, compostos de um mosaico de significação que provém de fontes ricas e variadas no mundo contemporâneo. Em segundo lugar, fazemos curadoria das nossas experiências. Não queremos levar vidas lineares e previsíveis – em vez disso, a própria substância da realidade é tratada pelo consumidor moderno como uma mostra de arte, uma série de itens contrastantes, surpreendentes, emocionantes e intrigantes, cuja singularidade e sequência conferem sentido ao todo.

Pode soar pomposo, mas na verdade isso se decompõe na sensação concreta que a maioria de nós já sentiu: o anseio pela variedade, pelo novo e pela diferença amplamente servida na economia moderna, seja literalmente o ingresso para uma exposição, uma aventura no feriado ou um emprego inovador. Em resumo, nossa postura diante de nós mesmos, tanto interna quanto externa, foi capturada pela mesma dinâmica que estamos procurando desde sempre. Como era de se esperar, isso tem dimensões positivas e negativas.

No capítulo anterior – como fizemos ao longo do livro – vimos como os negócios capacitam as pessoas a serem curadoras de si mesmas. Isso nunca teria acontecido se não houvesse um público disposto, ávido por compartilhar e fazer curadoria de música ou fotos.

---

1 Neal Stephenson, *Some Remarks*, Londres: Atlantic Books, 2013, p. 265.

Para esse modelo funcionar, era preciso ter demanda – demanda que costuma parecer extremamente egocêntrica e absurda, mas cuja influência e alcance aumentam mesmo quando ela é condenada.

## OPÇÃO PELA VIDA

Ao longo do século XX, as crianças cada vez menos tomaram os próprios pais como exemplo. Enquanto antes esse processo seria quase automático, em meados do século, com o surgimento das culturas jovens específicas e *mainstream*, o domínio das gerações anteriores diminuiu. Novas subculturas emergiram: *mods* e *rockers,* punks e *skinheads*, *rastas* e metaleiros, góticos e novos românticos. Cada um tinha seu visual e formato cultural com coerência interna. Seria equivocado dizer que essas culturas não eram uma miscelânea – pois eram. Os Teddy Boys, por exemplo, pegaram os ternos edwardianos e os combinaram com a intensidade do *rhythm and blues*.

O punk foi uma das subculturas de identificação mais fácil. Ela chegou ao Reino Unido no calor do verão de 1976. Atolado pelo desemprego disseminado, o país lutava para entender a intensidade de seu declínio pós-guerra. Em 1977, os punks já haviam estourado no *mainstream*, escandalizando as classes de respeito. Os punks eram raivosos, alienados, niilistas e profanos. Eram, ironicamente, a dramatização perfeita de um país em crise, o sintoma de um colapso em câmera lenta, programado para estimular a reação. Os punks eram identificados, acima de tudo, pelo desafio estilístico – como nos *mods* e *rockers* que os precederam; o próprio visual era pensado como desafio e apropriação dos formatos dominantes[2]. Eles recortavam a bandeira britânica e a remendavam pelo corpo. Com topetes, jaquetas de couro, calça cano reto, nuances de *skinhead*, jeans e coturnos, o punk era uma mescla de estilos do pós-guerra literalmente presa por alfinetes de segurança. A questão do punk, como em todos os movimentos pós-guerra, é que pela primeira vez em escala de massa as pessoas escolhiam identidades totalmente novas para si e que, além

---

2   Para mais, ver Dick Hebdige, *Subculture: The Meaning of Style*, Londres: Methuen, 1979.

disso, esses novos visuais e identidades eram misturas cuidadosamente selecionadas.

Apesar disso, havia limites bem claros. Seria difícil ser punk, por exemplo, se você usasse um terno comum, tivesse um corte de cabelo conservador, voltasse para o subúrbio todo fim de tarde e ouvisse sobretudo Bach. O punk nunca foi tão simples quanto lembramos, mas ainda assim veio num pacote com coerência interna, com certos elementos necessários. Até a rebeldia, quanto mais as tantas outras identidades mais "aceitáveis", foram meticulosamente codificadas e tinham consistência. Ser punk era uma estranha mistura de autosseleção, agressividade *abaixo-o-sistema* e controle dos requisitos necessários.

Compare com aquela outra subcultura tão difamada, talvez aposentada e contemporânea: o hipster. Originalmente, os hipsters estavam relacionados com a subcultura do pós-guerra, um movimento dos anos 1950, como os beats. Tipicamente, eles eram a classe operária em comparação com a classe média dos beats, os boêmios com seus ternos *zoot*, calça bufante, topetes e atitude. Era o lado operário branco da pujança da cultura musical negra. Eram fáceis de identificar.

Hoje ainda conseguimos identificar os hipsters. São os que vemos de barbas elaboradas, bicicleta monomarcha, predileção por botecos do Brooklyn... (onde provavelmente vão beber café da terceira onda). Mas os elementos essenciais do hipsterismo não existem. Não há um conjunto de traços que define os hipsters. O que os define é uma espécie de curadoria consciente do eu (e desculpem-me se isso soar como hipsterismo). Pense na relação com as roupas vintage. Enquanto o Teddy Boy ou o punk inspiravam-se em eras específicas, o hipster despreocupadamente inspira-se em todos os espectros: uma jaqueta anos 1950, calça anos 1920, tênis anos 1980, uma camiseta com um desenho animado dos anos 1990. Não existe narrativa, imagem ou identidade reinante exceto a mistura; além da capacidade de escolher e recombinar, não há nada que defina necessariamente o hipster. Nos anos 1970, tanto o contador quanto o punk tinham expectativas claras de sua imagem e conduta; eles entendiam quem eram e como se encaixavam num retrato do mundo. Com o hipster, isso desaparece. Eles são pessoas da pura bricolagem – montagens que conscientemente se inspiram em todo o espectro, com arte, montando ironicamente uma espécie globalizada de não identidade cujos elementos em comum seguem mais o espírito da curadoria do que qualquer das coisas que integram a mistura.

Antes que você ria – bem, pode rir –, como no caso do café da terceira onda, essa é a ponta do *iceberg* cuja relevância vai além das raízes metropolitanas. Em certo sentido, nos últimos cinquenta anos, todos vimos nossas identidades assumirem esse caminho curatorial. Inventamos muito mais do que antes. O rapaz de jeans sentado ao seu lado no futebol provavelmente é analista de investimentos, prestes a pegar um helicóptero para ir até o iate. A moça de brinco de pérolas ao seu lado na ópera é uma enfermeira que acabou de sair do plantão. Todos temos mais liberdade e oportunidade de inventar quem vamos ser, de montar com elementos contrastantes.

Acabamos voltando à expansão da escolha. Há mais opções *tout court*. Todos podemos encontrar produtos de todo o espectro – *vintage, high street*, superbarato, luxuoso. A mídia está sempre ligada, lançando imagens de estilos e culturas. Assim que uma subcultura se desenvolve, ela se globaliza e é cooptada por grandes marcas. Mais uma vez, a transição é qualitativa. Pense na cultura do fã. Ser fã nos tempos pré-internet exigia dedicação. Se você ia colecionar estatuetas de Star Wars, teria uma trabalheira para correr atrás. Tinha que fazer contatos na loja mais próxima, e nisso perderia um tempo enorme. Localizar uma ou outra informação exigia tempo e empenho. Na internet, é fácil ser fã. Você pode encontrar os modelos, quadrinhos ou roupas raras com facilidade. A informação misteriosa está a poucos cliques de distância. Todo mundo pode ser fã sempre que quiser. A cultura do fã, assim, estourou: veja o crescimento de eventos como a Comic Con de San Diego.

A curadoria da identidade tem como base o crescente individualismo. Mas tudo é fortalecido pelo aumento das opções. O fato de podermos escolher roupas de várias décadas, de termos tantos filmes, games e programas de TV, significa que somos obrigados a selecionar. Diante do acúmulo lentamente construído das opções pessoais, o tipo de formas sociais e identidades completas que costumavam predominar desmoronam. No lugar delas surge o Modelo Curatorial de Seleção e seu equivalente pessoal. Quando o consumismo, o pluralismo e a seleção são fundamentais, passamos a ser entidades com curadoria. Nesse sentido – lamento dizer –, agora somos todos hipsters.

À medida que continua seu caminho, o consumismo também se espalha. Na Europa Oriental e em grandes partes da Ásia, sociedades que até recentemente eram coletivistas deram lugar ao individualismo. Numa única geração, a escolha passou do luxo limitado à onipresença. Para gerações mais antigas na China, a experiência estava condicionada pelo comunismo. Na memória dos vivos ainda permanecem as privações da Grande Fome e da coletivização forçada; eles passaram pelos extremismos e pela violência da Revolução Cultural. Eles tiveram vidas de escassez brutal, onde qualquer tipo de opção era raridade. Avance até os filhos e netos e, ao menos para as classes médias, as coisas não poderiam ser mais diferentes. Até recentemente, o consumismo na China tinha um aspecto quase transgressor que demarcava gerações. Os jovens consumidores chineses eram uma nova raça, sufocada de amor em virtude da estrutura 4-2-1 da família típica (graças à política de um filho por casal, cada criança é o foco da atenção para os dois pais e quatro avós). Nas palavras de um crítico, "competitivos e solitários, ricos e sem medo de ostentar, essa geração de crianças começou a definir a si mesma e a sua posição pelas opções de consumo".[3]

Os jovens chineses, ao contrário dos mais velhos, conseguem escolher no cardápio global tanto quanto seus pares do Ocidente. Eles também estão acostumados a comer um dia no McDonald's e outro na cozinha tradicional chinesa, como fazem seus equivalentes em Los Angeles ou Milão. Eles também vão escolher tranquilamente entre esta ou aquela tradição musical, gênero cinematográfico ou estilo; para eles, o mundo, sua história, cultura e arte também são um grande shopping center no qual se pode escolher à vontade. Nada a ver com o maoísmo.

## CLUB TROPICANA

Muitos anos atrás, assisti a um programa sobre o hotel Claridge's. O gerente disse uma coisa interessante. Seus hóspedes, sugeriu ele, queriam fazer "curadoria das suas experiências" – e era aí que entrava o Claridge's. Outrora esse hotel grandioso, marcado a cada

---

3 http://luckypeach.com/how-mcdonalds-started-in-china/

curva por fortes camadas de compostura e pela elegância discreta que tornam famosas as marcas britânicas, era o habitat natural para seus hóspedes – todos se sentiam à vontade, praticamente em casa. O comentário despropositado revelou uma mudança: hoje poucos de seus hóspedes se sentiriam em casa. Em vez disso, para eles era uma experiência que fazia parte da "curadoria" de suas vidas, que se encaixava numa mistura rica, em vez de ser parte ininterrupta de um todo coerente. O Claridge's reconheceu que era um tipo de experiência particular de um tipo particular de consumidor que busca experiências.

O turismo comercializa experiências. Por se tratar do consumo de um bem, deveríamos esperar aqui o padrão familiar da curadoria. E as férias, como a moda, tal como nossas vidas de consumidor, refletem quem somos: não se trata apenas do que gostamos e escolhemos, mas do que gostaríamos que outros percebessem que gostamos e escolhemos. Já construímos um mercado para experiências que reflete uma mudança no modo como as pessoas querem "empacotar" sua experiência.

O turismo também integrou a Expansão Prolongada – e atingiu a sobrecarga. O turismo já foi espaço de experiências bem definidas. Todo mundo sabia no que consistia turismo, e quem teria essa experiência. O Grand Tour pelo sul da Europa era especializado em pontos da Antiguidade e da Renascença – formação perfeita para aristocratas comuns, ávidos por explorar a tradição clássica do continente e se aventurar. Em fins do século XIX, esses mesmos aristocratas começaram a viajar para as praias e águas da Riviera Francesa – a Promenade des Anglais em Nice, por exemplo, foi construída para turistas ingleses ricaços. Cidades spa sempre foram destinos turísticos: os que queriam recuperar a saúde frequentavam pontos como Bath ou Baden-Baden. Para a maioria, o turismo era uma coisa dos outros.

Num reflexo nítido das identidades mutantes do período pós--guerra, e como resultado do forte crescimento que se viu nesses anos, o turismo tornou-se uma possibilidade para um grupo maior de pessoas. Os nórdicos europeus, relativamente abastados, começaram a visitar lugares como a Espanha continental, Majorca e Rimini na Itália. Os britânicos, alemães e escandinavos começaram a descer aos milhões: o número de turistas estrangeiros na Espanha aumentou de 6 milhões em 1960 para 30 milhões em 1975[4]. A partir da Ibéria e das Baleares, o turismo se espalhou rapidamente e possibilitou a prosperidade em comunidades até então isoladas e empobrecidas de regiões litorâneas remotas das Ilhas Canárias, da Grécia, da antiga Iugoslávia e da Turquia.

Esse turismo baseava-se na semana de excursão fretada: uma estrutura projetada para lotar aviões europeus que se dirigiam para um número limitado de destinos garantidos. Os aviões deixavam uma carga e pegavam outra na volta, um ritmo semanal que virou parte da trama social do turismo no Mediterrâneo. Funcionava muito bem para os turistas: voos e hotéis garantidos dispunham de preços baixos, o que ampliou o contingente dos que tinham como pagar. A semana tinha um ritmo: guias turísticos, *fiestas* locais, excursões padronizadas aos pontos de sempre, banho de sol e churrasco na praia. Aliás, isso explica por que, apesar das diferenças cosméticas, quase todos os hotéis no Mediterrâneo são parecidos: projetados para funcionalidade e preço baixo, mas com o maior número possível de quartos e sacadas voltados para o sol. Empresas como Club Med e agentes de turismo ficaram muito mais arrojados e sofisticados, mas muitos elementos de seus pacotes de férias estavam presentes numa agência de fins dos anos 1960 e início dos 1970.

Orvar Löfgren observa que o Mediterrâneo, desde o Grand Tour até o pacote de férias, criou o arquétipo moderno do turismo: sol, mar, areia e sexo, misturado com alguns "pontos obrigatórios" e cultura[5]. Os clichês do cinturão do sol do Club Med tornaram-se ideal turístico da Tailândia ao Caribe, remodelando regiões pobres e distantes do mundo e transformando-as em destinos centrais e propulsores do crescimento nacional. Como a identidade, o turismo saiu da estante dos arquétipos. Ou seja, oferecia-se uma gama limitada de elementos já conhecidos. A transição do turismo para atividade de massa seguiu a mesma maré da riqueza crescente, ampliação da escolha e maior oferta de opções. Uma nova linhagem de consumidor, com discernimento, menos interessado em feriados tradicionais do que em novas experiências, chegou no

---

4  Orvar Löfgren, *On Holiday: A History of Vacationing*, Berkeley e Los Angeles: University of California Press, 1999.
5  *Ibid.*

momento em que sistemas de reserva informatizados nos pouparam das restrições do pacote, a queda dos preços de viagens aéreas abriu o mapa e, mais tarde, o Airbnb e outros acoplaram um propulsor de foguete à oferta de acomodações.

Os pacotes de férias começaram a sofrer: crescimento precipitado e turistas malcomportados criaram o chamado Efeito Torremolinos, a cepa particular de sobrecarga do turismo batizada em homenagem ao *resort* de Costa del Sol que sofria com bretões grosseiros, infraestrutura capenga, poluição e homogeneidade, onde cultura e culinária antigas eram abolidas para dar lugar a praia lotada e bebida barata. Era exatamente isso que a nova linhagem – que se chamava tanto de viajantes quanto de turistas – não queria.

Agora o público queria algo que fosse único, isolado, "imaculado" e original. Uma experiência. Assim começou o estouro das viagens de nicho e de experiência. Os "viajantes" não se contentavam em ver a Torre Eiffel; queriam, com vestígios apenas de autoconsciência, um *tour* por uma favela do Rio. Não queriam cozinhar na praia; queriam fazer mergulho perto de um navio naufragado. Queriam sair na balada em Ibiza num fim de semana e tomar chá no Claridge's no fim de semana seguinte. O turismo se "desempacotou". Lugares e experiências foram entregues a curadoria, deixando de ser tratados como um pacote genérico. Ao longo dos últimos trinta anos, o antigo padrão do turismo deu lugar ao viajante independente, ao mochileiro, ao explorador. Quem começou a sair perdendo foram os resorts tradicionais – em vez da balada em Magaluf, o pessoal queria correr com os touros na Festa de São Firmino em Pamplona; em vez de se bronzear em Benidorm, queriam participar da Tomatina, a extraordinária guerra de tomates na cidade valenciana de Buñol. Enquanto, digamos, a agência de viagens Thomas Cook sempre teve curadoria, a tendência é, mais uma vez, evolutiva, rumo à curadoria com maior proeminência e intensidade.

O turismo é um grande negócio. A cada ano, mais de 1,1 bilhão de pessoas (em 1960 eram 25 milhões) viajam por prazer, numa indústria que sustenta um em cada 11 empregos mundo afora[6]. O tu-

---

6 "Over 1.1 Billion Tourists Travelled Abroad in 2014", *World Tourism Organization*, 27 jan. 2105, disponível em: <http://media.unwto.org/press-release/2015-01-27/over-11-billion-tourists-travelled-abroad-2014>, acesso em: jun. 2019.

rismo tem grande impacto na economia, no meio ambiente e na cultura local. As mudanças no turismo, como em várias indústrias que analisamos, têm efeito propagador maior do que se pode supor. Os agentes de viagem, no geral, deram lugar a sites agregadores de resenhas como o TripAdvisor (que adquiriu o site de curadoria de viagens Wanderfly). Embora eles possam ter sumido do meio do mercado, ressurgiram com força no alto. O turismo deixou de ser oferecido em pacotes. Em vez disso, é projetado, ou, conforme o jargão, feito "sob medida"; passou de algo que aceitamos passivamente a algo em que fazemos curadoria ativa; de um conjunto limitado de experiências bem definidas a um caleidoscópio de opções. Em Londres, agências como a Black Tomato vão planejar seu feriado até os mínimos detalhes – transformando-o numa série de experiências sob medida. A empresa australiana ATP oferece viagens que, segundo o *Daily Telegraph*, "passam por curadoria até a enésima potência"[7]. Enquanto isso, um novo serviço chamado Peek tem apoio de Jack Dorsey, Eric Schmidt e outros. Como disse sua fundadora Ruzwana Bashir (ecoando o mantra usual do negócio da curadoria) à Fast Company: "Não mostramos tudo o que há. Mostramos o que há de melhor"[8]. Como já vimos repetidas vezes, o padrão é que novos cargos de curadoria surjam no alto do mercado, selecionando e dispondo, nesse caso, para uma nova elite nômade ávida por experiências exclusivas, antes que reverbere para contextos mais amplos.

À medida que esportes de aventura e *ashrams*, retiros de ioga e passeios na montanha se encaixam no misto tradicional de sol e mar, fazem-se necessárias novas infraestruturas de acomodação, entretenimento e transporte. Em paralelo, surgem novas gerações do negócio da experiência e novos formatos culturais. Não são apenas os *bungee jumps* de estudantes mochileiros na Nova Zelândia. O cinema e o teatro, por exemplo, mudaram com o advento de versões imersivas, como o Secret Cinema e o Punchdrunk. Assistir a

---

[7] Teresa Machan, "Telegraph Travel Awards 2013: Favourite Escorted Tour Operator", *The Telegraph*, 23 nov. 2013, disponível em: <http://www.telegraph.co.uk/travel/travelnews/10474809/Telegraph-Travel-Awards-2013-Favourite-escorted-tour-operator.html>, acesso em: jun. 2019.

[8] Sarah Kessler, "Beautiful Curated Travel Startup", *Fast Company*, 10 nov. 2012, disponível em: <http://www.fastcompany.com/3002093/jack-dorsey-eric-schmidt-back-peek-another-beautiful-curated-travel-startup>, acesso em: jun. 2019.

um filme transforma-se numa experiência interativa – você é arremessado na ficção. É memorável, diferente, cativante e empolgante. É cinema para gente saturada do cinema, para gente cujo vício na Netflix significa que a opção de filme importa menos que a opção de experiência.

Com o novo mercado para experiências, valorizamos aqueles intermediários que nos conseguem ingressos para Bayreuth, Wimbledon ou o Kentucky Derby, que nos preparam uma visita ao Carnaval de Veneza ou ao Coachella. Hoje em dia, é mais provável que advogados corporativos conversem sobre corridas a vela no fim de semana do que sobre tardes na pista de golfe. Assim como vemos a cultura como um emaranhado do qual provamos como e quando quisermos, assim também pensamos o prazer. Serviços sofisticados de descoberta de eventos, como o YPlan e o Dojo, ou novas propostas do Time Out Labs, são estruturados para atender essa tendência, usando dados acerca de local, preferências, horário e uma multiplicidade de ferramentas de criação e indexação de eventos para navegar os milhões de eventos que se colocam ali todo ano. O YPlan apresenta-se como curador da riqueza de experiências que a vida moderna oferece; a ideia é que, como tanta coisa acontece, descobrir tudo é impossível. Eventos ao vivo são um mercado de 22 bilhões de dólares apenas nos EUA, enquanto a fatia de gastos nesses eventos em relação ao gasto geral do consumidor aumentou 70% desde 1987[9]. O que queremos, ainda mais que a última roupa da moda (eu sei, é incrível), é a última experiência da moda, seja uma produção do Punchdrunk num depósito semiabandonado ou um bar *pop-up* que só vai durar aquela noite. A experiência insere-se no padrão da Expansão Prolongada e da sobrecarga e, como vimos em outros pontos, criou sua própria camada de curadoria, seu próprio ecossistema de gerenciamento.

Isso não é ruim e integra várias tendências significativas. Como vimos na Parte I, James Wallman, autor de *Stuffocation*, afirma que já temos coisas demais e isso não nos deixa felizes[10]. O problema com as novidades é que nos adaptamos rápido; o impulso inicial

---

9 Hugh Malkin, "Why No One Has Solved Event Discovery", 26 set. 2105, disponível em: <http://www.hughmalkin.com/blogwriter/2015/9/23/why-no-one-has-solved-event-discovery>, acesso em: jun. 2019.
10 James Wallman, *Stuffocation: Living More with Less*, op. cit.

arrefece. Além disso, as coisas se degradam. Enquanto isso, experiências têm uma série de benefícios – longe de piorarem com o tempo, elas só se tornam mais polidas na memória. Aquele *camping* que foi um desastre? Formação de caráter! Ao contrário dos bens materiais, é difícil comparar experiências, por isso não nos sentimos inferiores aos outros. Você poderia gastar uma fortuna para passar uma quinzena nas Maldivas, mas, até onde sei, minha semana de chuva numa barraca foi mais divertida. Nossas experiências não apenas são objetivamente mais difíceis de mensurar, mas pesquisas mostram que temos menos inclinação a medi-las[11]. As experiências, ao contrário do que é material, tendem a ser inerentemente sociais – elas nos tiram de casa e nos levam a conhecer outras pessoas.

Compras experienciais também estão no primeiro plano da economia. A Eventbrite, uma plataforma de descoberta e emissão de ingressos de eventos ao vivo com vendas anuais de mais de 1,5 bilhão de dólares, realizou pesquisas que sugerem que, conduzidos pelas oportunidades de "compartilhamento" que as mídias sociais possibilitam, 78% dos *millennials* (18 a 34 anos) dariam preferência a experiências desejáveis em vez de produtos materiais desejáveis[12]. Um informe do Boston Consulting Group conclui que experiências cresciam 4% mais rápido que compras de produtos na camada superior do mercado[13]. Com movimentação de 1,8 e 1 trilhão de dólares, respectivamente, no longo prazo a experiência vai superar os bens físicos na categoria de luxo e és provável que um padrão parecido ocorra ao longo de todo o consumo.

Isso tudo equivale a uma mudança do teor do eu e da experiência. É uma mudança sutil. Não posso dizer que até pouco tempo as pessoas não escolhiam a dedo elementos de suas férias ou que não compunham experiências de acordo com seus contrastes. Sempre

---

11 James Hamblin, "Buy Experiences, Not Things", *The Atlantic*, 7 out. 2014, disponível em: <http://www.theatlantic.com/business/archive/2014/10/buy-experiences/381132/>, acesso em: jun. 2019.
12 *Millenials: Fueling the Experience Economy*, disponível em: <http://eventbrite-s3.s3.amazonaws.com/marketing/Millennials_Research/Gen_PR_Final.pdf>, acesso em: jun. 2019.
13 Olivier Abtan et al., "Shock of the New Chic: Dealing with New Complexity in the Business of Luxury", *BCG Perspectives*, 30 jan. 2014, disponível em: <https://www.bcgperspectives.com/content/articles/consumer_products_retail_shock_new_chic_dealing_with_new_complexity_business_luxury/>, acesso em: jun. 2019.

se fez isso. Só que, mais uma vez, o que mudou foi a prevalência e a intensidade. Tal como acontece com tudo neste livro, tem menos a ver com pontos de articulação repentinos e mais com a direção do trajeto em larga escala.

## AFIRMANDO-SE

Assim como o varejo, o entretenimento, o jornalismo, os bens de consumo e as exposições de arte, o eu também passa por curadoria. Nenhum dos negócios que delega a curadoria a grupos teria decolado se não se encontrassem pessoas dispostas. São essas pessoas – nós – que passam horas construindo cuidadosamente um perfil nas redes sociais, escolhendo esta e aquela foto, vídeo ou matéria para compartilhar. E depois medem os resultados no Klout[14]. As pessoas para quem todos os aspectos da vida, desde a caminhada até o trabalho etc., são mensuráveis – e depois comparados com outros, via Fitbit ou nosso *smart watch*. Trabalhamos para empresas que empregam alguém para encontrar e reacondicionar as notícias mais interessantes no nosso setor, tudo em nome da construção de marca. Somos, inclusive, as pessoas cuja postura para encontrar parceiros passou a ser a de sistemas de filtragem, seja um passar para a esquerda no Tinder ou mecanismos complexos e supostamente científicos. Até o romantismo está sobrecarregado e exige curadoria, e, antes de ficarmos muito incomodados, fomos nós, os usuários, que pedimos.

Ao longo deste livro vimos a "cardapização" do mundo – tudo se torna uma série de muitas opções que exige administração. No geral, sou neutro quanto à vantagem ou não desse aspecto. É simplesmente a sociedade e a economia em que viemos parar e, comparado a ter muito pouco, é um ponto excelente para se estar. Um ponto que cria novas oportunidades, interessantes e férteis, tanto para o lazer quanto para o emprego.

Mas precisamos lançar um olhar cético sobre essa virada curatorial na nossa noção do eu. Ela pode levar a uma versão sem graça e descompromissada do que significa ser. Chega a doer de embaraçoso. Experiências e identidades viram cálculos. Os grandes arcos

---

14  O serviço Klout deixou de funcionar em 2018. [N.T.]

narrativos que já definiram nossas vidas agora são picotados em sequências desconexas – o que o autor Douglas Coupland chama de "desnarração"[15] e que o escritor digital Douglas Rushkoff chama de "choque do presente"[16]. Mais uma vez, é preciso ressaltar que não vejo isso como algo particularmente novo; só mais disseminado, mais proeminente.

O sociólogo Pierre Bourdieu afirmou que todas as questões de gosto são questões de distinção: nossos gostos, juízos e escolhas não derivam de nenhuma preferência estética ou cultural "natural" nem "superior"[17]. Nossos gostos servem, isto sim, para nos definir em relação aos outros. Em seu épico estudo sobre a classe média francesa, Bourdieu viu até os mínimos exemplos – a comida que se pedia no restaurante, as músicas ouvidas em casa – como elementos fortemente ligados à classe e ao que chamamos de capital cultural. São os que têm esse capital que definem o que passa por bom gosto. O bom gosto é naturalizado por quem tem capital cultural. Gosto não tem a ver com juízo, tem a ver com separar. Tem a ver com fazer afirmações que nos distinguem daqueles "acima" ou "abaixo" de nós na hierarquia percebida. Boa parte do sistema de classes é estruturado a partir de decisões estéticas. Tendo internalizado vários elementos de gosto, nós nos "autoelegemos" para certa classe.

Então o que acontece agora, quando está tudo na mesa, quando o bilionário no jatinho particular veste jeans e camiseta? Quando tratamos das nossas vidas como uma *playlist* dos maiores sucessos? Apesar do aumento da desigualdade, a difusão da mentalidade curatorial que deliberadamente escolhe entre todo o espectro de opções muda as relações de poder implícitas nas nossas escolhas. Ainda não entendemos o que significa todo mundo ser curador. Acredito que estamos adentrando uma nova fase, em que a própria curadoria se torna capital cultural. Quanto mais a pessoa fez curadoria de si, mais ela é apta a mesclar elementos ecléticos, raros e

---

15 Hans Ulrich Obrist, Douglas Coupland e Shumon Basar, *The Age of Earthquakes: A Guide to the Extreme Present*, Londres: Penguin, 2015.
16 Douglas Rushkoff, *Present Shock: When Everything Happens Now*, Nova York: Penguin Current, 2013.
17 Pierre Bourdieu, *Distinction: A Social Critique of the Judgement of Taste*, Oxon: Routledge, 2010 [ed. bras.: *A distinção: crítica social do julgamento*, trad. Daniela Kern e Guilherme J. F. Teixeira, Porto Alegre: Zouk, 2011]].

diferenciais na sua vida como experiências, como bens, e mais ela aprecia um tipo novo de capital cultural. Já não se trata de comer esta ou aquela comida no restaurante; tem a ver com o modo como esses restaurantes se misturam. Claro que ainda estamos falando de dinheiro – quanto mais dinheiro você tem, mais pode fazer curadoria da sua vida.

Citando outro pensador da Rive Gauche, Michel Foucault, nós nos tornamos "empresários de si".

Costuma-se observar nas empresas da internet, particularmente as que oferecem uso gratuito, que o usuário é o produto. Assim como esses serviços nos capacitam a nos tornar curadores, também nos transformam em produto para anunciantes. Esses sistemas são tão dirigidos, construídos sobre tantas pilhas de dados pessoais e tecnologia sofisticada, que não é exagero dizer que nós somos um produto da curadoria: somos meticulosamente selecionados e involuntariamente dispostos para os anunciantes. Como editor de livros, esses serviços me foram muito úteis. Mas, mais uma vez, tudo se encaixa na dinâmica variável de quem somos e como vivemos.

O filósofo Matthew Crawford não foi o primeiro a perguntar se tudo isso leva a uma crise de atenção tão grave que desfaz nossa noção de pessoa, mas é ele quem resume o problema de maneira excelente:

> Estamos vivendo uma crise de atenção, hoje amplamente comentada, costumeiramente no contexto de uma ou outra queixa sobre a tecnologia. Conforme nossas vidas mentais se fragmentam, geralmente o que está em jogo não é nada menos que a pergunta: temos como manter a coesão do eu? No caso, um eu que consiga agir conforme propósitos definidos e projetos em andamento, em vez de ficar de um lado para o outro[18].

Ninguém tem essa resposta. Mas suspeito que dependerá de mais curadoria, não de menos; que nós, como sociedade, fomos longe demais no caminho da sobrecarga; simplesmente que não fazer

---

18  Matthew Crawford, *The World Beyond Your Head: How to Flourish in an Age of Distraction*, Londres: Viking Penguin, 2015, p. ix.

curadoria não é opção. Gostemos ou não, chamemos de curadoria ou não, o mundo moderno nos obriga a ser curadores. Vamos ter que nos acostumar.

# Conclusão

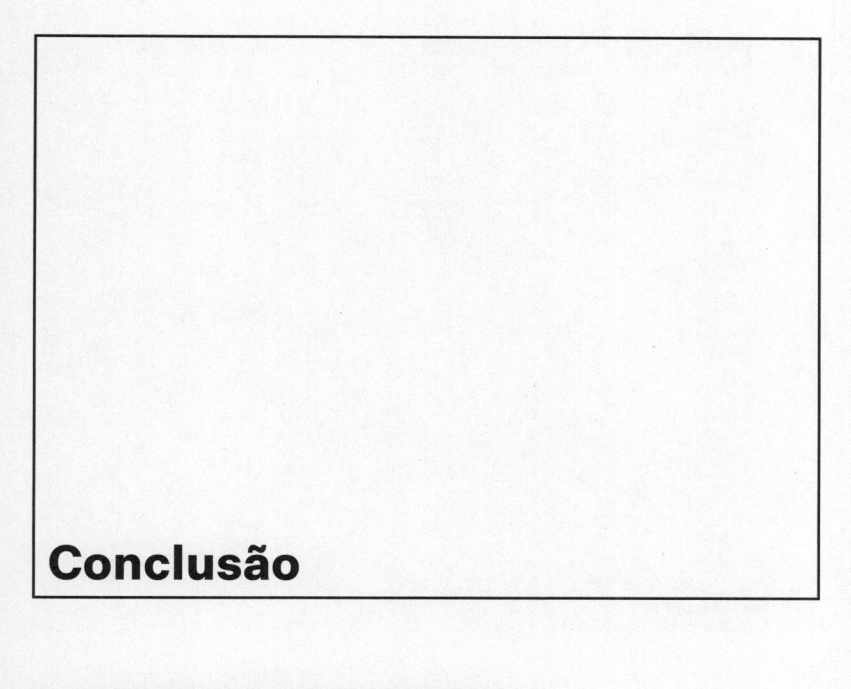

## O GABINETE DAS CURIOSIDADES

Um dos *Wunderkammer* – literalmente, salas de maravilhas – mais famosos do Renascimento pertencia a um dinamarquês de nome curioso, Ole Worm[1], naturalista e antiquário nascido em Aarhus em 1588. Aprendiz incansável e permanente, Worm viajou pela Europa, tendo estudado na Alemanha, Suíça e Inglaterra antes de se fixar na Universidade de Copenhague, onde passou a servir o rei Cristiano IV como clínico-geral.

Polímata, Worm dava aulas de artes e história natural, tendo feito descobertas em anatomia e identificado as pecinhas do crânio hoje conhecidas como ossos vormianos. Também foi linguista, que colecionou e preservou manuscritos rúnicos da antiga Escandinávia. Em seu *Wunderkammer* (ver Figura 14), Worm, filósofo natural, colecionava artefatos arcanos provenientes de missões de exploração do Novo Mundo. Animais empalhados misturavam-se a cascos de tartaruga; galhadas a totens e estátuas; espécimes minerais a ampolas de poções. Lulas, fósseis, répteis, esqueletos e peles

---

1  O nome soa em inglês como "minhoca velha". [N.E.]

*Figura 14. O gabinete de curiosidades de Ole Worm, meados do século XVII.*

disputavam espaço no seu bestiário. Worm colecionava mecanismos de relógio e autômatos, incluindo um pato mecânico: os chamados *artificialia*. Sua pesquisa desviou-se do mundo natural para as coleções etnográficas e de numismática. Uma peça lendária consistia nos resquícios de um híbrido planta-animal chamado "Polipódio Chinês" ou "Cordeiro Vegetal do Tártaro" – uma samambaia felpuda da Ásia Central da qual supostamente brotava um tipo de carneiro atado à planta e suas raízes.

Mas a coleção de Worm também era usada para pesquisas empíricas – ele chegou à célebre conclusão de que o chifre que tinha não era do mítico unicórnio, mas de um narval. Chegou a tal conclusão envenenando seus bichos de estimação para depois alimentá-los com chifre moído – como eles não se recuperaram, afirmou ele, o chifre não era agraciado com as propriedades mágicas e restauradoras esperadas de um unicórnio. Worm passou anos não apenas colecionando os espécimes mais interessantes, mas também catalogando-os, estudando-os, arranjando-os. Ele guiava os visitantes pessoalmente pela coleção e afirmava que ela estava disposta de modo que as pessoas pudessem aprender. Era uma figura situada no entroncamento de uma faixa extraordinária de disciplinas: antropologia e etnografia, biologia e taxonomia, museologia e arqueologia, medicina e anatomia, classicismo e linguística.

Por ocasião da sua morte, em 1654, a coleção foi subordinada ao Kunstkammer da Coroa dinamarquesa. Publicado postumamente em *Museum Wormianum,* de 1655, o catálogo de gravuras dá uma grande perspectiva de sua coleção incomum. Foi o ponto de partida para outros avanços científicos. Os *Wunderkammer* eram coleções esquisitas que surgiram numa época em que as fronteiras entre arte e ciência, oculto e factual, a clareza da racionalidade e a boa e velha cleptomania eram imprecisas. Eles ligavam o novo mundo do conhecimento científico, da catalogação e da busca de sentido nas coisas ao antigo mundo do acúmulo e do misticismo; eram parte laboratório de biologia, parte museu antropológico, parte caverna de bruxo.

Mas fazer a curadoria dessa mostra apontava firmemente na direção da modernidade. O processo de seleção levou Worm a pensar a fundo no que era importante ou singular. O que valia a pena preservar e incluir? Foi o que levou a uma noção de competência, história e experimentação empírica. Os *Wunderkammer* possibilitaram essa justaposição. Eles levavam pessoas a focar em encontrar coisas novas e interessantes e depois compará-las, estudá-las. Isso as ajudava a encontrar analogias, descobrir a ordem no caos do mundo natural e paralelos no mundo confuso da cultura humana. Foi o que levou à ideia das exposições com fim pedagógico. Como contemporâneos de Galileu, Descartes e Francis Bacon, Worm e outros curadores ajudaram a forjar o entendimento científico das coisas. O processo de criação do gabinete de curiosidades – a curadoria do gabinete – esteve fortemente ligado ao desenvolvimento da visão de mundo moderna.

A curadoria tornou-se fundamental para os museus porque, como processo, ela exigia foco intenso e conhecimento amplo. A curadoria, através de seus atributos básicos, ajudava a ver sentido no mundo. Ainda ajuda, até hoje. A curadoria pode ser atividade de segunda ordem, mas seu alcance e seu impacto não devem ser subestimados.

## COMO A CURADORIA FUNCIONA

Infelizmente, não existe atalho para a curadoria bem-feita. Ela é sempre específica e fundamentada em confiança e conhecimento. Não acontece num estalar de dedos; é trabalho duro e contínuo. Não fazer curadoria, só deixar que as coisas se espalhem e empilhem, é a opção mais fácil em vários sentidos; fazer curadoria bem-feita é atividade árdua, que exige paciência. Mas há algumas mensagens que vale a pena ter em mente:

- Independente de como você a chamar, a curadoria já acontece. É um rótulo que foi adotado para tendências existentes e uma prática que se espraiou. Indignar-se quanto a tal coisa ser ou não curadoria é perda de tempo; embora o termo seja muito usado sem a devida atenção, ele existe.

- Mesmo assim, boa parte da curadoria ainda não é reconhecida. Muitos negócios baseiam-se em atividades estilo curadoria mas não usam esse nome. Mesmo no mercado editorial, por exemplo, é raro encontrar editores de aquisições e *publishers* que se denominem curadores.

- Isso está vinculado aos conceitos de curadoria explícita e implícita. Todos conhecemos a curadoria explícita, e conseguimos ver os blogs de moda e barzinhos assinados por designers onde acontece algo nessa linha. Mas existem faixas subjacentes de curadoria implícita, a curadoria que atende por qualquer outro nome, ajudando a deixar o mundo manejável.

- Para entender por que a curadoria não deve ser menosprezada como qualquer outro modismo fútil, temos que ver seus pressupostos básicos no contexto da produtividade crescente de longo prazo, na explosão da revolução digital e nos fenômenos relacionados da sobrecarga. Esse novo ambiente exige reorientação tanto para negócios quanto para indivíduos.

- Modelos mais antigos, como o Modelo de Seleção Industrial ou o Modelo Difusor da Cultura, foram seriamente abalados por essa conjuntura. Os Modelos Curatoriais, que vão além da busca elementar e são otimizados para mercados complexos e saturados, estão tomando o lugar deles.

• Competência, compreensão e juízo nunca foram mais importantes que agora. Mas também estamos vendo novos conjuntos de processos automatizados guiados por algoritmos. Descobrir a melhor maneira de combinar os dois é grande parte da curadoria efetiva no século XXI.

• Em todo lugar, o que se vê é o deslocamento para maiores níveis de curadoria. A curadoria tem se tornado mais densa. Se este livro pudesse ser resumido numa imagem, ela seria assim:

MENOS CURADORIA ➡ MAIS CURADORIA

VALOR

• Só sabemos valorizar o poder da seleção quando vemos toda a gama de efeitos de curadoria associados a ela. Seja para refinar grandes conjuntos, simplificar a complexidade e manter nuances, contextualizar e explicar, ou fazer sobressair todo o poder inato das coisas através de disposições sagazes, esses efeitos de curadoria têm um impacto imenso.

• Os *gatekeepers* não vão desaparecer – mas estão mudando.

• Um dos modelos de negócios mais importantes hoje é a criação de ferramentas e meios para outros fazerem curadoria. Embora reforçar a própria marca (na falta de palavra melhor) como curador sempre será importante, construir plataformas que capacitem outros a se tornar curadores começou a tomar a dianteira como uma das formas de negócios características de nossa época.

• A nova centralidade da curadoria certamente altera nossas posturas diante de negócios como varejo, e até mesmo nossas atitudes em relação ao que os negócios fazem. A empresa como curadora não é uma ideia recente, mas continua sendo uma potência. Porém, as mudanças vão mais fundo: alteram nossa relação com nossas culturas, com a ideia de criatividade e até com nós mesmos.

## O RUIM E O FEIO

Dizer que está tudo bem, que graças à curadoria vamos adentrar um mundo utópico de café maravilhoso, arte abundante e empregos cativantes para todos e todas não é, obviamente, apropriado. Como sugeri ao longo do livro, há problemas e limitações na curadoria.

A curadoria levanta questionamentos sobre propriedade intelectual, crédito e divisão de ganhos, sobretudo na internet. Curadores não têm como ignorar o fato de que estão, em certo nível, ganhando a vida ou conquistando público através do trabalho de outros. Essa é uma questão menos importante agora que começamos a fazer curadoria para um público de uma pessoa só – mas todos esses formatos expositivos de curadoria ganham em cima do trabalho de outros. Sistemas de partilha de crédito como o Código dos Curadores são geralmente aceitáveis, apesar das queixas. São melhores que nada. Mas, como Jaron Lanier e outros ressaltam, ninguém se alimenta de retuítes. A solução do próprio Lanier é criar um sistema de micropagamento que possibilite um sistema de remuneração mais distribuído; algo que não deixe os Servidores--Sereia, o nome que Lanier dá às potências da curadoria, do Google ao Facebook etc., ficarem com tudo.

Não é difícil apoiar a proposta de Lanier, mas ela está a um milhão de anos de virar realidade. Enquanto isso, criadores nunca tiveram tanta dificuldade, e até a multidão de curadores descobre que ganhar a vida de fato, em vez de só ganhar seguidores, é complicado. Não fazer curadoria não é a resposta – nosso mundo logo ficaria inavegável. Mas obter uma remuneração correta continua difícil.

Não é necessário exagerar a justificativa do espaço da curadoria na economia moderna. Meu argumento é que ela cresce rápido, mas isso significa que ela ainda é limitada. Veja o Fortune 500 e você encontrará um bom número de empresas para as quais a curadoria é grande parte da proposta: varejistas, empresas da área de tecnologia, a mídia. Mas você encontrará várias outras que existem em reinos distantes dos que discuti aqui: energia, bancos, farmacêuticas, automotivas. A verdade é que as maiores empresas do mundo ainda têm mais a ver com a ExxonMobil e o J.P. Morgan do que com a Amazon e a News Corp. Contudo, é válido observar que a maioria dessas empresas está emperrada nos modelos de crescimento por acréscimo e, assim, colabora com o acúmulo em vez de aliviar os sintomas da sobrecarga. É o que gera oportunidades para esses negócios que se dispõem a puxar para o outro lado.

Também há pontos de interrogação em relação a que tipos de emprego a curadoria gera. Por um lado, deveria ser uma certeza absoluta. Aqui deveria estar a nova geração de empregos, sob medida para a nova realidade, apropriados para intervalos de atenção e hábitos da Geração Y, saturada de mídia. São os empregos que países desde a Rússia até Abu Dhabi tentam criar. Mas a tecnologia pode mudar tudo; a ideia da "segunda era das máquinas", que está subvertendo nossas concepções de trabalho e criando uma nova era de empregos dominados por máquinas, vem ganhando circulação[2]. Os autores de um livro sobre o assunto ressaltam que, em meados dos anos 2000, os carros autoguiados eram uma piada; ninguém conseguia fazer com que funcionassem e a ideia em si tinha ares de ficção científica. Dez anos depois, eles se tornaram uma presença comum nas ruas da Califórnia. Nesse ambiente, o que parece uma atividade seguramente "humana" pode rapidamente se tornar uma tecnologia real. Os autores ressaltam que hoje a comunicação e o reconhecimento de padrões são, por exemplo, firmemente território das máquinas. A curadoria deve ser, pelo menos em parte, humana, e isso a torna valiosa. Mas e se percebermos que preferimos a curadoria feita por IA ultra-avançada, que encontra as coisas para nós e gerencia o mundo com enorme precisão e eficiência?

Só não sabemos onde isso vai dar. Embora possamos ter confiança que a necessidade de curadoria vai aumentar, não sabemos se a curadoria vai ampliar a promessa de empregos novos e bons ou se algumas plataformas dominantes na tecnologia ficarão com

---

2   Erik Brynjolfsson e Andrew McAfee (2014), *The Second Machine Age: Work, Progress and Prosperity in a Time of Brilliant Technologies*, Nova York: W. W. Norton, 2014.

todos os ganhos. Sendo um trabalho qualificado e subjetivo, a curadoria deveria ser um reduto de empregos no nexo tecnoeconômico emergente. Mas, como já passamos a depender de mecanismos automáticos, nada é garantido. Mesmo que seja improvável que precisemos criar empregos para impulsionar o estoque, será que criaremos empregos para gerenciar isso?

É fato que, em certo nível, a curadoria abriu um panorama novo e mais democrático, pois há menos barreiras para se tornar curador que para se tornar criador. Claro, isso não significa que todo mundo será bom curador, mas, conforme a balança pende para a superprodução, é preciso gerar oportunidades para novos tipos de negócios ou novos formatos de envolvimento cultural. Costuma-se comentar que a desigualdade está aumentando – principalmente em locais como os Estados Unidos e o Reino Unido, assim como ela está profundamente enraizada nas economias emergentes. Praticamente em todo lugar, estamos em direção, se é que já não chegamos, a níveis de desigualdade só vistos nos anos 1920 e antes[3]. A curadoria pode se encaixar muito bem nessa dinâmica. É certo que a experiência do mundo da arte sugere que, mesmo com a explosão do número de curadores, alguns indivíduos de sorte no topo acumulam milhas aéreas e comissões de prestígio, enquanto todos os demais só conseguem levar uma vida miserável. Curadores-estrela, seja no mundo das artes ou num unicórnio do Vale do Silício como o Pinterest, podem tirar ganhos enormes e, graças a efeitos de rede e um *star system*, pequenas vantagens no início da corrida acabam se tornando fossos intransponíveis.

Curadores têm poder. Especialmente quando a própria atenção se torna a moeda mais valiosa existente. Não há código em relação a como eles devem exercer o poder. Não há regras, não há leis sérias, não há estrutura reguladora nem corpo profissional para a curadoria. É tudo muito escorregadio e disperso.

Seria esse o pesadelo? Vivemos num mundo onde a criatividade é desvalorizada? Onde não apenas todas as gratificações vão para atividades de segunda ordem, mas também cabem desproporcio-

---

3 Thomas Piketty, *Capital in the Twenty-First Century*, Cambridge, MA: Harvard University Press, 2014 [ed. bras.: *O capital no século XXI*, trad. Mônica Baumgarten de Bolle. Rio de Janeiro: Intrínseca, 2014].

nalmente a poucos, os pouquíssimos que sobreviveram ou surfaram uma onda de extinção graças às fronteiras da nova tecnologia? Sim, é esse o pesadelo. Mas ele não precisa acontecer.

## CURANDO

A curadoria tem seus problemas. Poucas coisas não têm. Contudo, não podemos apenas ignorá-la, nem fingir que ela não existe ou que não é operante. A curadoria é peça necessária e estrutural da vida contemporânea, cuja relevância e valor só aumentam.

O que não deveríamos esquecer é do *curare*, a curadoria no sentido de cuidar. A curadoria apta a incorporar uma dimensão moral que, como sugeriu o professor Floridi, tem a ideia de custódia. Seja por meios digitais ou outros, creio que isso fará uma diferença fundamental. A curadoria que não tem o sentido de curar, preservar, dar carinho, é a que tem mais chances de levar a resultados negativos. Ter credibilidade e competência pode ser necessário para a boa curadoria; mas é muito fácil esquecer esse lado.

A grande pergunta não é se a curadoria está acontecendo ou o que ela é, mas qual a diferença entre curadoria bem-feita e malfeita. A curadoria ser explícita ou implícita, densa ou rasa, é menos importante que sua utilidade.

A curadoria bem-feita, como vimos, envolve competência, gosto e juízo. Mas também envolve confiança, empatia e considerações além de si. Quando a curadoria é desprovida desses elementos, ela se torna irrelevante. A forma como gerenciamos a sobrecarga exige uma noção de curadoria muito além das fotos de *cupcake*. Mas quando a curadoria se estrutura em torno da noção do que os outros querem, imbuída da ética de serviço, quando ela se importa com o que cura mais do que com a curadoria em si, as acusações são injustas – aqui, a curadoria é devidamente valiosa. Parafraseando o economista E. F. Schumacher, ela se torna uma economia que leva em conta as pessoas.

Estamos ainda no princípio do ponto até onde essas ideias podem nos levar. Se vamos chegar lá ou não, depende das opções de milhões de curadores, grandes e pequenos, tradicionais e novos, profissionais e amadores, *on-line* e *off-line*; mas a oportunidade é enorme se nos dispusermos a ir além das zonas de conforto e pensar grande. A curadoria é adaptável, o que Nassim Nicholas Taleb chama de antifrágil – quanto mais você coloca coisas em cima dela, mais forte ela fica[4]. Quanto mais coisas produzimos como sociedade, mais ficamos sobrecarregados e mais valiosa se torna a curadoria. Se nossa trajetória presente seguir seu curso, provavelmente veremos mais do tipo de atividade que todos viemos a chamar de curadoria.

Nossos ancestrais ficariam abismados ao ver que hoje podemos construir empresas, instituições e meios de subsistência peneirando e organizando a massa de material que produzimos. Mas é neste mundo que viemos morar. A seleção e o arranjo, o refino, a apresentação não são considerações de segundo plano nem um showzinho secundário no mundo moderno; são pontos na vanguarda de uma prática cujas raízes são fundas, mas cujo futuro é mais significativo que nunca. Aprender a tirar o máximo proveito de tais práticas, trabalhar efetivamente com elas, para ampliar e aprofundar seu impacto, é um dos princípios centrais de trabalhar efetivamente numa era de coisas demais. Todos ficaremos melhores assim.

Do zumbido dos *data centers* aos trilhões de horas que passamos na frente das telas; de mercados de rua empoeirados a shopping centers de mármore reluzente; da lógica do novo turismo a projetos de prestígio em ilhas recém-cunhadas; de engenheiros da Amazon a estilistas, de investidores de risco do Vale do Silício a empreendedores de bebidas, de assistentes de vendas a CEOs, em tudo isso a curadoria está aí, acontece e muda a maneira como trabalhamos e vivemos, como nos envolvemos com o mundo vasto e frenético que criamos.

Pensar a seleção a fundo. Reduzir os problemas. Aumentar as chances de o público entender, comprar, encontrar ou simplesmente apreciar. Dispor para maximizar – tirar o máximo de tudo. Entender como os efeitos da curadoria são difusos na nossa cultura. Usar esse entendimento para tomar decisões inteligentes em função dos outros: bem-vindo, mais uma vez, à economia da curadoria.

---

[4] Nassim Nicholas Taleb, *Antifragile: Things That Gain From Disorder*, Londres: Penguin, 2013 [ed. bras.: *Antifrágil: coisas que se beneficiam com o caos*, trad. Eduardo Rieche, Rio de Janeiro: Best Business, 2015].

# Agradecimentos

Sendo uma pessoa que trabalha com livros e escrita diariamente, entendo todo o trabalho envolvido na realização de um livro. Devo agradecimentos a muitas pessoas para se listar aqui, e desculpas àquelas a quem não agradeci pelo nome ou que deixei de fora.

Primeiramente a Alex Christofi e depois a Sophie Lambert, por terem sido agentes incríveis. Alex refinou a proposta com um toque brilhante e fez o livro ganhar seu lugar; Sophie assumiu tudo, sem perder um compasso, e vem sendo uma confidente maravilhosa, fornecendo subsídios e conselhos em que todo autor se apoia em grau quase insano. Muitos agradecimentos também a toda a equipe da Conville & Walsh. É um imenso privilégio trabalhar com eles e sou incrivelmente grato.

Desde a primeira reunião, Tim Whiting da Little, Brown entendeu perfeitamente o livro e as ideias; tudo fechou. Ele e Meri Pentikäinen foram os críticos, pastores e visionários ideais de que todo livro precisa. Obrigado a todos na grande equipe da Little, Brown e na Piatkus por se empenharem arduamente para fazer este livro acontecer. Foi incrível em todos os aspectos. Steve Gove fez um trabalho sensacional na preparação e melhorou todo o livro.

Falei com muita gente enquanto escrevia o livro. Grande agradecimento a todos, sem ordem específica: Edouard Lambelet, Xavier Damman, Gideon Chain, Lily Booth, Brian Armstrong, Daniel Kaplan, Shannon Fox, Karim Azar, Daniel Crewe, Emma Cantwell, "Lisa" (você sabe quem você é), Catherine Seay, Bobbie Johnson, Martin Gayford, Molly Sharp, Oriole Cullen, Simon Sheikh, Greg Linden, James Simmons, Luciano Floridi e a equipe da British Library e da Biblioteca Bodleiana. No nível mais amplo, hoje a curadoria é um fenômeno muito mais comentado e me apoio num grande conjunto de obras que está representado na bibliografia e nos links – este livro seria impossível sem elas.

Comentários sobre a primeira versão foram de imensa utilidade e deixaram o livro muito, muito melhor. Por todas as leituras e pela atenção – que me deixaram abismado –, devo agradecer a Julian Baker, George Walkley, Anna Faherty, James Bullock e Stephen Brough. Nem preciso dizer que todos os erros e impropriedades são apenas meus.

Meus cofundadores na Canelo, Iain Millar e Nick Barreto, também merecem um agradecimento por aceitarem que eu trabalhasse neste livro enquanto lançávamos um novo negócio. Não é uma combinação que recomendo se você dá valor ao lazer, mas o apoio deles foi inestimável.

Por fim, e acima de tudo, agradecimentos à Dani por absolutamente tudo. Precisaria escrever volumes só para começar. E prometo que não vou mais desperdiçar todo o fim de semana escrevendo. Pelo menos durante um, dois meses...

# Bibliografia e outras leituras

ALPERT, Daniel. *The Age of Oversupply: Overcoming the Greatest Challenge to the Global Economy*. Londres: Portfolio Penguin, 2013.

ANDERSON, Chris. *Makers: The New Industrial Revolution*. Londres: Random House Business Books, 2013. [Ed. bras.: *Makers: a nova revolução industrial*. Trad. Afonso Celso da Cunha Serra. Rio de Janeiro: Elsevier, 2012.]

\_\_\_\_; BELL, Emily; SHIRKY, Clay. *Post Industrial Journalism: Adapting to the Present*. Nova York: Tow Center for Digital Journalism, 2015.

ARTHUR, W. Brian. *The Nature of Technology: What It Is and How It Evolves*. Londres: Allen Lane, 2009.

BALZER, David. *Curationism: How Curating Took Over the Art World and Everything Else*. Toronto: Coach House Books, 2014.

BARDEN, Phil. *Decoded: The Science Behind Why We Buy*. Chichester: Wiley, 2013.

BATESON, Melissa; NETTLE, Daniel; ROBERTS, Gilbert. "Cues of being watched enhance cooperation in a real-world setting", *Biology Letters*, The Royal Society, 2006.

BILTON, Nick. *Hatching Twitter: How A Fledgling Start-Up Became a Multibillion-Dollar Business & Accidentally Changed the World*. Londres: Sceptre, 2013. [Ed. bras.: *A eclosão do Twitter: uma aventura de dinheiro, poder, amizade e traição*. Trad. Elvira Serapicos. São Paulo: Portfolio Penguin, 2013.]

BORGES, Jorge Luis. *Labyrinths*. Londres: Penguin, 1970. [Ed. bras.: *Ficções*. Trad. Davi Arrigucci Jr. São Paulo: Companhia das Letras, 2007.]

BOURDIEU, Pierre. *Distinction: A Social Critique of the Judgement of Taste*, Oxon: Routledge, 2010. [Ed. bras.: *A distinção: crítica social do julgamento*. Trad. Daniela Kern e Guilherme J. F. Teixeira. Porto Alegre: Zouk, 2011.]

BRAND, Stewart. *How Buildings Learn: What Happens After They're Built*. Londres: Phoenix, 1994.

BRYNJOLFSSON, Erik; MCAFEE, Andrew. *The Second Machine Age: Work, Progress and Prosperity in a Time of Brilliant Technologies*. Nova York: W. W. Norton, 2014. [Ed. bras.: *A segunda era das máquinas: trabalho, progresso e prosperidade em uma época de tecnologias brilhantes*. Trad. Duo Target Comunicação e TI Ltda. Rio de Janeiro: Elsevier, 2015.]

CARLSON, Nicholas. *Marissa Mayer and the Fight to Save Yahoo!*. Londres: John Murray, 2015. [Ed. bras.: *Marissa Mayer: A CEO que revolucionou o Yahoo!* Trad. Maria Sílvia Mourão Netto. São Paulo: Benvirá, 2015.]

CATMULL, Ed; WALLACE, Amy. *Creativity, Inc.: Overcoming the Unseen Forces That Stand in the Way of True Inspiration*. Londres: Bantam Press, 2014. [Ed. bras.: *Criatividade S.A.* Trad. Nivaldo Montingelli Jr. Rio de Janeiro: Rocco, 2014.]

CHANG, Ha-Joon. *Economics: The User's Guide*. Londres: Pelican Books, 2014. [Ed. bras.: *Economia: modo de usar: um guia básico dos principais conceitos econômicos*. Trad. Isa Mara Lando e Rogério Galindo. São Paulo: Portfolio Penguin, 2015.]

CHRISTENSEN, Clayton M. *The Innovator's Dilemma: When Technologies Cause Great Firms to Fail*. Boston MA: Harvard Business School Press, 1997. [Ed. bras.: *O dilema da inovação: quando as novas tecnologias levam as empresas ao fracasso*. Trad. Laura Prades Veiga. São Paulo: MBooks, 2011.]

COYLE, Diane. *The Economics of Enough: How to Run the Economy as if the Future Matters*. Princeton: Princeton University Press, 2011.

CRAWFORD, Matthew. *The World Beyond Your Head: How to Flourish in an Age of Distraction*. Londres: Viking Penguin, 2015.

CURATA. *The Ultimate Guide to Content Curation*. Boston MA: Curata, 2015.

DOBELLI, Rolf. *The Art of Thinking Clearly: Better Thinking, Better Decisions*. Londres: Sceptre, 2013. [Ed. bras.: *A arte de pensar claramente*. Trad. Flávia de Assis e Karina Janini. Rio de Janeiro: Objetiva, 2014.]

DORLING, Danny. *Population 10 Billion: The Coming Demographic Crisis and How to Survive It*. Londres: Constable and Robinson, 2013.

DORMEHL, Luke. *The Formula: How Algorithms Solve All Our Problems... and Create More*. Nova York: Perigee, 2014.

*ECONOMIST, The*, Introdução de Zanny Minton Beddoes, *Debts, Deficits and Dilemmas: A crash course on the financial crisis and its aftermath*. Londres: Profile Books, 2014.

EMMOTT, Stephen. *10 Billion*. Londres: Penguin, 2013.

GOYAL, Ashima (org.). *The Oxford Handbook of the Indian Economy in the 21st Century*. Oxford: Oxford University Press, 2014.

GUBER, Peter. *Tell to Win: Connect, Persuade, and Triumph with the Hidden Power of Story*. Londres: Profile Books, 2011. [Ed. bras.: *Contar histórias para vencer: conectar, persuadir e triunfar com o poder secreto da história*. Trad. Flávia Mesquita. Rio de Janeiro: Alta Books, 2013.]

HARARI, Yuval Noah. *Sapiens: A Brief History of Mankind*. Londres: Harvill Secker, 2014. [Ed. bras.: *Sapiens: uma breve história da humanidade*. Trad. Janaína Marcoantonio. São Paulo: L&PM, 2015.]

HEBDIGE, Dick. *Subculture: The Meaning of Style*. Londres: Methuen, 1979.

HIDALGO, César. *Why Information Grows: The Evolution of Order, from Atoms to Economies*. Londres: Allen Lane, 2015.

IYENGAR, Sheena. *The Art of Choosing*. Londres: Abacus, 2011. [Ed. bras.: *A arte da escolha*. Trad. Miryam Wiley. Belo Horizonte: Unicult, 2015.]

_____; LEPPER, Mark R. "When Choice is Demotivating: Can One Desire Too Much of a Good Thing?", *Journal of Personality and Social Psychology*, v. 76, n. 6, American Psychological Association, 2000.

JARVIS, Jeff. *What Would Google Do?*. Nova York: Collins Business, 2009. [Ed. bras.: *O que a Google faria? Como atender às novas exigências do mercado*. Trad. Cláudia Mello Belhassof. São Paulo: Manole, 2010.]

JOHNSON, Steven. *Future Perfect: The Case for Progress in a Networked Age*. Londres: Penguin, 2013.

JONES, Graham. *Click.ology: What Works in Online Shopping*. Londres: Nicholas Brealey, 2014.

KAHNEMAN, Daniel. *Thinking, Fast and Slow*. Londres: Penguin, 2011. [Ed. bras.: *Rápido e devagar*. Trad. Cássio de Arantes Leite. Rio de Janeiro: Objetiva, 2012.]

KASARDA, John D.; LINDSAY, Greg. *Aerotropolis: The Way We'll Live Next*. Londres: Allen Lane, 2011. [Ed. bras.: *Aerotrópole: o modo como viveremos no futuro*. Trad. Sieben Gruppe. São Paulo: DVS, 2012.]

KOESTLER, Arthur. *The Act of Creation*. Londres: Picador, 1975.

KONDO, Marie. *The Life-changing Magic of Tidying Up: The Japanese Art of Decluttering and Organizing*. Nova York: Ten Speed Press, 2014. [Ed. bras.: *A mágica da arrumação*. Trad. Márcia Oliveira. Rio de Janeiro: Sextante, 2015.]

KRANE, Jim. *Dubai: The Story of the World's Fastest City*. Londres: Atlantic Books, 2009.

KROGERUS, Mikael; TSCHÄPPELER, Roman. *The Change Book: Fifty Models to Explain How Things Happen*. Londres: Profile Books, 2012.

KUNKEL, Benjamin. *Utopia or Bust: A Guide to the Present Crisis*. Londres: Verso, 2014.

LANIER, Jaron. *You Are Not a Gadget: A Manifesto*. Londres: Penguin, 2011. [Ed. bras.: *Gadget: você não é um aplicativo*. Trad. Cristina Yamagami. São Paulo: Saraiva, 2010.]

\_\_\_\_. *Who Owns the Future?*. Londres: Allen Lane, 2013. [Ed. bras.: *Bem-vindo ao futuro*. Trad. Cristina Yamagami. São Paulo: Saraiva, 2012.]

LARSON, Peder Olesen; VON INS, Markus. "The Rate of Growth in Scientific Publication and the Decline in Coverage Provided by the Science Citation Index", *Scientometrics*, v. 84, n. 3, Springer 2010.

LESLIE, Ian. *Curious: The Desire to Know and Why Your Future Depends on It*. Londres: Quercus, 2015.

LEVI, Scott C. *Caravans: The Story of Indian Business*. Nova Delhi: Allen Lane, 2015.

LEVITIN, Daniel J. *The Organized Mind: Thinking Straight in the Age of Information Overload*. Londres: Penguin Viking, 2015. [Ed. bras.: *A mente organizada: como pensar com clareza na era da sobrecarga de informação*. Trad. Roberto Grey. Rio de Janeiro: Objetiva, 2015.]

LINDSTROM, Martin. *Buyology: How Everything We Believe about Why We Buy Is Wrong*. Nova York: Doubleday, 2008. [Ed. bras.: *A lógica do consumo: verdades e mentiras sobre por que compramos*. Trad. Marcello Lino. Rio de Janeiro: Objetiva, 2009.]

LÖFGREN, Orvar. *On Holiday: A History of Vacationing*. Berkeley e Los Angeles: University of California Press, 1999.

LOVELL, Nicholas. *The Curve: From Freeloaders into Superfans: The Future of Business*. Londres: Portfolio Penguin, 2013.

MacCANNELL, Dean. *The Tourist: A New Theory of the Leisure Class*, Berkeley: University of California Press, 2013.

MARTIN, James. *The Meaning of the 21st Century: A Vital Blueprint for Ensuring Our Future*. Londres: Eden Project Books, 2006. [Ed. bras.: *O propósito do século XXI: um plano vital para assegurar nosso futuro*. Trad. Ana Lúcia da Rocha Franco. São Paulo: Cultrix, 2012.]

MASON, Paul. *PostCapitalism: A Guide to Our Future*. Londres: Allen Lane, 2015. [Ed. bras.: *Pós-capitalismo: um guia para o nosso futuro*. Trad. José Geraldo Couto. São Paulo: Companhia das Letras, 2017.]

MAYER-SCHÖNBERGER, Viktor; CUKIER, Kenneth. *Big Data: A Revolution That Will Transform How We Live, Work and Think*. Londres: John Murray, 2013.

MAZZUCATO, Mariana. *The Entrepreneurial State: Debunking Public vs. Private Sector Myths*. Londres: Anthem Press, 2013. [Ed. bras.: *O Estado empreendedor: desmascarando o mito do setor público vs. setor privado*. Trad. Elvira Serapicos. São Paulo: Portfolio Penguin, 2014.]

McKEOWN, Greg. *Essentialism: The Disciplined Pursuit of Less*. Londres:

Virgin Books, 2014. [Ed. bras.: *Essencialismo: a disciplina da busca por menos*. Trad. Beatriz Medina. Rio de Janeiro: Sextante, 2015.]

MULLAINATHAN, Sendhil; SHAFIR, Eldar. *Scarcity: Why Having Too Little Means So Much*. Londres: Allen Lane, 2013. [Ed. bras.: *Escassez: uma nova forma de pensar a falta de recursos na vida das pessoas e nas organizações*. Trad. Bruno Casotti. Rio de Janeiro: Best Business, 2016.]

OBRIST, Hans Ulrich. *A Brief History of Curating*. Zurique: JRP Ringier, 2011.

\_\_\_\_. *Ways of Curating*. Londres: Allen Lane, 2014. [Ed. bras.: *Caminhos da curadoria*. Trad. Alyne Azuma. Rio de Janeiro: Cobogó, 2014.]

\_\_\_\_; COUPLAND, Douglas; BASAR, Shumon. *The Age of Earthquakes: A Guide to the Extreme Present*. Londres: Penguin, 2015.

OFFER, Avner. *The Challenge of Affluence: Self-Control and Well-Being in the United States and Britain since 1950*. Oxford: Oxford University Press, 2006.

O'NEILL, Paul. *The Culture of Curating and the Curating of Culture(s)*. Cambridge, MA: MIT Press, 2012.

PARISER, Eli. *The Filter Bubble: What the Internet is Hiding from You*. Londres: Viking, 2011. [Ed. bras.: *O filtro invisível: o que a internet está escondendo de você*. Trad. Diego Alfaro. Rio de Janeiro: Zahar, 2012.]

PERRY, Grayson. *Playing to the Gallery: Helping Contemporary Art in its Struggle to Be Understood*. Londres: Particular Books, 2014.

PIKETTY, Thomas. *Capital in the Twenty-First Century*. Cambridge, MA: Harvard University Press, 2014. [Ed. bras.: *O capital no século XXI*. Trad. Mônica Baumgarten de Bolle. Rio de Janeiro: Intrínseca, 2014.]

POSTMAN, Neil. *Amusing Ourselves to Death: Public Discourse in the Age of Show Business*. 2. ed. Nova York: Penguin, 2005.

PRASAD RAO, D. S.; VAN ARK, Bart (org.). *World Economic Performance Past, Present and Future: Essays in Celebration of the Life and Work of Angus Maddison*. Cheltenham: Edward Elgar, 2013.

RAMO, Joshua Cooper. *The Age of the Unthinkable: Why the New World Order Constantly Surprises Us and What to Do about It*. Londres: Little, Brown, 2009. [Ed. bras.: *A era do inconcebível*. Trad. Donaldson M. Garschagen. São Paulo: Companhia das Letras, 2010.]

RICKARDS, James. *The Death of Money: The Coming Collapse of the International Monetary System*. Londres: Portfolio Penguin, 2014.

RIFKIN, Jeremy. *The Zero Marginal Cost Society: The Internet of Things, the Collaborative Commons, and the Eclipse of Capitalism*. Nova York: Palgrave, 2014. [Ed. bras.: *Sociedade com custo marginal zero: a internet das coisas, os bens comuns colaborativos e o eclipse do capitalismo*. Trad. Mônica Rosemberg. São Paulo: M. Books, 2015.]

ROSENBAUM, Steven. *Curation Nation: How to Win in a World Where Consumers are Creators*. Nova York: McGraw Hill, 2011.

RUSHKOFF, Douglas. *Present Shock: When Everything Happens Now*. Nova York: Penguin Current, 2013.

SALECL, Renata. *Choice*. Londres: Profile Books, 2010.

SCHMIDT, Eric; ROSENBERG, Jonathan; EAGLE, Alan. *How Google Works*. Londres: John Murray, 2014. [Ed. bras.: *Como o Google funciona*. Trad. André Gordirro. Rio de Janeiro: Intrínseca, 2014.]

SCHUBERT, Karsten. *The Curator's Egg: The Evolution of the Museum Concept from the French Revolution to the Present Day*. Londres: One-off Press, 2000.

SCHULTE, Brigid. *Overwhelmed: Work, Love and Play When No One Has the Time*. Londres: Bloomsbury, 2014. [Ed. bras.: *Sobrecarregados: trabalho, amor e lazer quando ninguém tem tempo*. Trad. Edite Siegert. São Paulo: Figurati, 2016.]

SCHUMACHER, E. F. *Small is Beautiful: A Study of Economics as if People Mattered*. Londres: Vintage, 1993. [Ed. bras.: *O negócio é ser pequeno: um estudo de economia que leva em conta as pessoas*. Trad. Octávio Alves Filho. Rio de Janeiro: Zahar, 1983.]

SCHWARTZ, Barry. *The Paradox of Choice: Why More Is Less: How the Culture of Abundance Robs Us of Satisfaction*. Nova York: Harper Perennial, 2004. [Ed. bras.: *O paradoxo da escolha: por que mais é menos*. Trad. Fernando Santos. São Paulo: A Girafa, 2007.]

SHENK, Joshua Wolf. *Powers of Two: Finding the Essence of Innovation in Creative Pairs*. Londres: John Murray, 2014.

SIEGEL, Alan; ETZKORN, Irene. *Simple: Conquering the Crisis of Complexity*. Londres: Random House Business Books, 2014.

SIMMS, Andrew. *Cancel the Apocalypse: The New Path to Prosperity*. Londres: Abacus, 2014.

SINHA, Dheeraj. *India Reloaded: Inside India's Resurgent Consumer Market*. Nova York: Palgrave Macmillan, 2015.

SKIDELSKY, Robert; SKIDELSKY, Edward. *How Much Is Enough?: The Love of Money and the Case for the Good Life*. Londres: Allen Lane, 2012. [Ed. bras.: *Quanto é suficiente?: o amor pelo dinheiro e a defesa da boa vida*. Trad. Vera Caputo. Rio de Janeiro: Civilização Brasileira, 2017.]

SMIL, Vaclav. *Creating the Twentieth Century: Technical Innovations of 1867-1914 and Their Lasting Impact*. Nova York: Oxford University Press, 2005.

STEPHENSON, Neal. *Some Remarks*. Londres: Atlantic Books, 2013.

STUDWELL, Joe. *How Asia Works: Success and Failure in the World's Most Dynamic Region*. Londres: Profile Books, 2013.

TAINTER, Joseph A. *The Collapse of Complex Societies*. Cambridge: Cambridge University Press, 1988.

TALEB, Nassim Nicholas. *Antifragile: Things That Gain From Disorder*.

Londres: Penguin, 2013. [Ed. bras.: *Antifrágil: coisas que se beneficiam com o caos*. Trad. Eduardo Rieche. Rio de Janeiro: Best Business, 2015.]

TAYLOR, Astra. *The People's Platform: Taking Back Power and Culture in the Digital Age*. Londres: Fourth Estate, 2014.

THIEL, Peter. *Zero to One: Notes on Startups, or How to Build the Future*. Londres: Virgin Books, 2014. [Ed. bras.: *De zero a um: o que aprender sobre empreendedorismo com o Vale do Silício*. Trad. Ivo Korytowski. Rio de Janeiro: Objetiva, 2014.]

TIMBERG, Scott. *Culture Crash: The Killing of the Creative Class*. New Haven: Yale University Press, 2015.

TIMBERG, Thomas A. *The Marwaris: The Story of Indian Business*. Nova Delhi: Allen Lane, 2014.

TRIPATHI, Dwijendra; JUMANI, Jyoti. *The Concise Oxford History of Indian Business*. Nova Delhi: Oxford University Press, 2007.

WALLMAN, James. *Stuffocation: Living More with Less*. Londres: Portfolio Penguin, 2014.

WEATHERALL, James Owen. *The Physics of Finance: Predicting the Unpredictable: Can Science Beat the Market?*. Londres: Short Books, 2013. [Ed. bras.: *A física de Wall Street: uma breve história sobre prever o impossível*. Rio de Janeiro: Elsevier, 2014.]

WEINBERGER, David. *Everything is Miscellaneous: The Power of the New Digital Disorder*. Nova York: Times Books, 2007. [Ed. bras.: *A nova desordem digital: os novos princípios que estão reinventando os negócios, a educação, a política, a ciência e a cultura*. Trad. Alessandra Mussi Araújo. Rio de Janeiro: Elsevier, 2007.]

WOOLDRIDGE, Adrian. *The Great Disruption: How Business Is Coping with Turbulent Times*. Londres: Economist Books, 2015.

WRIGHT, Alex. *Glut: Mastering Information Through the Ages*. Washington, DC: Joseph Henry Press, 2007.

## LINKS

A Meeting of Genius: Beethoven and Goethe, 1812, *Gramophone*, http://www.gramophone.co.uk/features/focus/a-meeting-of-genius-beethoven-and-goethe-july-1812?pmtx=quarterly-dd. Acesso: 8 nov. 2014.

ALLISON, Chris. The Art of Curation: An Interview with Maria Popova of BrainPickings, *Nebo* (2010), http://www.neboagency.com/blog/art-curation-interview-maria-popova/. Acesso em: 14 out. 2014.

An Interview with Hans-Ulrich Obrist, *The Believer* (2012), https://believermag.tumblr.com/post/28845125847/an-interview-with-hans-ulrich. Acesso em: 8 ago. 2013.

ANKENY, Jason. Eataly Elevates Food Retail, Tastes Success. What's Next?, *Entrepreneur* (2014), http://www.entrepreneur.com/article/238389. Acesso em: 12 jul. 2015.

ANTONELLI, Paola. A Curator's Tale, *Moma Salon: 1* (2014), https://www.youtube.com/watch?v=X4TuPAlQLcg. Acesso em: 14 out. 2014.

Arturo Aguirre, Sr and Jr, *Stumptown Coffee*, https://www.stumptowncoffee.com/producers/arturo-aguirre-sr-and-jr. Acesso em: 20 jul. 2015.

AUERBACH, David. Twitter at the crossroads, *Slate*, 2015, http://www.slate.com/articles/technology/bitwise/2015/04/twitter_earnings_and_acquisitions_the_company_s_in_trouble_and_its_options.html?wpsrc=fol_tw. Acesso em: 3 maio 2015.

BACKSTROM, Lars. News Feed FYI, *Facebook* (2013), https://www.facebook.com/business/news/News-Feed-FYI-A-Window-Into-News-Feed. Acesso em: 16 jun. 2015.

BATTAN, Carrie, Johnny Depp Curates Pirate-Themed Compilation, *Pitchfork* (2012), https://pitchfork.com/news/48833-johnny-depp-curates-pirate-themed-compilation-featuring-broken-social-scene-tom-waits-keith-richards-courtney-love-michael-stipe/. Acesso em: 20 maio 2013.

BLYTHMAN, Joanna. No wonder superstores are dying – we're sick and tired of their culture, *The Guardian* (2014), http://www.theguardian.com/commentisfree/2014/oct/26/supermarkets-reign-is-over-hail-the-independents. Acesso em: 1º nov. 2014.

BOND, Paul. Blockbuster delays $42.4m debt payment, *The Hollywood Reporter* (2010), http://www.hollywoodreporter.com/news/blockbuster-delays-424-mil-debt-25172. Acesso em: 20 jul. 2015.

Bowie to Curate New NYC Festival, *Billboard* (2006), http://www.billboard.com/articles/news/58498/bowie-to-curate-new-nyc-festival. Acesso em: 20 maio 2013.

BRADSHAW, Tim. Apple looks beyond iTunes with launch of its streaming service, *Financial Times* (2015), https://www.ft.com/content/f1d6e2ce-0b6b-11e5-994d-00144feabdc0. Acesso em: 6 jun. 2015.

____. Growing Pains, *Financial Times* (2014), http://www.ft.com/cms/s/2/d72f0e14-27ab-11e4-be5a-00144feabdc0.html axzz3fgNqiHFu&sref=https://delicious.com/ajaxlogos/curation. Acesso em: 12 jul. 2015.

BUSTILLOS, Maria. Why We Need Curators, *Buzzfeed* (2012), http://www.buzzfeed.com/mariabustillos/rise-of-the-net-jockey-why-we-need-curators#.brp04DYWnl. Acesso em: 2 abr. 2013.

BYRNE, David. Man vs Algorithm, *New Statesman* (2015), http://www.newstatesman.com/2015/05/man-versus-algorithm. Acesso em: 16 jun. 2015.

CHEN, Adrian. The laborers who keep dick pics and beheadings out of your Facebook feed, *Wired* (2014), http://www.wired.com/2014/10/content-moderation/#slide-id-1593139&sref=https://delicious.com/ajaxlogos/curation. Acesso em: 29 out. 2014.

CHEREDAR, Tom. NPR launches NPR One, *VentureBeat* (2014), http://venturebeat.com/2014/07/28/npr-launches-new-npr-one-mobile-app-for-curating-public-radio-news/. Acesso em: 29 jul. 2014.

China's addiction to luxury goods, *The Economist* (2014), http://www.economist.com/blogs/economist-explains/2014/04/economist-explains-17. Acesso em: 18 jul. 2015.

Coffee Facts, *British Coffee Association*, http://www.britishcoffeeassociation.org/about_coffee/coffee_facts/. Acesso em: 29 jul. 2015.

COLLINS, Glenn. At Eataly, the Ovens and Cash Registers Are Hot, *The New York Times* (2012), http://www.nytimes.com/2012/08/29/dining/eataly-exceeds-revenue-predictions.html. Acesso em: 16 maio 2015.

CONSTINE, Josh. Why Is Facebook Page Reach Decreasing?, *TechCrunch* (2014), http://techcrunch.com/2014/04/03/the-filtered-feed-problem/. Acesso em: 3 jul. 2015.

CROOK, Jordan. Apple to Buy Swell for $30m, *TechCrunch* (2014), http://techcrunch.com/2014/07/28/apple-to-buy-swell-for-30-million-per-report/. Acesso em: 28 jul. 2014.

CURTIS, Nick. Entrepreneur Kate MacTiernan on Danny Boyle's new film festival, *Evening Standard* (2013), http://www.standard.co.uk/going-out/film/entrepreneur-kate-mactiernan-on-danny-boyles-new-film-festival-shuffle-and-restoring-a-derelict-8673990.html. Acesso em: 27 jun. 2013.

DEMERS, Jayson. What Google's Knowledge Graph Means for the Future of Knowledge, *Forbes* (2014), http://www.forbes.com/sites/jaysondemers/2014/10/28/what-googles-knowledge-graph-means-for-the-future-of-search/2/. Acesso em: 8 fev. 2015.

DESHPANDE, Pawan. The Definitive Guide to Content Curation, *Curata* (2015), http://www.curata.com/blog/the-definitive-guide-to-content-curation/. Acesso em: 1º jul. 2015.

DOCTOROW, Cory. Clay Shirky on information overload and filter failure, *Boing Boing* (2010), http://boingboing.net/2010/01/31/clay-shirky-on-infor.html. Acesso em: 17 fev. 2014.

DREDGE, Stuart. Twitter boss confirms plan to expand curated experiences to all, *The Guardian* (2015), http://www.theguardian.com/technology/2015/apr/29/twitter-boss-curated-experiences-timeline. Acesso em: 3 maio 2015.

DUGAN, Andrew. Americans' Confidence in News Media Remains Low, *Gallup* (2014), http://www.gallup.com/poll/171740/americans-confidence-news-media-remains-low.aspx. Acesso em: 25 fev. 2015.

ELLENBERG, Jordan, The Summer's Most Unread Book Is..., *The Wall Street Journal* (2014), http://www.wsj.com/articles/the-summers-most-unread-book-is-1404417569. Acesso em: 3 abr. 2015.

Ethos, *Sequoia Capital*, https://www.sequoiacap.com/people/ethos/. Acesso em: 18 jul. 2015.

EVANS, Benedict. Search, discovery and marketing, *Ben Evans* (2015), http://ben-evans.com/benedictevans/2015/6/24/search-discovery-and-marketing?utm_content=buffer8ce71. Acesso em: 19 jul. 2015.

Ferrari tries to cut car sales to protect brand exclusivity, *Daily Telegraph* (2013), http://www.telegraph.co.uk/finance/newsbysector/transport/10044827/Ferrari-tries-to-cut-car-sales-to-protect-brand-exclusivity.html. Acesso em: 3 abr. 2015.

FISHER, Eve. The $3500 Shirt, *Sleuthsayers* (2013), http://www.sleuthsayers.org/2013/06/the-3500-shirt-history-lesson-in.html. Acesso em: 18 jul. 2015.

FOSTER, Hal. Exhibitionists, *London Review of Books* (2015), http://www.lrb.co.uk/v37/n11/hal-foster/exhibitionists. Acesso em: 27 jun. 2015.

FREELAND, Chrystia. What Toronto Can Teach London and New York, *Financial Times* (2010), https://www.ft.com/content/db2b340a-0a1b-11df-8b23-00144feabdc0. Acesso em: 22 mar. 2015.

GALLOWAY, Scott. The death of pure-play retail and impulse buys, *L2* (2015), https://www.youtube.com/watch?v=grU0xJ7JwLs&feature=youtu.be. Acesso em: 17 jul. 2015.

GAYFORD, Martin. Duchamp's Fountain, *Daily Telegraph* (2008), http://www.telegraph.co.uk/culture/art/3671180/Duchamps-Fountain-The-practical-joke-that-launched-an-artistic-revolution.html. Acesso em: 15 nov. 2014.

GOOD, Robin. Content Curation Visualized, *Pinterest*, https://www.pinterest.com/robingood/content-curation-visualized/. Acesso em: 17 jun. 2013.

GOODHALL, Chris. Peak Stuff (2011), https://static.squarespace.com/static/545e40d0e4b054a6f8622bc9/t/54720c6ae4b06f326a8502f9/1416760426697/Peak_Stuff_17.10.11.pdf. Acesso em: 20 jul. 2015.

GROYS, Boris. The Curator As Iconoclast, *Bezalel* (2006), http://bezalel.secured.co.il/zope/home/en/1143538156/1143802471_en. Acesso em: 31 jul. 2013.

HAMBLIN, James. Buy Experiences, Not Things, *The Atlantic* (2014), http://www.theatlantic.com/business/archive/2014/10/buy-experiences/381132/. Acesso em: 29 jul. 2015.

Henry Holland to curate Trinity Leeds launch, *Retail Gazette* (2013), http://www.retailgazette.co.uk/blog/2013/03/23200-henry-holland-to-curate-trinity-leeds-launch. Acesso em: 20 jun. 2013.

HERN, Alex. End of the timeline? Twitter hints at move to Facebook-style curation, *The Guardian*, http://www.theguardian.com/technology/2014/sep/04/twitter-facebook-style-curated-feed-anthony-noto. Acesso em: 27 ago. 2014.

HONAN, Mat. This is Twitter's Top Secret Project Lightning, *Buzzfeed* (2015), http://www.buzzfeed.com/mathonan/twitters-top-secret-project-lightning-revealed#.qkARmj57z&sref=https://delicious.com/ajaxlogos/curation. Acesso em: 20 jun. 2015.

How Many Pages in a Gigabyte?, *LexisNexis,* http://www.lexisnexis.com/applieddiscovery/lawlibrary/whitepapers/adi_fs_pagesinagigabyte.pdf. Acesso em: 13 fev. 2014.

HUDGINS, Coley. Complexity Theory and System Collapse, *The Resilient Family* (2012), http://www.theresilientfamily.com/2012/03/complexity-theory-and-system-collapse/. Acesso em: 16 abr. 2014.

Information, *Spotify*, https://press.spotify.com/uk/information/. Acesso em: 12 jul. 2015.

INGRAM, Matthew. Twitter acquisition confirms that curation is the future, *Gigaom* (2012), https://gigaom.com/2012/01/20/twitter-acquisition-confirms-that-curation-is-the-future/. Acesso em: 23 jan. 2012.

IYENGAR, Sheena. The art of choosing, *TED* (2010), https://www.ted.com/talks/sheena_iyengar_on_the_art_of_choosing#t-1378263&sref=https://delicious.com/ajaxlogos/curation. Acesso em: 16 jun. 2014.

JOHNSON, Bobbie. Yuri Milner: Genius Investor or King of the Gold Rush, *Gigaom* (2011), https://gigaom.com/2011/03/16/yuri-milner-genius-investor-or-king-of-the-gold-rush/. Acesso em: 20 mar. 2013.

JONES, Dan. English clubs are left dazzled, *Evening Standard* (2014), http://www.standard.co.uk/sport/dan-jones-like-mowgli-as-he-faces-the-snake-our-english-clubs-are-left-dazzled-9141385.html. Acesso em: 22 fev. 2014.

JONZE, Tim. XL Recordings, the record label that's tearing up the rule book, *The Guardian* (2011), http://www.theguardian.com/business/2011/feb/16/richard-russell-xl-recordings-dizzee-rascal-prodigy. Acesso em: 6 jun. 2015.

KAPLAN, Jeffrey. The Gospel of Consumption, *Orion Magazine* (2008), https://orionmagazine.org/article/the-gospel-of-consumption/. Acesso em: 15 out. 2015.

KAPLAN, Marcia. Celebrity Curators Help Personalize Ecommerce, *Practical Ecommerce* (2011), http://www.practicalecommerce.com/articles/3178-Celebrity-Curators-Help-Personalize-Ecommerce?SSAID=314743. Acesso em: 20 maio 2013.

KARLSSON, Per. The world's wine production 2000–2012, *BK Wine Magazine* (2013), http://www.bkwine.com/features/winemaking-viticulture/global-wine-production-2000-2012/. Acesso em: 3 maio 2015.

KESSLER, Sarah. How Kaggle Solves Big Problems with Big Data Competitions, *Mashable* (2012), http://mashable.com/2012/03/26/kaggle/#C3APzntNGkqq. Acesso em: 20 jul. 2015.

____. Jack Dorsey, Eric Schmidt Back Peek, Another Beautiful Curated Travel Startup, *Fast Company* (2012), http://www.fastcompany.com/3002093/jack-dorsey-eric-schmidt-back-peek-another-beautiful-curated-travel-startup. Acesso em: 28 jul. 2015.

KOWALCYZK, Piotr. This unique Tokyo bookstore offers one book title a week, *Ebook Friendly* (2015), http://ebookfriendly.com/tokyo-bookshop-one-book-week-pictures/. Acesso em: 14 set. 2015.

KUMMER, Corby. The supermarket of the future, *The Atlantic* (2007), http://www.theatlantic.com/magazine/archive/2007/05/the-supermarket-of-the-future/305787/. Acesso em: 16 maio 2015.

KUSINITZ, Sam. An Exhaustive List of Google's Ranking Factors, *Hubspot Blogs* (2014), http://blog.hubspot.com/marketing/google-ranking-algorithm-infographic. Acesso em: 7 jul. 2014.

LANGER, Matt. Stop Calling It Curation, *Gizmodo* (2012), http://gizmodo.com/5892582/stop-calling-it-curation. Acesso em: 19 fev. 2013.

LAWRENCE, Robert Z. An Analysis of the 1977 Trade Deficit, *Brookings Institution*, https://www.brookings.edu/wp-content/uploads/1978/01/1978a_bpea_lawrence_smeal_vonfurstenberg_gordon_houthakker_krause_cline_kareken_maclaury.pdf. Acesso em: 30 abr. 2014.

LEHRER, Jonah. Groupthink, *The New Yorker* (2012), http://www.newyorker.com/magazine/2012/01/30/groupthink. Acesso em: 8 fev. 2015.

LYST, *AngelList*, https://angel.co/lyst. Acesso em: 20 jul. 2015.

MADRIGAL, Alexis C. How Netflix Reverse Engineered Hollywood, *The Atlantic* (2014), http://www.theatlantic.com/technology/archive/2014/01/how-netflix-reverse-engineered-hollywood/282679/. Acesso em: 10 jan. 2014.

____. I Loved You, Blockbuster, *The Atlantic* (2013), http://www.theatlantic.com/technology/archive/2013/11/i-loved-you-blockbuster/281213/. Acesso em: 1º jan. 2015.

MALKIN, Hugh. Why no one has solved event discovery, *Hugh Malkin* (2015), http://www.hughmalkin.com/blogwriter/2015/9/23/why-no-one-has-solved-event-discovery. Acesso em: 12 out. 2015.

Malleable Malls, *The Economist* (2013), http://www.economist.com/news/britain/21571926-shopping-centres-are-proving-well-suited-digital-age-malleable-malls. Acesso em: 22 jan. 2014.

MARSHALL, Kelli. How to Curate Your Identity as an Academic, *The Chronicle of Higher Education* (2015), http://chronicle.com/article/How-to-Curate-Your-Digital/151001/. Acesso em: 23 fev. 2014.

MASSING, Michael. Digital Journalism, *The New York Review of Books* (2015), http://www.nybooks.com/articles/archives/2015/jun/25/digital-journalism-next-generation/. Acesso em: 7 jul. 2015.

MAX, D. T. The Art of Conversation, *The New Yorker* (2014), https://www.newyorker.com/magazine/2014/12/08/art-conversation. Acesso em: 20 jul. 2015.

MAYER, Marissa. Tumblr + Yahoo!: It's Officially Official, *Yahoo!* (2013), http://yahoo.tumblr.com/post/53441093826/tumblr-yahoo-its-officially-official. Acesso em: 20 jun. 2013.

McDULING, John. An epic battle in streaming is about to begin, *Quartz* (2014), http://qz.com/232834/streaming-music-has-become-a-pawn-in-a-high-stakes-chess-match-who-will-win-and-why/. Acesso em: 26 jul. 2014.

Millennials, *Eventbrite*, http://eventbrite-s3.s3.amazonaws.com/marketing/Millennials_Research/Gen_PR_Final.pdf. Acesso em: 12 out. 2015.

MIRANI, Leo. Millions of Facebook users have no idea they're using the Internet, *Quartz* (2015), http://qz.com/333313/millions-of-facebook-users-have-no-idea-theyre-using-the-internet/. Acesso em: 16 jun. 2015.

Mission Statement, *Nature*, http://s3-service-broker-live-19ea8b98-4d41-4cb4-be4c-d68f4963b7dd.s3.amazonaws.com/uploads/cked-tor/attachments/7568/mission.pdf. Acesso em: 27 jul. 2015.

MOD, Craig. Coming Home, *The Message* (2014), https://medium.com/message/coming-home-nyt-now-e3fc26f60a59#.frm70bk3c. Acesso em: 20 maio 2015.

MOORE, Booth. Opening Ceremony Possibility, *Los Angeles Times* (2014), http://www.latimes.com/travel/fashion/la-ig-0907-opening-ceremony-20140907-story.html#page=1&sref=https://delicious.com/ajaxlogos/curation. Acesso em: 20 jul. 2015.

MORTON, Tom. A brief history of the word curator, *Phaidon* (2011), http://uk.phaidon.com/agenda/art/articles/2011/september/09/a-brief-history-of-the-word-curator/. Acesso em: 13 mar. 2013.

Most Sampled, *Who Sampled*, http://www.whosampled.com/most-sampled-tracks/1/. Acesso em: 18 jul. 2015.

MUNGER, Michael. Market Makers or Parasites?, *Library of Economics and Liberty* (2009), http://www.econlib.org/library/Columns/y2009/Mungermiddlemen.html. Acesso em: 7 jul. 2014.

NISEN, Max. Companies have turned killing time into an art form, *Quartz* (2014), http://qz.com/200725/companies-have-turned-killing-time-into-an-art-form/. Acesso em: 6 maio 2014.

NORDMARK, Jon. 14 retail innovation labs in the Bay Area and 5 other cities, *Pulse LinkedIn* (2014), https://www.linkedin.com/pulse/20140619151046-6907-retail-innovation-labs-in-the-bay-area-indiana-seattle-illinois-austin-new-york-city. Acesso em: 20 jul. 2015.

OLTERMANN, Philip. Berghain Club Bouncer Launches Memoirs about Life as Berlin Doorman, *The Guardian* (2014), http://www.theguardian.com/world/2014/aug/15/berghain-club-bouncer-sven-marquardt-memoirs-berlin. Acesso em: 15 ago. 2014.

Over 1.1 billion tourists travelled abroad in 2014, *World Tourism Organization* (2015), http://media.unwto.org/press-release/2015-01-27/over-11-billion-tourists-travelled-abroad-2014. Acesso em: 5 ago. 2015.

OWENS, Simon. One way in which Facebook is just like 1990s era AOL, *Simon Owens* (2015), http://www.simonowens.net/one-way-in-which-facebook-is-just-like-1990s-era-aol. Acesso em: 21 fev. 2014.

PACKER, George. Cheap Words, *The New Yorker* (2014), http://www.newyorker.com/magazine/2014/02/17/cheap-words. Acesso em: 27 set. 2014.

Parents treble time they spend on childcare since the 1970s, *University of Oxford* (2010), https://www.ox.ac.uk/media/news_stories/2010/paren100407.html. Acesso em: 6 maio 2014.

PASORI, Cedar. Leonardo di Caprio Talks Art, *Complex Style* (2013), http://uk.complex.com/style/2013/04/leonardo-di-caprio-talks-saving-the-environment-with-art-collecting-basquiat-and-being-named-after-da-vinci. Acesso em: 20 maio 2013.

PHILLIPS, Matt. The slow sad decline of Radioshack, *Quartz* (2014), http://qz.com/263841/the-slow-sad-decline-of-radioshack-one-of-the-great-brands-of-the-80s/. Acesso em: 14 set. 2014.

POPOVA, Maria. Curators Code, *Curators Code* (2012), http://www.curatorscode.org/. Acesso em: 12 mar. 2013.

PROTO, Eugenio; RUSTICHINI, Aldo. GDP and Life Satisfaction: New Evidence, *Vox* (2014), http://www.voxeu.org/article/gdp-and-life-satisfaction-new-evidence. Acesso em: 3 fev. 2014.

ROMETTY, Virginia. The year of the smarter enterprise, *The Economist* (2013), http://www.economist.com/news/21589108-new-model-firm-its-way-says-virginia-rometty-chief-executive-ibm-year. Acesso em: 4 jul. 2015.

RONSON, Mark. How Sampling Transformed Music, *TED* (2014), https://www.ted.com/talks/mark_ronson_how_sampling_transformed_music?language=en#t-17584&sref=https://delicious.com/ajaxlogos/curation. Acesso em: 29 maio 2015.

ROSENBAUM, Steven. Innovate – curation!, *TEDxGrandRapids* (2011), https://www.youtube.com/watch?v=iASluLoKQbo. Acesso em: 27 maio 2013.

____. Is Curation Overused?, *Forbes* (2014), http://www.forbes.com/sites/stevenrosenbaum/2014/03/29/is-curation-over-used-the-votes-are-in/. Acesso em: 31 mar. 2014.

ROWAN, David. What do you do for the data disenfranchised?, *Wired UK* (2013), http://www.wired.co.uk/magazine/archive/2013/04/ideas-bank/what-did-you-do-for-the-data-disenfranchised. Acesso em: 3 jun. 2013.

SARGENT, Mikah. Yahoo!, the Genghis Khan of the tech world, *Medium* (2013), https://medium.com/@mikahsargent/yahoo-the-genghis-khan-of-the-tech-world-66082ebcc1db#.7o6qkzbdw. Acesso em: 5 ago. 2013.

SAWERS, Paul. Blinkist for Android gives you the gist of books in 15 minutes, *The Next Web* (2014), http://thenextweb.com/apps/2014/09/01/blinkist-android-gives-gist-non-fiction-books-15-minutes/. Acesso em: 18 set. 2014.

SEIFERT, Dan. Spotify's latest trick is a personalized weekly playlist of deep cuts, *The Verge* (2015), http://www.theverge.com/2015/7/20/9001317/spotify-discover-weekly-poersonalized-playlist-deep-cuts. Acesso em: 20 jul. 2015.

Shock of the New Chic. *Boston Consulting Group* (2014), https://www.bcgperspectives.com/content/articles/consumer_products_retail_shock_new_chic_dealing_with_new_complexity_business_luxury/. Acesso em: 29 jul. 2015.

SILVER, James. Meet Netflix Founder Reed Hastings, *Wired* (2015), https://www.wired.co.uk/article/do-adjust-your-set. Acesso em: 12 jul. 2015.

SPOOL, Jared M. The $300m Button, *User Interface Engineering* (2009), https://articles.uie.com/three_hund_million_button/. Acesso em: 24 mar. 2014.

STARR, Oliver. 3 Reasons Curation is Here to Stay, *ReadWrite* (2011), http://readwrite.com/2011/05/09/3_reasons_curation_is_here_to_stay. Acesso em: 20 mar. 2013.

Statistics, *YouTube*, https://www.youtube.com/yt/press/en-GB/statistics.html. Acesso em: 20 jul. 2015.

STIBEL, Jeff. The Web is dead and the app killed it, *Wired* (2013), http://

www.wired.co.uk/magazine/archive/2013/09/ideas-bank/the-web-is-dead-and-the-app-thankfully-killed-it. Acesso em: 18 nov. 2013.

STREAMS, Kimber. Grand St, A Curated Online Consumer Electronics Store, *Laughing Squid* (2013), http://laughingsquid.com/grand-st-a-curated-online-consumer-electronics-store/. Acesso em: 18 jul. 2013.

STREIHORST, Tom. Post-Scarcity Economics, *LA Review of Books* (2013), https://lareviewofbooks.org/essay/post-scarcity-economics/. Acesso em: 5 ago. 2013.

SURTEES, Michael. Curator's Code – No Thanks, *Design Notes* (2012), http://designnotes.info/?p=6823. Acesso em: 12 mar. 2013.

The Pearl River Delta Megacity, *Vox*, http://cdn2.vox-cdn.com/uploads/chorus_asset/file/664128/pearl_river_large.0.jpg

There is enough food to feed the world, *Oxfam*, http://www.oxfam.ca/there-enough-food-feed-world. Acesso em: 3 maio 2015.

THOMPSON, Ben. Business Models for 2014, *Stratechery* (2014), https://stratechery.com/2014/business-models-2014/. Acesso em: 6 nov. 2014.

Tossers Curating Everything, *The Daily Mash* (2015), http://www.thedailymash.co.uk/news/society/tossers-curating-everything-2015041697425. Acesso em: 29 jul. 2015.

TRIGGS, Rob. Samsung to launch curated news app for its Galaxy phones, *Android Authority* (2015), http://www.androidauthority.com/samsung-curated-news-app-europe-638460/. Acesso em: 12 out. 2015.

TUFEKCI, Zeynep. Why Twitter Should Not Algorithmically Curate the Timeline, *The Message* (2014), https://medium.com/message/the-algorithm-giveth-but-it-also-taketh-b7efad92bc1f#.it5584ghn. Acesso em: 14 set. 2014.

TUFTE, Edward. Minard Sources, *Edward Tufte* (2002), http://www.edwardtufte.com/tufte/minard. Acesso em: 6 nov. 2014.

UPBIN, Bruce. Jack Ma Says Alibaba Has No Plans to Invade America, *Forbes* (2015), http://www.forbes.com/sites/bruceupbin/2015/06/09/jack-ma-says-alibaba-has-no-plans-to-invade-america-its-the-other-way-around/. Acesso em: 20 jul. 2015.

VANHEMERT, Kyle. Canopy: A Curated Site That Finds the Best Stuff You Can Buy On Amazon, *Wired* (2014), http://www.wired.com/2014/04/canopy-a-curated-select-of-amazons-most-awesome-products/. Acesso em: 18 set. 2014.

VAN NOORDEN, Richard. Global scientific output doubles every nine years, *Nature* (2014), http://blogs.nature.com/news/2014/05/global-scientific-output-doubles-every-nine-years.html. Acesso em: 27 jul. 2015.

VOGEL, Carol. At $142.4 Million, Triptych Is the Most Expensive Artwork Ever Sold at an Auction, *New York Times* (2013), http://www.nytimes.

com/2013/11/13/arts/design/bacons-study-of-freud-sells-for-more-than-142-million.html?ref=international-home. Acesso em: 13 nov. 2013.

WALKER, Rob. Inside the Wild, Wacky, Profitable World of Boing Boing, *Fast Company* (2010), http://www.fastcompany.com/1702167/inside-wild-wacky-profitable-world-boing-boing. Acesso em: 20 nov. 2014.

WARWICK, Joe. Foxlow Review, *Metro* (2013), http://metro.co.uk/2013/11/21/the-hawksmoor-team-hits-another-high-with-neighbourhood-restaurant-foxlow-4194067/. Acesso em: 22 nov. 2013.

West Kowloon Cultural District, *Foster + Partners* (2011), http://www.fosterandpartners.com/projects/west-kowloon-cultural-district/. Acesso em: 31 jul. 2013.

What is Big Data?, *IBM*, http://www-01.ibm.com/software/data/bigdata/what-is-big-data.html. Acesso em: 8 ago. 2015.

When workers dream of a life beyond factory gates, *The Economist* (2012), http://www.economist.com/news/business/21568384-can-foxconn-worlds-largest-contract-manufacturer-keep-growing-and-improve-its-margins-now. Acesso em: 22 set. 2014.

Who was Linnaeus?, *The Linnean Society of London*, https://www.linnean.org/learning/who-was-linnaeus. Acesso em: 20 jul. 2015.

WIGGER, Erin. The Whitehall Study, *Unhealthy Work* (2011), http://unhealthywork.org/classic-studies/the-whitehall-study/. Acesso em: 19 jul. 2015.

WOLF, Gary. Steve Jobs, *Wired*, http://archive.wired.com/wired/archive/4.02/jobs_pr.html. Acesso em: 18 jul. 2015.

XUENA, Li. Why Foxconn's Switch to Robots Hasn't Been Automatic, *Caixin* (2013), https://www.caixinglobal.com/2013-05-14/101014434.html. Acesso em: 22 set. 2014.

# Créditos das imagens

**Figura 2**
https://commons.wikimedia.org/wiki/File:Incident_Teplitz_1812.png

**Figura 3**
https://commons.wikimedia.org/wiki/File:'Fountain'_by_Marcel_Duchamp_(replica).JPG

**Figura 10**
https://commons.wikimedia.org/wiki/File:Minard.png

**Figura 13**
À ESQUERDA: https://commons.wikimedia.org/wiki/File:Sony_Building_by_David_Shankbone_crop.jpg
À DIREITA: https://en.wikipedia.org/wiki/File:Comericatowerhart.jpg

**Figura 14**
https://commons.wikimedia.org/wiki/File:Musei_Wormiani_Historia.jpg

## Sobre o autor

**Michael Bhaskar** é escritor, pesquisador e produtor de conteúdo digital. É cofundador da Canelo Digital Publishing.

Michael já escreveu e palestrou sobre o futuro das mídias, as indústrias criativas e a economia do mundo tecnológico em jornais, revistas e blogs. Suas matérias tiveram destaque no *The Guardian, Financial Times, Wired* e *Daily Telegraph,* assim como na BBC 2, BBC Radio 4, NPR e Bloomberg TV, entre outras. Já trabalhou como produtor de conteúdo digital, pesquisador da área de economia e resenhista, além de ser autor de várias iniciativas na web.

É formado em literatura inglesa pela Universidade de Oxford, onde venceu o Prêmio Gibbs. Foi Jovem Empreendedor Criativo pelo British Council e *Fellow* da Feira do Livro de Frankfurt. Também é autor de *The Content Machine* e coeditor de um livro sobre o mercado editorial, no prelo. Seu endereço no Twitter é @michaelbhaskar.

*Fontes* Untitled Serif e Sans
*Papel* Pólen natural 80 g/m² e Supremo alta alvura 250 g/m²
*Impressão* Visão Gráfica
*Data* Junho de 2023

MISTO
Papel produzido a partir
de fontes responsáveis
FSC® C172712
FSC
www.fsc.org